建设工程经济考点精析

黄有亮　编著

东南大学出版社
SOUTHEAST UNIVERSITY PRESS
·南京·

内 容 提 要

本书是在作者多年面授班讲义的基础上，根据最新版教材进一步整理和完善而成。主要分成四大部分：考点分布与解析、考点精要、典型考题、参考答案。考点分布与解析揭示了近几年考试的分值分布，便于考生把握重点；考点精要是本书的重点部分，对考点准确把握，全面覆盖，讲解清晰易懂，重点标注突出；典型考题进行巩固练习，题目都有答案，难题还附有说明解释。最后附有 2015 年 2014 年考试真题和两套 2016 年模拟试题及参考答案。总之，本书用最小的篇幅，帮助考生在最短时间内获得最好的复习效果。

图书在版编目(CIP)数据

建设工程经济考点精析/黄有亮编著. —南京：东南大学出版社，2015.1(2016.4 重印)
(全国一级建造师执业资格考试十日通)
ISBN 978-7-5641-5447-9

Ⅰ. ①建… Ⅱ. ①黄… Ⅲ. ①建筑经济-建筑师-资格考试-自学参考资料 Ⅳ. ①F407.9

中国版本图书馆 CIP 数据核字(2014)第 311656 号

书　　名：建设工程经济考点精析
编　　著：黄有亮

出版发行：东南大学出版社
社　　址：南京市四牌楼 2 号　　　　邮　　编：210096
网　　址：http://www.seupress.com
出 版 人：江建中

印　　刷：南京玉河印刷厂
开　　本：787 mm×1 092 mm　1/16　　印张：11.75　　字数：275千
版　　次：2016 年 4 月第 2 次修订印刷
书　　号：ISBN 978-7-5641-5447-9
定　　价：33.00 元

经　　销：全国各地新华书店
发行热线：025-83790519　83791830

前　言

一、本书编写说明

本书每个章节包括“考点分布和解析”、“考点精要”和“典型考题”等三个部分。“考点分布”是对近4年全国一级建造师考试本科目试题进行分析的结果。“考点精要”是根据笔者对历年考试试题研究结果和多年从事该科目考前辅导的体会，对本科目考试用书第4版内容进行分析、梳理和归纳，所形成的“考点精要”，覆盖大纲所要求的85%左右的考试范围，但篇幅只相当于考试用书内容的20%～25%。“典型考题”是根据第4版考试用书知识点，从历年考试真题和市面上浩如烟海的习题中精选出的适合2016考试要求的题目，以及笔者根据第4版考试用书自编的题目。本书例题多采用近几年的考试真题，并用“【例×.×】(××××)”形式在括号中标明真题年份。书后附录包括了2014年和2015本科目考试真题和两套2016年模拟试题。

历年试题的计算题题量在20%左右，这也是许多考生感觉本科目考试较难的重要原因之一，而本科目考试用书中有若干计算公式；对考试用书中各计算公式及历年考题分析发现，大多计算题其实就是概念题，只要理解了相关知识，无需记忆公式，当应用题进行分析求解。有些计算题，即使记住了公式，也可能做不正确，或者做起来更加烦琐。本书则提供了各类计算题“易记易用”的简单应对方法，而且能保证计算正确。全书真正需要强记的公式只有五个。同时，本书还对一些难以记忆的考点提供了简要记忆方法。

二、本科目考试情况

预计2016年考试用书仍将采用第4版，2016年考试大纲也将与2015年的相同，包括三个知识模块：1Z101000工程经济、1Z102000工程财务和1Z103000建设工程估价。

2016年一级建造师考试日期为9月24、25日，本科目考试时长和分数设置也将不会有什么变化。考试时间2小时，试卷满分100分，60道单选题(每题1分)，20道多选题(每题2分)。

三、2016年本科目考试分值分布估计

2011～2013年本科目试题分布情况统计结果来看，三个知识模块分数分布没有太大的起伏变化，“1Z101000工程经济”和“1Z102000工程财务”均在25～30分之间，“1Z103000建设工程估价”在45～50分之间。2014年“1Z103000建设工程估价”为42分，2015年该知识模块的分值则上升为53分，下表是近2年本科目考试各知识模块的题量与分值对比。本书2015年版的后记中预测2015年试题各模块分数分布是“1Z101000工程经济”和“1Z102000工程财务”分值均在25分左右，“1Z103000建设工程估价”分值在50分左右，与实际情况基本一致。本书对于2016年考试的题量分布预测仍维持这一判断。

表 2014 年与 2015 年本科目试题分布情况统计与对比

年份	知识模块	1Z101000 工程经济								1Z102000 工程财务								1Z103000 建设工程估价									合计
		1Z101010	1Z101020	1Z101030	1Z101040	1Z101050	1Z101060	1Z101070	1Z101080	1Z102010	1Z102020	1Z102030	1Z102040	1Z102050	1Z102060	1Z102070	1Z102080	1Z103010	1Z103020	1Z103030	1Z103040	1Z103050	1Z103060	1Z103070	1Z103080	1Z103090	
2014	单选题数	3	5	2	1	1	1	2	1	2	3	3	2	1	0	3	2	2	4	4	2	2	3	5	4	2	60
	多选题数	1	1	2	1	1	0	1	0	1	1	1		1	1	1		1	1	1	0	1	0	1	1	1	20
	总分数	30								28								42									100
2015	单选题数	3	4	2	0	0	2	1	1	1	3	2	1	1	2	2	2	4	2	2	5	3	4	4	8	1	60
	多选题数	1	1	0	1	1	0	1	0	0	0	2	0	1	1	1	0	1	1	1	1	1	0	3	2	0	20
	总分数	23								24								53									100

四、本书使用说明

关于本书的使用有几点特别说明：

1. 有足够学习时间的读者，可对照本书对考试用书整个知识体系进行梳理，将本书所强调的重要知识点和考点在考试用书中勾划出来。这种使用方式可使读者在整个知识体系语境中学习，对相关知识点能更深的理解，有助于考出高分。

2. 工作繁忙而没有足够学习时间的读者，则可以本书学习为主，根据本书要求再去看考试用书的相关章节。本书编写并不是考点碎片的简单堆积，而是尽量能体现出知识点之间的内在逻辑联系，以便于读者仅阅读本书也能理解相关理论、方法和实务。通常情况下，第一遍学习本书可能需要 20 小时，第二遍在 10 小时左右，第三遍可能只需要 5 小时(不包括做题时间)。

3. 考前冲刺阶段复习，可主要检查是否掌握了本书用下划线、黑体字所标注的关键词和用图表形式归纳的知识点。冲刺复习时，可使用一张白纸遮挡住页面，逐步向下移动白纸，看到相关标题，回忆一下相关知识点，再检验是否基本掌握。要说明的是，本科目考试只是选择题，不要强求死记硬背知识点，能理解知识点并有较深的印象即可，因为考试时看到考题的备选答案，一般能都能回想起相关知识点，并可迅速做出判断。

4. 本书典型考题、历年考题和模拟题的使用方式。历年考题研究发现，有些考点每年都考，而考题则花样百出，所以不理解知识点而只是一味地做题并无多大益处。典型考题主要是让读者熟悉题型和自行检验对各章节的考点掌握程度，而并不涵盖所有知识点。历年考题可用于读者在阶段性自测，模拟题可用于冲刺阶段的模拟和自测。无论是各章典型考题，还是历年考题、模拟题，建议读者不要在书中直接填写自己的答案，可另外用一张写答案，再对比参考答案。这样可重复利用本书提供的题目自行测试。

读者对本书的任何疑问、意见和建议，请加入 QQ 群(91223686)与本书编者联系，编者会尽快予以回复。

东南大学土木工程学院　黄有亮

2016 年 4 月

目　录

1Z101000 工程经济

☞ 考点分布与解析

许多人觉得本科目这一篇内容难度大，尤其计算题很难，这主要是与大家平时工作中涉及少有关。其实，本篇并不像传说的那么难，只要理解一些基本概念和方法，记住一两个公式，考试中任何计算都可以应付。表 1.1 是近 5 年考试中本篇各章的分数分布，可见本篇中 **1Z101020** 是最重要的一章，其次是 **1Z101010**。

表 1.1

年　份	2011	2012	2013	2014	2015
1Z101010 资金时间价值的计算及应用	4	4	5	5	5
1Z101020 技术方案经济效果评价	7	9	8	7	6
1Z101030 技术方案不确定性分析	2	4	4	6	2
1Z101040 技术方案现金流量表的编制	1	5	3	3	2
1Z101050 设备更新分析	4	1	4	3	2
1Z101060 设备租赁与购买方案的比选分析	3	2	2	1	2
1Z101070 价值工程在工程建设中的应用	1	3	1	4	3
1Z101080 新技术、新工艺和新材料应用方案的技术经济分析	1	1	2	1	1

1Z101010 资金时间价值的计算及应用

☞ 考点精要

1Z101011 利息的计算

一、资金时间价值的概念

在工程经济分析时，不仅要着眼于技术方案资金量的大小(资金收入和支出的多少)，而且也要考虑资金发生的时间。注意概念的几个要点：1. 资金是运动的价值，随时间的推移而增值；2. 增值的部分就是原有资金的时间价值，如利息；3. 资金要作为生产经营要素，钱放保险柜里不增值。

影响资金时间价值的因素主要有：

1. 资金使用时间；2. 资金数量多少；3. 资金周转速度；4. 资金投入和回收的特点——在总

资金一定情况下，前期投入越多，资金的负效益越大；反之，后期投入越多，资金的负效益越小。

二、利息与利率的概念

利息和利率概念，大家并不陌生。关注以下几个要点：

1. 利息是资金时间价值的一个重要表现形式；
2. 用利息(＝本利和－本金)作为衡量资金时间价值的绝对尺度；
3. 用利率(＝利息/本金)作为衡量的相对尺度；
4. 利息常被看成资金的机会成本。

三、利息的计算

利息计算有单利和复利之分。若用 P 表示本金，用 F 表示本利和，n 表示计息周期数(计算周期可以是年、季、月、日)，i 表示计算周期利率，两种方法的计算公式及比较见表 1.2。

表 1.2

计算方法	计算公式	特　点	应　用　范　围
单利	$F = P \times (1 + i \times n)$	利息额都仅由本金所产生，“利不生利”	不符合客观规律，没有完全反映资金的时间价值，只适用于短期投资或短期贷款
复利	$F = P \times (1 + i)^n$	本金生息，上期利息到下期也会产生新的利息，“利滚利”	符合资金运动的实际状况，应用广泛，考试时，只要没注明用单利，都是用复利计算

【例 1.1】(2011)某企业从金融机构借款 100 万元，月利率 1%，按月复利计息，每季度付息一次，则该企业一年需向金融机构支付利息(　　)万元。

A. 12.00　　B. 12.12　　C. 12.55　　D. 12.68

【解析】未明确说明，所以用复利方法计算。计息周期为月，因每季付息一次，计算出每季付息额：$100 \times (1 + 1\%)^3 - 100 = 3.03$ (万元)，年支付利息：$3.03 \times 4 = 12.12$ (万元)。

【例 1.2】(2012)某公司以单利方式一次性借入资金 2 000 万元，借款期限 3 年，年利率 8%，到期一次还本付息，则第三年末应当偿还的本利和为(　　)万元。

A. 2 160　　B. 2 240　　C. 2 480　　D. 2 519

【解析】明确要求用单利，计算 3 年末本利和：$2\,000 \times (1 + 8\% \times 3) = 2\,480$ (万元)。

1Z101012 资金等值计算及应用

资金即使金额相同，如果发生的时间不同，其价值就不相同。反之，不同时间发生的不同数额资金，如果“价值等效”，称为“等值”。

【例 1.3】现在收入 1 000 元钱存银行 3 年，银行年利率 10%，3 年后取出的本利和为 $1\,000 \times (1 + 10\%)^3 = 1\,331$ 元，可认为现在收入 1 000 元和 3 年后收入 1 331 元等值。

【要点：等值计算公式就是复利公式，所以影响资金等值三因素是：1. 资金数额的多少；2. 资金发生的时间长短；3. 利率(或折现率)的大小。其中，利率是一个关键因素。】

一、现金流量图的绘制

例 1.3 中存款问题的存款人和银行的现金流量图如图 1.1 所示。

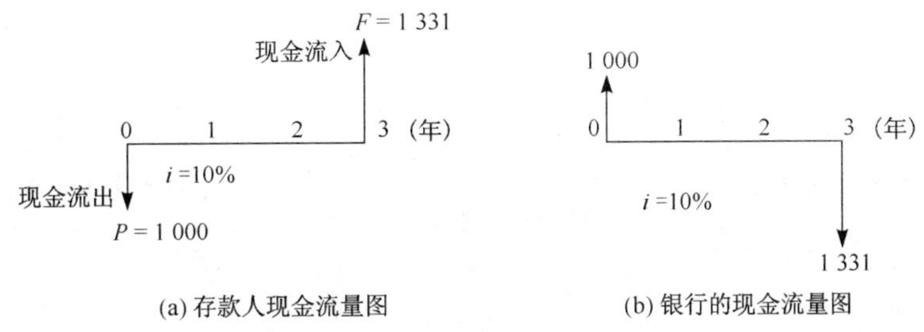

图 1.1

1. 以横轴为时间轴，轴上每一刻度表示一个时间单位（计息周期，可以是年、半年、季或月等）；时间轴上的点称为时点，通常表示的是该时间单位末的时点；0 表示时间序列的起点，工程经济分析就是站在这一起点（现在点）看未来。

2. 现金流量的性质（箭线方向，即流入或流出）是对特定的人而言的。

3. 箭线长短与现金流量数值大小成比例，画图时适当体现数值差异就行，并在箭线上方（下方）注明数值。

4. 箭线与时间轴交点即为现金流量发生的时点。

【要点：正确绘制现金流量图的三要素：1. 现金流量的大小（数额）；2. 方向（流入或流出）；3. 作用点（发生时点）。】

二、终值和现值计算

现值——现在点的价值，即本金，终值——未来若干计息周期后的价值，即本利和。区分两种现金流量类型：

1. 一次支付

如图 1.1，知道现值 P=1 000，求 3 年后终值 F；或者知道 3 年后终值 F=1 331，求与之等值的现值 P。计算公式就是复利公式，见表 1.3 第 1 个公式和第 2 个公式。

表 1.3

序号	公式	公式系数	系数名称	系数符号	备注
1	$F=P\times(1+i)^n$	$(1+i)^n$	一次支付终值系数	$(F/P, i, n)$	
2	$P=F\times\frac{1}{(1+i)^n}$	$\frac{1}{(1+i)^n}$	一次支付现值系数（**折现系数、贴现系数**）	$(P/F, i, n)$	
3	$F=A\times\frac{(1+i)^n-1}{i}$	$\frac{(1+i)^n-1}{i}$	等额支付系列终值系数（年金终值系数）	$(F/A, i, n)$	求出的 F，**其位置与最后一个 A 在同一点**，见图 1.2(a)
4	$P=A\times\frac{(1+i)^n-1}{i(1+i)^n}$	$\frac{(1+i)^n-1}{i(1+i)^n}$	等额支付系列现值系数（年金现值系数）	$(P/A, i, n)$	求出的 P，**其位置在第一个 A 前一个时点**，见图 1.2(c)

2. 等额支付系列

例如，如图 1.2(a)银行定期储蓄的一种基本类型——“零存整取”中的每个月末存入的“零存”1 000 元，且不间断，就是等额支付系列，一般用 A 表示。而图 1.2(b)，就不是等额支付系列，因为有间断。

图 1.2(a)为已知 A，求 F（即把 12 个月存的钱年底一次整取，能取出多少?），用表 1.3 第 3

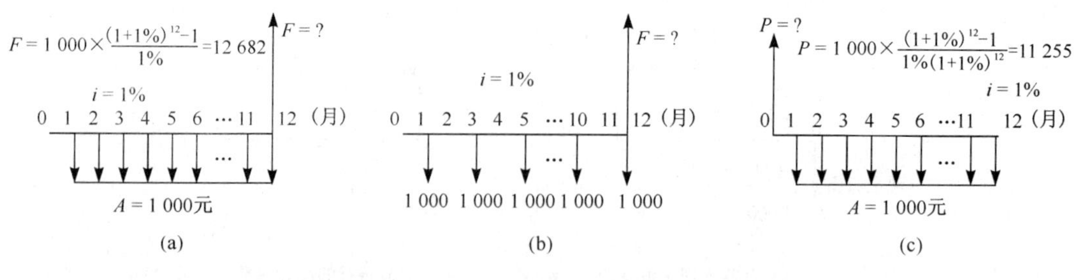

图 1.2

个公式。图 1.2(c)为已知 A，求 P(整存零取，以后的 12 个月每月末要取到 1 000 元，则现在要存入多少钱?)，用表 1.3 的第 4 个公式。

【特别技巧：许多考生感觉第 1、2 个公式比较难记，即使记得有时也未必能用得上或做得对。其实，只要掌握了“表 1.3 中第 1 个和第 2 个公式＋画现金流量图”，任何计算问题都可解决，且不会算错。例 1.4 及本章典型考题单选题第 5 题很值得借鉴。】

【例 1.4】(2015)某企业第 1 年年初和第 1 年年末分别向银行借款 30 万元，年利率均为 10%，复利计息，第 3～5 年年末等额本息偿还全部借款。则每年年末应偿还金额为(　　)。

A. 20.94　　B. 23.03　　C. 27.87　　D. 31.57

【解析】画现金流量图(图 1.3)，图中 x 即为所求答案。根据等值原理，所有现金流入的终值(现值)等于所有现金流出的终值(现值)，列出方程求解。此题方程如下，解得 x 为 31.57。

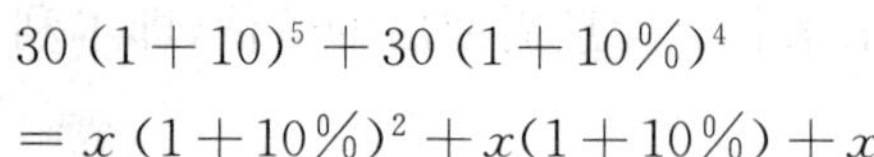

$$30\,(1+10)^5+30\,(1+10\%)^4$$
$$=x\,(1+10\%)^2+x(1+10\%)+x$$

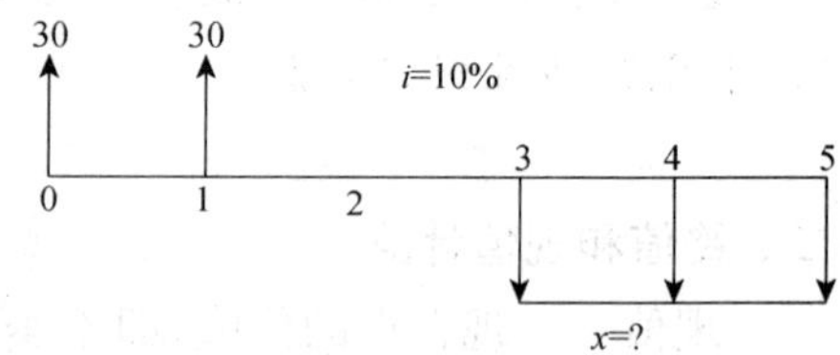

图 1.3

1Z101013 名义利率与有效利率的计算

利率周期通常以年为单位，当计息周期小于一年时，就有名义利率和有效利率之分。

【例 1.5】(2013)某施工企业向银行借款 250 万元，期限 2 年，年利率 6%，半年复利利息一次。第二年末还本付息，则到期企业需支付给银行的利息为(　　)万元。

A. 30.00　　B. 30.45　　C. 30.90　　D. 31.38

此题中，由于计息周期是半年，所以 6%就是年名义利率。年有效利率(往年考题中也有称之为“实际利率”) i_{eff} 可用下式计算：

$$i_{\text{eff}}=\left(1+\frac{r}{m}\right)^m-1$$ **(须记住的公式)**

式中：r—— 年名义利率；m—— 年计息次数，例如，按月计息 $m=12$，按季计息则 $m=4$；$\frac{r}{m}$—— 计息周期利率。

注意：m 越大，有效利率越大。如果各技术方案的计息期不同，就不能简单地使用名义利率来评价，而必须换算成有效利率进行评价。

【解析】

方法 1(图 1.4(a))：

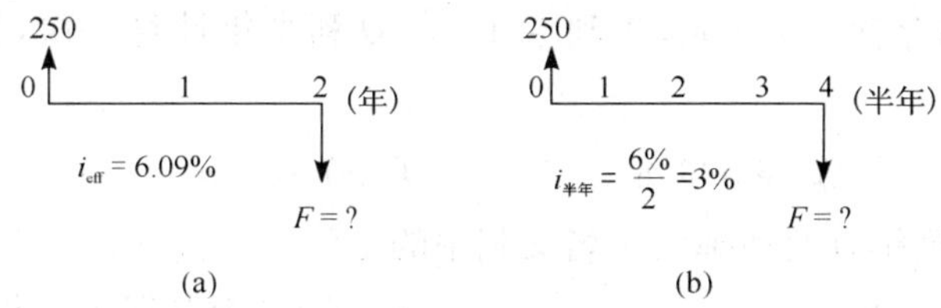

图 1.4

先计算出年有效率 $i_{eff}=\left(1+\frac{6\%}{2}\right)^2-1=6.09\%$

$F=250\times(1+6.09\%)^2=281.38$

支付利息为 281.38 − 250 = 31.38(万元)

方法 2(图 1.4(b)):

按计息周期画现金流量图,计息周期(半年)利率为 3%。

$F=250\times(1+3\%)^4=281.38$,同样可计算出支付利息为 31.38 万元。

【要点:遇到此类需要换算有效利率的计算题,特别推荐采用方法 2。只要草稿纸画出简单现金流量图,用复利公式,任何题目都可以计算。读者不妨用此法计算本章典型考题单选题第 5 题,会发现用此法相当简单实用。】

☞ 典型考题

(一) 单选题

1. 在下列关于现金流量图的表述中,错误的是(　　)。
   A. 以横轴为时间轴,零表示时间序列的起点
   B. 多次支付的箭线与时间轴的交点即为现金流量发生的时间单位之初
   C. 在箭线上下注明现金流量的数值
   D. 垂直箭线箭头的方向是对特定的人而言的
2. 在资金等值计算中,下列表述正确的是(　　)。
   A. P 一定,n 相同,i 越高,F 越大　　B. P 一定,i 相同,n 越长,F 越小
   C. F 一定,i 相同,n 越长,P 越大　　D. F 一定,n 相同,i 越高,P 越大
3. 某企业借贷资金 8 万元,偿还期为 4 年,年利率 10%,按复利计算,有 A、B、C、D 四种还款方式,各还款方式中支付总金额最多的是(　　)。
   A. 每年年末偿还 2 万元本金和所欠利息
   B. 每年年末只偿还所欠利息,第 4 年年末一次还清本金
   C. 在 4 年中每年年末等额偿还
   D. 在第 4 年年末一次还清本息
4. 投资者投资某一个技术方案,首先要考虑在一定时间内获取的收益是否高于银行利息,所以利息常被视为资金的(　　)。
   A. 沉没成本　　B. 机会成本
   C. 基准收益率　　D. 内部收益率

5. 从现在起每年年初存款 1 000 元，年利率 12%，复利半年计息一次，第 5 年年末本利和为（　　）。

A. 6 353 元　　B. 6 399 元　　C. 7 189 元　　D. 13 181 元

6. 在以下各项中，满足年有效利率大于名义利率的是（　　）。

A. 计息周期小于一年　　B. 计息周期等于一年

C. 计息周期大于一年　　D. 计息周期小于等于一年

7. 甲施工企业年初向银行贷款流动资金 200 万元，按季计算并支付利息，季度利率 1.5%，则甲施工企业一年应支付的该项流动资金贷款利息为（　　）万元。

A. 6.00　　B. 6.05

C. 12.00　　D. 12.27

8. 年利率 8%，按季度复利计息，则半年期实际利率为（　　）。

A. 4.00%　　B. 4.04%

C. 4.07%　　D. 4.12%

(二) 多选题

9. 已知折现率 $i>0$，所给现金流量图表示（　　）。

A. A_1 为现金流出

B. A_2 发生在第 3 年年初

C. A_3 发生在第 3 年年末

D. A_4 的流量大于 A_3 的流量

E. 若 A_2 与 A_3 流量相等，则 A_2 与 A_3 的价值相等

10. 下列关于资金时间价值的说法中，正确的有（　　）。

A. 在单位时间资金增值率一定的条件下，资金使用时间越长，则资金时间价值就越大

B. 在其他条件不变的情况下，资金数量越多，则资金时间价值越少

C. 在一定的时间内等量资金的周转次数越多，资金的时间价值越少

D. 在总投资一定的情况下，前期投资越多，资金的负效益越大

E. 在回收资金额一定的情况下，在离现时点越远的时点上回收资金越多，资金时间价值越小

11. 影响资金等值的因素有（　　）。

A. 利息　　B. 利率或折现率

C. 资金发生的时点　　D. 资金量的大小

E. 资金等值换算方法

参考答案

1. B； 2. A； 3. D； 4. B； 5. C； 6. A； 7. C； 8. B； 9. ABC； 10. ADE； 11. BCD

1Z101020 技术方案经济效果评价

☞ 考点精要

1Z101021 经济效果评价的内容

经济效果评价就是在拟定的技术方案、财务效益与费用估算的基础上，对技术方案的财务可行性和经济合理性进行分析论证，为选择技术方案提供科学的决策依据。

一、技术方案经济效果评价的基本内容

评价内容包括：1. 盈利能力；2. 偿债能力；3. 财务生存能力。

财务生存能力分析也称资金平衡分析，分析技术方案是否有足够的净现金流量维持正常运营，以实现财务可持续性。对于非经营性方案，应主要分析财务生存能力。

二、经济效果评价方法（表 1.4）

表 1.4

方法分类	方法	要点
1. 基本方法	确定性评价 不确定性评价	一个方案同时要做这两个评价
2. 按方法**性质**不同分类	定量分析 定性分析	两者结合，以定量为主原则
3. 按方法**是否考虑时间因素**分类	静态分析（不考虑） 动态分析（考虑）	指定量分析的方法分类 两者结合，以动态为主原则
4. 按是否考虑**融资**分类	融资前分析 融资后分析	先融资前分析，在结论满足要求的情况下，初步设定融资方案，再进行融资后分析。后者也包括动态分析和静态分析
5. 按**评价的时间**分类	事前、事中、事后评价	

三、经济效果评价的程序

1. 熟悉方案基本情况→2. 收集、整理和计算基础数据资料与参数→3. 根据基础资料编制各基本财务报表→4. 经济效果评价

四、经济效果评价方案

独立型方案——几个方案选择其中一个，不排除选择其他方案的可能性。独立型方案在经济上是否可接受，取决于自身的经济性检验——绝对经济效果检验。单一方案是独立型方案的特例。

互斥型方案——又称为排他型方案，几个方案选择其中一个，就必然排除选择其他方案。经济评价包括两个部分：(1)考察各个方案自身的经济效果——绝对经济效果检验。(2)考察哪个方案相对经济效果最优——相对经济效果检验。

五、技术方案的计算期

计算期是指技术方案进行动态分析所设定的期限，包括建设期和运营期。对需要比较的技术方案应取相同的计算期。

1Z101022 经济效果评价指标体系

技术方案的经济效果评价，一方面取决于基础数据的完整性和可靠性；另一方面取决于选取的评价指标体系的合理性。指标体系见图 1.5。

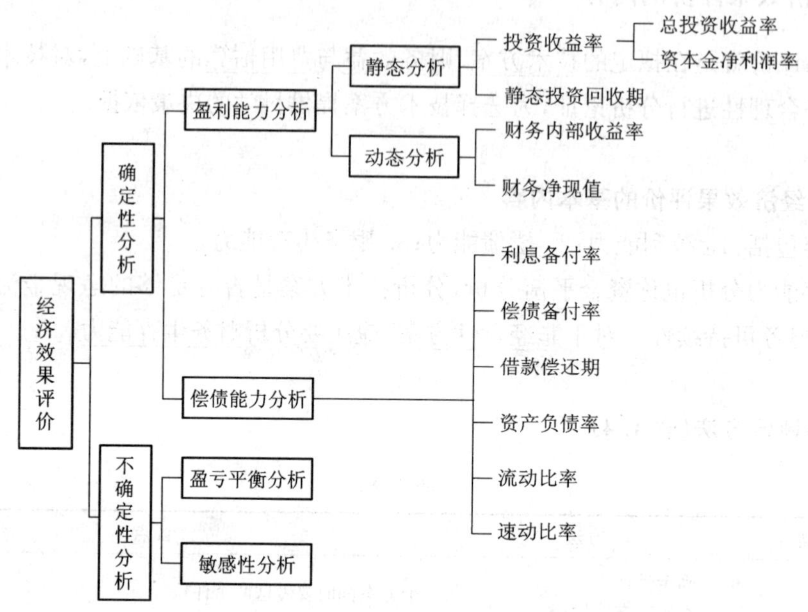

图 1.5(引用考试用书图 1Z101022)

1Z101023 投资收益率分析

一、概念

投资收益率是衡量获利水平的静态评价指标，反映一个正常生产年份的年净收益额与投资比率。

二、具体指标形式与计算

首先了解一下，方案的投资来源：一是投资者投入的自有资金(资本金)，又称为权益资金；二是投资者向银行等机构借入的资金，又称为债务资金。投资收益率指标形式与计算见表 1.5。

表 1.5

具体指标	计算公式	计算注意要点
总投资收益率(ROI)	$ROI=\frac{年息税前利润}{总投资}$	表示总投资的盈利水平 总投资＝建设投资＋建设期利息＋全部流动资金 年息税前利润＝税后利润＋所得税＋利息 正常生产年份的年息税前利润
资本金净利润率(ROE)	$ROE=\frac{年净利润}{资本金}$	表示资本金的盈利水平 年净利润(税后利润)＝利润总额－所得税 正常生产年份的净利润

三、适用情况和条件

1. 不仅可衡量获利能力，还可作为筹资决策参考的依据；

2. 作为主要决策依据并不可靠；

3. 用在方案制定的早期阶段或研究过程，且计算期较短、不具备综合分析所需详细资料的技术方案；

4. 尤其适用于工艺简单而生产情况变化不大的方案的选择和经济效果评价。

【例 1.6】(2012)某技术方案的总投资 1 500 万元，其中债务资金 700 万元，技术方案在正常年份年利润总额 400 万元，所得税 100 万元，年折旧费 80 万元。则该方案的资本金净利润率为(B)。

A. 26.7%　　B. 37.5%　　C. 42.9%　　D. 47.5%

1Z101024 投资回收期分析

一、概念

投资回收期也称返本期，注意概念 3 个要点：

1. 反映方案投资回收能力的指标。

2. 分为静态回收期和动态回收期，通常只计算静态回收期。

3. 静态回收期宜从方案建设开始年算起。若从投产开始年算起，应予以特别注明。

二、静态回收期的计算

1. 第一种考法：用公式计算

$$静态回收期 = \frac{累计净现金流量}{出现正值的年份数} - 1 + \frac{上一年累计净现金流量绝对值}{当年的净现金流量}$$

【例 1.7】(2013)某技术方案投资现金流量的数据如下表所示，用该技术方案的静态投资回收期为(　　)年。

计算期(年)	0	1	2	3	4	5	6	7	8
现金流入(万元)	—	—	—	800	1 200	1 200	1 200	1 200	1 200
现金流出(万元)	—	600	900	500	700	700	700	700	700

A. 5.0　　B. 5.2　　C. 5.4　　D. 6.0

【解析】计算出各年净现金流量和累计净现金流量如下表，套公式计算：$6 - 1 + \frac{|-200|}{500} = 5.4$ (年)。

计算期(年)	0	1	2	3	4	5	6	7	8
净现金流量＝流入－流出	0	－600	－900	300	500	500	500	500	500
累计净现金流量	0	－600	－1 500	－1 200	－700	－200	300	800	1 300

2. 第二种考法：根据累计净现金流量图(静态投资回收期示意图)来判断

例如，用例 1.7 累计净现金流量给出累计净现金流量图(如图 1.6)，可能会问考生回收期是几年(5.4 年)，或者问哪一点是回收期(与横轴交点的 5.4 年这一点，或者问回收期介于哪年至哪年(5～6 年))。

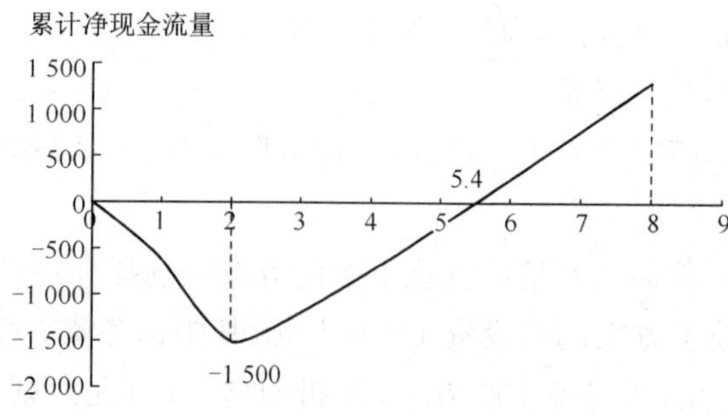

图 1.6

三、适用条件和情况的要点

1. 显示了资本的周转速度。资本周转速度愈快,静态投资回收期愈短,风险愈小,抗风险能力强。

2. 采用静态投资回收期评价实用意义的方案类型:①技术上更新迅速的方案;②资金相当短缺的方案;③未来情况很难预测而投资者又特别关心资金补偿的方案。

3. 它没有考虑时间价值,只能作为辅助评价指标。

1Z101025 财务净现值分析

一、概念

财务净现值(*FNPV*)是指用一个预定的基准收益率(或设定的折现率) i_c(基准收益率概念见 1Z101027,为理解 *FNPV*,建议先学习一下 1Z101027),分别把整个计算期间内各年净现金流量都折现为 0 年这一时点的现值,并求代数和。

二、*FNPV* 计算

【例 1.8】(2009)已知某项目的净现金流量如下表。若 $i_c=8\%$,则该项目的财务净现值为(C)万元。

年份	1	2	3	4	5	6
净现金流量	−4 200	−2 700	1 500	2 500	2 500	2 500

A. 109.62　　B. 108.00　　C. 101.71　　D. 93.98

【解析】根据概念就可计算。为有利于正确的计算,考试时可快速地画出现金流量图(图 1.7)。要注意的是,尽管表中没有 0 年这个时点,但要知道 0 年时点就是第 1 年年初,*FNPV* 要求算到 0 年这一时点。

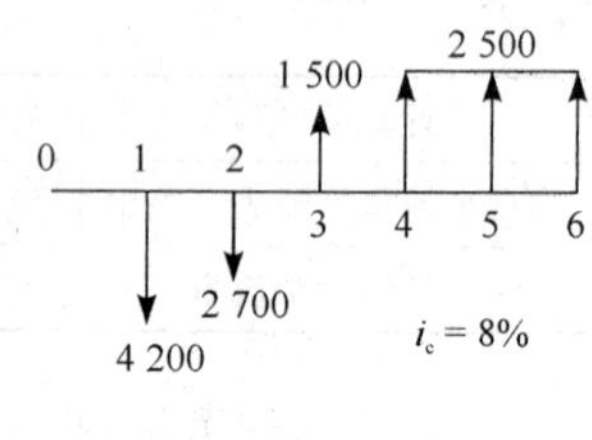

图 1.7

$$FNPV=-\frac{4\,200}{1+8\%}-\frac{2\,700}{(1+8\%)^2}+\frac{1\,500}{(1+8\%)^3}+\frac{2\,500}{(1+8\%)^4}+\frac{2\,500}{(1+8\%)^5}+\frac{2\,500}{(1+8\%)^6}=101.71$$

当然，若干年考试 $FNPV$ 计算更简单一些，如本章典型考题的第 1 题和 2013 年真题的第 6 题等。

三、判别准则要点

1. 财务净现值是盈利能力的绝对指标。

2. 当 $FNPV>0$ 时，说明能得到超过其准收益率的超额收益；当 $FNPV=0$ 时，说明正好满足基准收益率要求；当 $FNPV<0$ 时，说明不能满足基准收益率要求。

3. 当 $FNPV>0$ 或 $FNPV=0$ 时，方案可行；当 $FNPV<0$ 时，方案不可行。

1Z101026 财务内部收益率分析

一、概念

对常规技术方案，财务内部收益率（$FIRR$）就是使方案 $FNPV=0$ 时的折现率。以例 1.8 项目为例，假设折现率未知，则有

$$FNPV(i)=-\frac{4\,200}{1+i}-\frac{2\,700}{(1+i)^2}+\frac{1\,500}{(1+i)^3}+\frac{2\,500}{(1+i)^4}+\frac{2\,500}{(1+i)^5}+\frac{2\,500}{(1+i)^6}$$

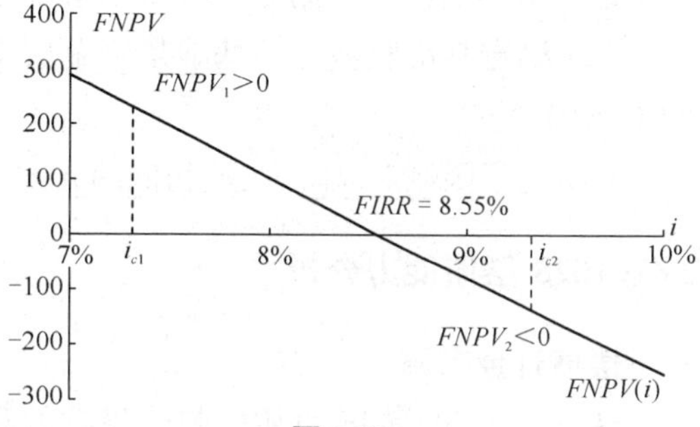

图 1.8

$FNPV(i)$ 称为净现值函数（图 1.8）。$FNPV(i)$ 与横轴交点处，$FNPV=0$，该交点对应的折现率 8.55% 即为财务内部收益率。**注意：考到 *FIRR* 问题时，*NPV* 函数图是特别有用的工具。**

二、判别准则

财务内部收益率可理解为方案自身的投资收益率（不同于基准收益率是投资者所要求的），因此：

1. 当 $FIRR>i_c$ 或 $FIRR=i_c$，则方案在经济上可以接受（可行）；

2. 当 $FIRR<i_c$，则技术方案在经济上应予拒绝（不可行）。

三、相关要点

1. $FNPV$ 函数是一个单调递减函数，即随着 i 增大，$FNPV$ 减小。

2. 当 $FNPV>0$ 时，必有 $FIRR>i_c$；当 $FNPV<0$ 必有 $FIRR<i_c$（见图 1.8）。反过来也一样。所以，应用 $FIRR$ 评价与应用 $FNPV$ 评价均可，其结论是一致的。

3. $FIRR$ 的大小不受外部参数影响，完全取决于投资过程现金流量。

【例 1.9】（2012）某常规技术方案，$FNPV(16\%)=160$ 万元，$FNPV(18\%)=-80$ 万元，则方案的 $FIRR$ 最可能为（C）。

A. 15.98%　　B. 16.21%　　C. 17.33%　　D. 18.21%

【解析】 此题不需要计算出来，只要简单画出类似图 1.8 的图，就可以直接判断出来。首先确定 $FIRR$ 介于 16%～18% 之间，然后确定它应该更靠哪一侧（18% 一侧）。

1Z101027 基准收益率的确定

一、概念

基准收益率也称基准折现率，是投资者以动态的观点所确定的、可接受的方案最低标准的收益水平。

二、确定

1. 政府投资项目采用行业财务基准收益率。

2. 企业各类方案可参考选用行业财务基准收益率。

3. 投资者也可自行测定方案的最低可接受财务收益率，测定时考虑四个因素：(1)资金成本；(2)投资机会成本；(3)投资风险；(4)通货膨胀。几点注意要点：

(1) 通常，基准收益率应不低于单位资金成本和单位投资的机会成本，即

$i_c \geqslant \max$\{单位资金成本，单位投资机会成本\}

(2) 确定基准收益率的基础是资金成本和机会成本，而投资风险和通货膨胀则是必须考虑的影响因素。

(3) 为了限制对风险大、盈利低的方案进行投资，可采取提高基准收益率的办法来评价方案。

1Z101028 偿债能力分析

一、偿债资金来源

来源主要包括：1. 可用于归还借款的利润（指未分配利润）；2. 固定资产折旧；3. 无形资产及其他资产摊销费；4. 其他还款资金（减免的营业税金）。全部建设投资贷款本金及其建设期利息构成建设投资贷款总额，在技术方案投产后可由上述资金来源偿还。

二、偿债能力分析

1. 借款偿还期

借款偿还期指标适用于那些不预先给定借款偿还期限，且按最大偿还能力计算还本付息的方案。对于预先给定借款偿还期的方案，应采用利息备付率和偿债备付率指标分析企业的偿债能力。

2. 利息备付率

反映偿付债务利息的能力，表示偿付利息的保证倍率。

3. 偿债备付率

表示企业可用于还本付息的资金偿还借款本息的保证倍率。

☞ 典型考题

(一) 单选题

1. 某项目的财务净现值前 5 年为 210 万元，第 6 年末净现金流量为 30 万元，$i_c = 10\%$，则前 6 年的财务净现值为（　　）万元。

A. 227　　B. 237　　C. 240　　D. 261

2. 可用于评价项目财务盈利能力的绝对指标是(　　)。

A. 价格临界点　　B. 财务净现值

C. 总投资收益率　　D. 敏感度系数

3. 下列各项中,属于技术方案静态分析指标的是(　　)。

A. 内部收益率　　B. 投资收益率　　C. 净现值率　　D. 净现值

4. 关于总投资收益率的描述,下列选项中错误的是(　　)。

A. 总投资收益率用来衡量权益投资的获利能力

B. 总投资收益率应大于行业的平均投资收益率

C. 总投资收益率越高,技术方案获得的收益也越多

D. 总投资收益率高于同期银行利率,适度举债有利

5. 某技术方案建设投资为 3 500 万元(不含建设期利息),建设期贷款利息 500 万元,流动资金为 1 000 万元,该技术方案投产期年利润总额为 900 万元,达到设计生产能力的正常年份年利润总额为 1 000 万元,年所得税 250 万元,年利息 200 万元,则该技术方案总投资收益率为(　　)。

A. 18%　　B. 20%　　C. 24%　　D. 29%

6. 某技术方案的现金流量为常规现金流量,当基准收益率为 8%时,净现值为 400 万元。若基准收益率变为 10%,该技术方案的 *FNPV* 将(　　)。

A. 大于 400 万元　　B. 小于 400 万元

C. 等于 400 万元　　D. 无法确定

7. 对于常规技术方案,若技术方案的 *FNPV*(18%)>0,则必有(　　)。

A. *FNPV*(20%)>0　　B. *FIRR*>18%

C. 静态投资回收期等于方案的计算期　　D. *FNPVR*(18%)>1

8. 按最大还款能力计算技术方案偿债能力时,可以采用的指标是(　　)。

A. 利息备付率　　B. 借款偿还期

C. 偿债备付率　　D. 技术方案经济寿命期

(二) 多选题

9. 对企业投资的技术方案进行经济效果评价,必须进行(　　)。

A. 费用效果分析　　B. 财务生存能力分析

C. 风险分析　　D. 偿债能力分析

E. 盈利能力分析

10. 下列指标中,能反映技术方案盈利能力的有(　　)。

A. 利息备付率　　B. 财务内部收益率

C. 资产负债率　　D. 财务净现值

E. 总投资收益率

11. 某技术方案的基准收益率为 10%,内部收益率为 15%,则该技术方案(　　)。

A. 净现值大于零　　B. 方案不可行　　C. 净现值小于零　　D. 方案可行

E. 无法判断是否可行

☞ 参考答案

1. A； 2. B； 3. B； 4. A； 5. C； 6. B； 7. B； 8. B； 9. BDE； 10. BDE； 11. AD

1Z101030 技术方案不确定性分析

☞ 考点精要

1Z101031 不确定性分析

一、不确定性因素产生的原因

1. 所依据的基本数据不足或者统计偏差。2. 预测方法的局限，预测的假设不准确。

3. 未来经济形势的变化。4. 技术进步。5. 无法以定量来表示的定性因素的影响。

6. 其他外部影响因素，如政府政策的变化，新的法律、法规的颁布，国际政治经济形势的变化等。

二、不确定性分析内容

对影响方案经济效果的不确定性因素进行的分析称为不确定性分析。

三、不确定性分析的方法

1. 盈亏平衡分析

也称量本利分析，就是将技术方案投产后的产销量作为不确定因素。

2. 敏感性分析

分析各种不确定性因素发生增减变化时，对技术方案经济效果评价指标的影响，并计算敏感度系数和临界点，找出敏感因素。

1Z101032 盈亏平衡分析

一、总成本与固定成本、可变成本

根据成本费用与产量（或工程量）的关系可以将方案总成本费用分解为：

1. 固定成本

是指在不随产品产量变化而变化的各项成本费用，如工资及福利费（计件工资除外）、折旧费、修理费、摊销费等。

2. 可变成本

随方案产品产量变化而成正比例变化的各项成本，如原材料、燃料、动力费、包装费和计件工资等。

3. 半可变(或半固定)成本

长期借款利息应视为固定成本;流动资金借款和短期借款利息可视为半可变(或半固定)成本,为简化计算,一般也将其作为固定成本。

二、产销量盈亏平衡分析的方法

1. 以产销量表示的盈亏平衡点 $BEP(Q)$

$$BEP(Q)=\frac{\text{固定成本}}{\text{单位产品销售价格}-\text{单位产品变动成本}-\text{单位产品营业税及附加}}$$

2. 生产能力利用率表示的盈亏平衡点 $BEP(\%)$

$$BEP(\%)=\frac{BEP(Q)}{\text{设计(正常产销量)生产能力}}\times 100\%$$

【特别技巧:上述第二个公式只要理解,就可记住,而第一个公式也无需强记它,学会例 1.10 的画量本利分析图(盈亏平衡分析图),相关的计算题都可很容易计算出来。】

【例 1.10】(2011)某技术方案年设计生产能力为 20 万吨,年固定成本 2 200 万元,产品销售单价为 1 200 元/吨,每吨产品的可变成本为 800 元,每吨产品应缴纳营业税金及附加为 180 元,则该产品不亏不盈的年产销量是(　　)万吨。

A. 10.00　　B. 3.55　　C. 5.50　　D. 20.00

【解析】假设方案年产销量为 Q 万吨,则

不含税的年收入为 $S=(1\,200-180)\times Q$

年总成本为 $C=2\,200+800\times Q$

画量本利分析图(图 1.9),年收入线与年总成本线交点称之为盈亏平衡点。根据 $(1\,200-180)\times Q_0=2\,200+800\times Q_0$,求出对应的产量 $Q_0=10$ 万吨,即为盈亏平衡点产销量($BEP(Q)$)。

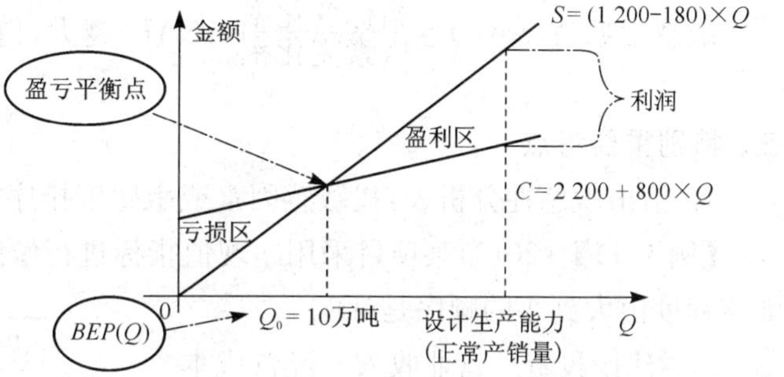

图 1.9

三、其他重要考点

1. 盈亏平衡点反映了方案对市场变化的适应能力和抗风险能力。

2. 盈亏平衡点越低,达到此点的盈亏平衡产销量就越少,方案投产后盈利的可能性越大,适应市场变化的能力越强,抗风险能力也越强。

3. 有时要求计算达到设计生产能力的利润,如本章典型考题第 3 题。这可根据图 1.9,把设计产量(正常产销量)代入,用收入减去总成本就可计算出利润。要特别注意,这里的利润是利润总额,又称税前利润(即所得税前利润,相关概念见 1Z102041)。

4. 例 1.10 的思路可以举一反三。2015 年考题出现了计算“以价格表示的盈亏平衡点”(超出考试用书范围),同样可假设产品价格为未知数,用盈亏平衡点概念得到方程,求解即可。

1Z101033 敏感性分析

一、敏感性分析的内容

在确定性经济效果分析的基础上，预测方案不确定因素变化对方案评价指标（如财务内部收益率、财务净现值等）的影响，从中找出敏感因素，确定评价指标对该因素的敏感程度和方案对其变化的承受能力。

二、单因素敏感性分析的步骤

1. 确定分析指标

敏感性分析的指标应与确定性经济效果评价指标一致：

(1) 如果分析方案状态和参数变化对投资回收快慢的影响，可选用静态投资回收期作为分析指标；

(2) 如果分析产品价格波动对方案超额净收益的影响，可选用 *FNPV* 作为分析指标；

(3) 如果分析投资大小对方案资金回收能力的影响，可选用 *FIRR* 指标等。

2. 选择需要分析的不确定性因素

3. 分析每个不确定性因素的波动程度及其对分析指标可能带来的增减变化情况

4. 确定敏感性因素

敏感性分析的目的在于寻求敏感因素，这可以通过计算敏感度系数和临界点来判断。敏感度系数表示技术方案经济效果评价指标对不确定因素的敏感程度。

5. 选择方案

对不同的方案进行选择，一般应选择敏感程度小、承受风险能力强、可靠性大的技术方案。

$$敏感度系数(SAF)=\frac{指标变化率}{因素变化率}$$，$|SAF|$越大，指标对因素变化越敏感

三、特别重要考点

1. 给出敏感性分析表，找敏感因素或敏感度排序

【例 1.11】(2013)某项目采用净现值指标进行敏感性分析，有关数据见下表。则各因素的敏感程度由大到小的顺序是(D)。

因素变化幅度	−10%	0	10%
建设投资(万元)	623	564	505
营业收入(万元)	393	564	735
经营成本(万元)	612	564	516

A. 建设投资—营业收入—经营成本

B. 营业收入—经营成本—建设投资

C. 经营成本—营业收入—建设投资

D. 营业收入—建设投资—经营成本

【解析】

计算各因素敏感度系数：建设投资敏感度系数 $=\frac{(564-623)\div 564}{0-(-10\%)}=-1.05$；营业收入敏感度系数 $=\frac{(564-393)\div 564}{0-(-10\%)}=3.03$；经营成本敏感度系数 $=\frac{(564-612)\div 564}{0-(-10\%)}=-0.85$。敏感度系数绝对值越大，因素的敏感程度越大。

【特别技巧：考题如果只是要求排序或者找到最敏感的因素，可不必计算敏感度系数。由

于因素变化幅度一样，所以只要计算出各因素变化的绝对值，甚至只要目测估一下，就可判断。如上例中投资变化绝对值为 $|564-623|=59$，同样方法可计算出收入、成本的变化绝对值为 171、48，因素变化绝对值越大越敏感。】

2. 给出敏感性分析图，找敏感因素或敏感度排序

假设上例不是给出敏感性分析表，而是根据敏感性分析表给出敏感性分析图，

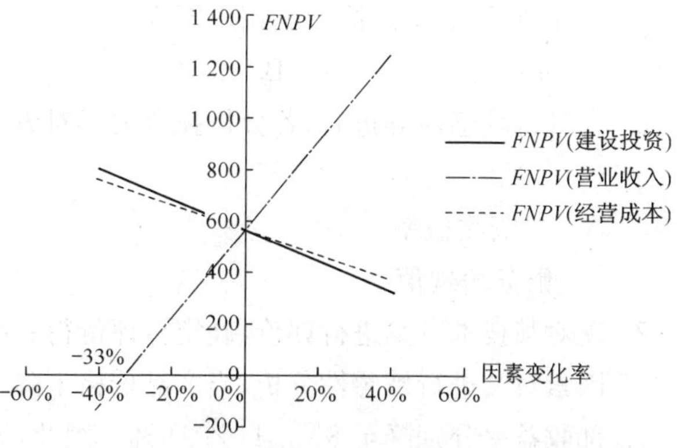

图 1.10

如图 1.10 所示。图中每一条直线的斜率反映方案经济效果评价指标（*FNPV*）对该不确定因素的敏感程度，斜率越大敏感度越高。即线越陡，该线代表的因素敏感程度越高。考试则可能要求根据这样的图判断因素的敏感程度。

3. 判断因素变化幅度的临界点

临界点是指不确定因素向不利方向变化的极限值，超过此值方案的经济效果指标将不可行。如图 1.10 中，营业收入变化幅度的临界点是－33%，到达此点时 $FNPV=0$；若营业收入再减少，$FNPV<0$。

☞ 典型考题

(一) 单选题

1. 投资项目敏感性分析是通过分析来确定评价指标对主要不确定性因素的敏感程度和（　　）。

   A. 项目的盈利能力　　B. 项目对其变化的承受能力

   C. 项目风险的概率　　D. 项目的偿债能力

2. 技术方案评价中的敏感性分析是分析各种不确定因素发生变化时，对经济效果评价指标的影响，并计算敏感度系数和临界点，找出（　　）。

   A. 敏感因素　　B. 风险因素　　C. 影响因素　　D. 不确定性因素

3. 某技术方案设计年生产能力为 100 万件，每件售价 90 元，固定成本每年 800 万元，变动成本为 50 元/件，销售税金及附加费 5 元/件，按量本利模型计算该技术方案可获得的利润为（　　）。

   A. 2 000 万元　　B. 2 700 万元　　C. 3 200 万元　　D. 3 500 万元

4. 某构件厂设计年产销量为 6 万件，每件售价为 400 元，单件产品的变动成本为 150 元，单件产品营业税及附加为 50 元，年固定成本为 300 万元。该厂年利润达到 100 万元时的年产销量是（　　）。

   A. 2 万件　　B. 4 万件　　C. 6 万件　　D. 8 万件

5. 某企业设计年产销量为 10 万件，单件产品变动成本为单件产品售价的 55%，单件产品销售税金及附加为单件产品售价的 5%，经分析求得以盈亏平衡点的产销量为 4.5 万件。若

企业要盈利，生产能力利用率至少应大于(　　)。

A. 40%　　B. 45%　　C. 50%　　D. 55%

6. 在进行敏感性分析时，若分析投资大小对方案资金回收能力的影响，可选用的分析指标是(　　)。

A. 投资收益率　　B. 投资回收期

C. 财务净现值　　D. 财务内部收益率

7. 现对某技术方案进行评价，确定性评价得到技术方案的内部收益率为18%，选择3个影响因素对其进行敏感性分析，当产品价格下降3%、原材料上涨3%，建设投资上涨3%时，内部收益率分别降至8%、11%、9%。因此，该项目的最敏感性因素是(　　)。

A. 建设投资　　B. 原材料价格

C. 产品价格　　D. 内部收益率

8. 现对某技术方案进行单因素敏感性分析，选择净现值作为分析对象，如右图所示，甲、乙、丙三个不确定因素按敏感性由大到小的顺序排列为(　　)。

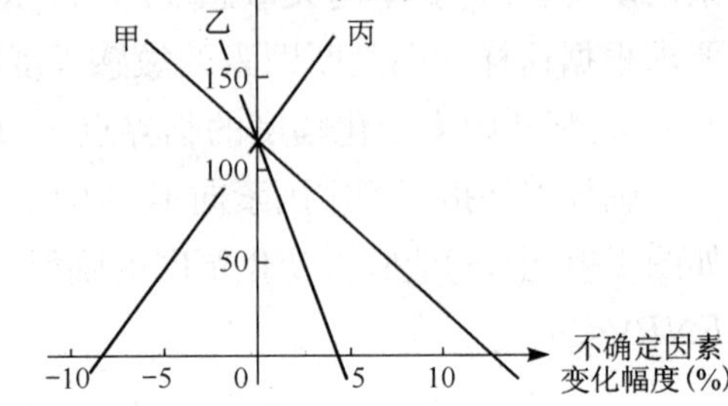

A. 甲—乙—丙

B. 乙—甲—丙

C. 甲—丙—乙

D. 乙—丙—甲

(二) 多选题

9. 关于临界点的叙述不正确的是(　　)。

A. 临界点是指项目不允许不确定因素向不利方向变化的极限值

B. 超过极限，项目的效益指标将不可行

C. 如当产品价格下降到某一值时，财务内部收益率将刚好等于基准收益率，此点称为产品价格下降的临界点

D. 临界点可用临界点百分比或者临界值分别表示某一变量的变化达到一定的百分比或者一定数值时，项目的效益指标将从不可行转变为可行临界点

E. 通过计算临界点来进行敏感性分析

10. 可变成本是随技术方案产品产量的增减而成正比例变化的各项成本，下列属于可变成本的是(　　)。

A. 原料费　　B. 燃料、动力费

C. 计件工人工资　　D. 借款利息

E. 折旧费

11. 将量本利模型的关系反映在直角坐标系中，构成量本利图。下列关于量本利图的说法正确的是(　　)。

A. 销售收入线与总成本线的交点是盈亏平衡点

B. 在盈亏平衡点的基础上，满足设计生产能力增加产销量，将出现亏损

C. 产品总成本是固定总成本和变动总成本之和

D. 盈亏平衡点的位置越高，适应市场变化的能力越强

E. 盈亏平衡点的位置越高，项目投产后盈利的可能性越小

☞ 参考答案

1. B； 2. A； 3. B； 4. A； 5. B； 6. D； 7. C； 8. D； 9. AD； 10. ABC； 11. ACE

1Z101040 技术方案现金流量表的编制

☞ 考点精要

方案的经济效果评价主要是通过相应现金流量表来实现的。

1Z101041 技术方案现金流量表

主要考点见表 1.6，注意对比各种现金流量表同一栏，易于记住相关内容。

表 1.6

有哪几种现金流量表	从什么角度	计算基础是什么	考察方案的什么能力	计算什么指标
投资现金流量表	权益投资者和债权人	总投资	融资前的盈利能力	财务内部收益率 财务净现值 静态投资回收期
资本金现金流量表	权益投资者整体	资本金	融资方案下权益投资的获利能力	资本金财务内部收益率
投资各方现金流量表	各个投资者	投资者的出资额		投资各方财务内部收益率
财务计划现金流量表	反映方案各年投资、融资及经营活动现金流入和流出		财务生存能力	累计盈余资金

其他要关注考点：

1. 比较“投资现金流量表”与“资本金现金流量表”中现金流入构成是相同的，现金流出相同有哪几项？不同有哪几项？

2. “投资现金流量表”中的“所得税”是“调整所得税”，与“资本金现金流量表”不同（该表中为所得税）。

3. “资本金现金流量表”可用于比选融资方案，为投资者投资决策、融资决策提供依据。

1Z101042 技术方案现金流量表的构成要素

构成基本要素：投资、经营成本、营业收入和税金等经济量，它们也是工程经济分析最重要的基础数据。

特别注意经营成本与总成本的关系（图 1.11）。

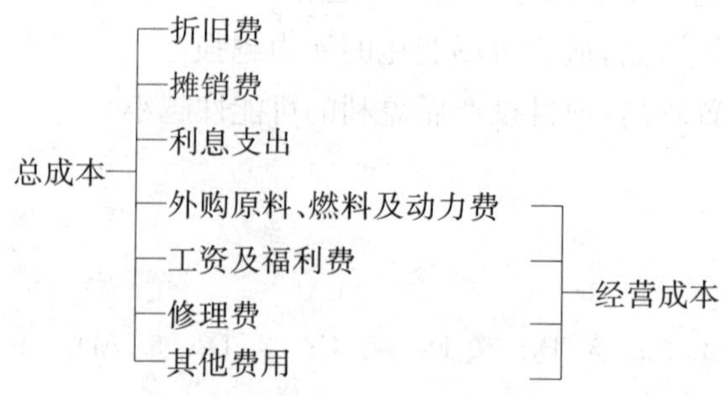

图 1.11

可见，经营成本也可按下式计算：经营成本＝总成本费用－折旧费－摊销费－利息支出。

经济效果评价中的总投资包括建设投资、建设期利息和流动资金。投资中的资本金（权益资金）是指在技术方案总投资中，由投资者认缴的出资额。注意：技术方案资本金主要强调的是作为技术方案实体而不是企业所注册的资金，注册资金是指企业实体在工商行政管理部门登记认缴的注册资金，通常指营业执照登记的资金总额，即会计上的"实收资本"或"股本"（参见 1Z102014"所有者权益"）。资本金出资形态可以是现金，也可以是实物、工业产权、非专利技术、土地使用权、资源开采权作价出资。

☞ 典型考题

（一）单选题

1. 为了分析技术方案的财务生存能力，计算累计盈余资金可以通过某种财务报表进行。该种财务报表是（　　）。

   A. 技术方案投资现金流量表　　B. 投资各方现金流量表

   C. 技术方案资本金现金流量表　　D. 财务计划现金流量表

2. 在现金流量表的构成要素中，经营成本的计算公式为（　　）。

   A. 经营成本＝总成本费用－折旧费

   B. 经营成本＝总成本费用－折旧费－摊销费

   C. 经营成本＝总成本费用－折旧费－摊销费－利息支出

   D. 经营成本＝总成本费用－折旧费－摊销费－利息支出－修理费

3. 某技术方案年营业收入 4 000 万元，外购原材料费 1 000 万元，燃料及动力费 500 万元，工资及福利费 500 万元，其他费用为营业收入的 2%，修理费率为固定资产折旧费的 20%，固定资产折旧费为 250 万元，摊销费为 80 万元。则该技术方案年经营成本为（　　）。

   A. 2 000 万元　　B. 2 130 万元　　C. 2 380 万元　　D. 2 430 万元

（二）多选题

4. 投资现金流量表与资本金现金流量表中的现金流出构成项目中，相同的项目有（　　）。

   A. 建设投资　　B. 流动资金投资　　C. 经营成本　　D. 营业税及附加

   E. 维持运营费用

5. 根据投资现金流量表可计算的财务评价指标有（　　）。

A. 投资财务内部收益率　　B. 投资财务净现值

C. 资本金财务内部收益率　　D. 投资各方财务内部收益率

E. 投资回收期

☞ 参考答案

1. D； 2. C； 3. B； 4. CDE； 5. ABE

1Z101050 设备更新分析

☞ 考点精要

建筑施工企业如何使企业设备利用率、机械效率和设备运营成本等指标保持在良好状态的问题，这就必须对设备磨损的类型及补偿方式、设备更新方案的比选进行科学的技术经济分析。

1Z101051 设备磨损与补偿

一、设备磨损的类型（注意有哪三种类型）

1. 有形磨损（又称物质磨损）

第一种有形磨损（实体磨损、变形等），与使用强度和使用时间长度有关。第二种有形磨损（生锈、腐蚀等），与闲置的时间长度和所处环境有关。两种有形磨损都反映了设备使用价值的降低。

2. 无形磨损（又称精神磨损、经济磨损）

设备无形磨损是由于社会经济环境变化造成的设备价值贬值，是技术进步的结果。第一种无形磨损，同类的新设备市场价格更低了，但不会影响现有设备的使用，所以不产生提前更换现有设备的问题。第二种无形磨损，新设备技术更先进，现有设备落后了，产生了是否用新设备代替旧设备的问题。

3. 设备的综合磨损

设备的综合磨损是指同时存在有形磨损和无形磨损的损坏和贬值的综合情况。

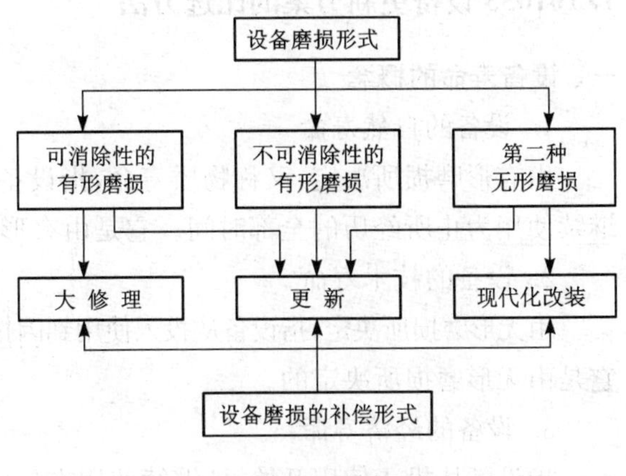

图 1.12（引自考试用书）

二、设备磨损的补偿方式

设备磨损后要补偿（图 1.12），分为局部补偿和完全补偿。有形磨损的局部补偿是修理，无形磨损的局部补偿是现代化改装。有形磨损和无形磨损的完全补偿是更新。设备大修理是更换部分已磨损的零部件和调整设备，以恢复设备的生产功能和效率为主；设备现代化改造是对设备的结构作局部的改进和技术上的革新，如增添新的、必需的零部件，以增加设备的生产功能和效率为主；更新是对整个设备进行更换。

1Z101052 设备更新方案的比选原则

一、设备更新的概念

设备更新是对旧设备的整体更换，可分为原型设备更新和新型设备更新。设备更新是指新型设备更新。

二、设备更新策略

通常优先考虑更新的设备是：

1. 设备损耗严重，大修后性能、精度仍不能满足规定工艺要求的；

2. 设备耗损虽在允许范围之内，但技术已经陈旧落后，能耗高、使用操作条件不好、对环境污染严重，技术经济效果很不好的；

3. 设备役龄长，大修虽然能恢复精度，但经济效果上不如更新的。

三、设备更新方案的比选原则

有三个原则：

1. 设备更新分析应站在客观的立场分析问题。

2. 不考虑沉没成本。

3. 逐年滚动比较。

沉没成本计算是一个特别重要的考点，计算公式如下：

沉没成本＝设备账面价值－当前市场价值

式中，设备账面价值＝设备原值－历年折旧费

【例 1.12】(2012)某设备 6 年前的原始成本为 90 000 元，目前的账面价值为 30 000 元，现在的市场价值为 16 000 元，则该设备的沉没成本为(B)元。

A. 10 000　　B. 14 000　　C. 44 000　　D. 60 000

1Z101053 设备更新方案的比选方法

一、设备寿命的概念

1. 设备的自然寿命

由有形磨损所决定；又称物质寿命，指设备从投入使用开始，直到因物质磨损严重而不能继续使用为止所经历的全部时间。它是由有形磨损所决定的。

2. 设备的技术寿命

由无形磨损所决定；指设备从投入使用到因技术落后而被淘汰所延续的时间，故又称有效寿命。它是由无形磨损所决定的。

3. 设备的经济寿命

指设备从投入使用开始，到继续使用在经济上不合理而被更新所经历的时间。它是由设

备维护费用的提高和使用价值的降低决定的。如图 1.13 所示，随着设备使用年限延长，年资产消耗成本(即平均每年的设备购置费用)将越来越小，而因为设备越来越陈旧，年运营成本(包括设备维修费和操作成本)则越来越大。年平均使用成本＝年资产消耗成本＋年运行成本，其值最低点(N_0)点就是经济寿命。**特别注意，此图是一个重要考点，考题会给出类似的图，让考生判断经济寿命是哪一点。**

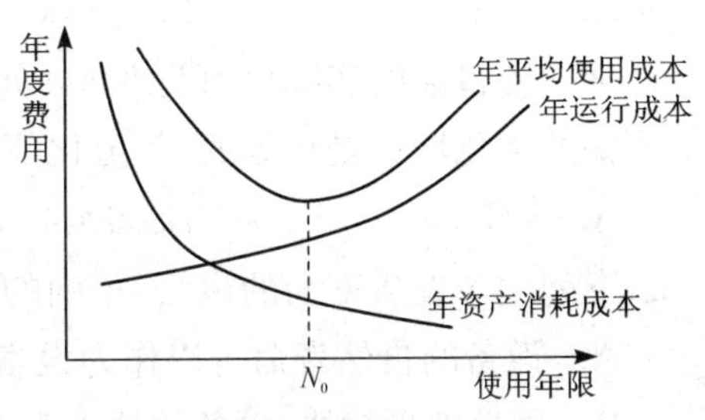

图 1.13(引用考试用书图 1Z101053)

二、设备经济寿命的估算

确定设备经济寿命的原则：①使设备在经济寿命期内每年净收益(纯利润)达到最大；②使设备在经济寿命期内一次性投资和各种经营费用总和达到最小。

1. 表格计算法

【例 1.13】(2013)某设备在不同使用年限(1 至 7 年)时的平均年度资产消耗成本和平均年度运行成本如下表所示。则该设备在静态模式下的经济寿命为(B)年。

使用年限(年)	1	2	3	4	5	6	7
平均年度资产消耗成本(万元)	140	110	90	75	65	60	58
平均年度运行成本(万元)	15	20	30	40	55	70	85

A. 3　　B. 4　　C. 5　　D. 6

2. 公式计算法

设备维护修理费用的逐年递增量称为设备低劣化值(λ)。如果每年劣化增量 λ 是均等的，且设备无论用到哪一年，其残值 L_N 为常数，则可用下式计算经济寿命(P 为设备目前实际价值)：

$$N_0 = \sqrt{\frac{2(P - L_N)}{\lambda}}$$

☞ 典型考题

(一) 单选题

1. 在下列关于设备磨损的表述中，错误的是(　　)。
   A. 有形磨损造成设备的功能性陈旧　　B. 有形磨损引起设备价值的贬值
   C. 无形磨损的原因是技术进步　　D. 无形磨损的设备不能继续使用
2. 设备的(　　)就是指设备从投入使用到因技术落后而被淘汰所延续的时间。
   A. 经济寿命　　B. 技术寿命　　C. 自然寿命　　D. 物质寿命
3. 设备的经济寿命是指从开始投入到(　　)的使用年限。
   A. 经常发生故障　　B. 设备报废
   C. 维修费大于其收益　　D. 其年度费用最小
4. 有形磨损的局部补偿形式是(　　)。

A. 保养　　B. 修理　　C. 更新　　D. 现代化改装

5. 某设备目前的实际价值为 8 000 元，预计残值 800 元，第一年设备运行成本 600 元，每年设备的劣化增量是均等的，年劣化值为 300 元，则该设备的经济寿命是(　　)。

A. 5 年　　B. 6 年　　C. 7 年　　D. 8 年

6. 下列关于设备寿命的说法，正确的是(　　)。

A. 设备的自然寿命可以作为设备更新的依据

B. 科学进步越快，设备的技术寿命越长

C. 技术寿命主要由设备的有形磨损所决定

D. 技术寿命一般比自然寿命要短

7. 若旧设备继续使用 1 年的年成本低于新设备的年成本，则应采取的措施是(　　)。

A. 更新或继续使用旧设备均可　　B. 不更新旧设备，继续使用旧设备 1 年

C. 更新旧设备　　D. 继续使用旧设备

(二) 多选题

8. 设备发生了可消除的有形磨损，其补偿方式有(　　)。

A. 大修理　　B. 更新　　C. 现代化改装　　D. 提取折旧

E. 技术改造

9. 经济寿命是指设备从投入使用开始，到因继续使用经济上不合理而被更新所经历的时间，取决于(　　)。

A. 维护费用的提高　　B. 生产类型的变化

C. 使用价值的降低　　D. 操作水平的提高

E. 环境要求的提高

☞ 参考答案

1. D；2. B；3. D；4. B；5. C；6. D；7. B；8. AB；9. AC

1Z101060 设备租赁与购买方案的比选分析

☞ 考点精要

1Z101061 设备租赁与购买的影响因素

一、设备租赁的概念

租赁具有把融资和融物结合起来的特点，是企业取得设备进行生产经营的一个重要手段。有两种方式：

1. <u>融资租赁</u>——租赁双方不得任意中止和取消租约，适用<u>贵重设备</u>(如重型机械设备等)。

2. 经营租赁——租赁双方任何一方可随时在通知对方后规定期限内取消或中止租约，适用临时使用的设备（如车辆、仪器等）。

与设备购买相比，对于承租人而言，设备租赁的优缺点见表 1.7（**主要关注黑体字部分**）。

表 1.7

优越性	不足之处
1. **在资金短缺时，获得急需设备，引进先进设备；** 2. 获得良好技术服务； 3. 保持资金流动性，不会使资产负债状况恶化； 4. 防通胀、利率波动，减少投资风险； 5. **租金所得税前扣除，减少所得税。**	1. **承租人对租用设备无所有权，只有使用权，不能随意改造、不能处置、不能用于担保或抵押贷款；** 2. **租金总额＞直接购置设备费用；** 3. 长年付租，形成长期负债； 4. 融资租赁合同规定严格。

二、影响设备租赁与购买的主要因素

企业是否作出租赁与购买决定的关键在于技术经济可行性分析。企业在决定进行设备投资之前，必须充分考虑影响设备租赁与购买的主要因素，才能获得最佳的经济效益。

1Z101062 设备租赁与购买方案的比选分析

采用购置或是采用租赁应取决于这两种方案在经济上的比较。

对技术过时风险大、保养维护复杂、使用时间短的设备，可考虑经营租赁方案；对技术过时风险小、使用时间长的大型专用设备则融资租赁方案或购置方案均是可以考虑的方式。

经营租赁与购置方案的经济比选，必须详细地分析各方案寿命期内各年的现金流量情况，据此分析方案的经济效果，确定以何种方式投资才能获得最佳。

租赁费用主要包括：租赁保证金、租金、担保费。

租金的计算主要有附加率法和年金法：

1. 附加率法

$$R = P \times \frac{(1 + N \times i)}{N} + P \times r \quad \text{(须记住的公式)}$$

式中，R——租金；P——租赁资产的价格；N——租赁期数；i——利率；r——附加率。

【要点：上式是必须记住的一个公式，记忆技巧：上式可分解为 $R = \frac{P}{N} + P \times i + P \times r$，可从出租人的角度理解，对应式中三项，租金构成应包括设备购置成本补偿、购买资金利息和出租人的要赚收益（附加率）。】

2. 年金法

年金法是将一项租赁资产价值按动态等额分摊到未来各租赁期间内的租金计算方法。

年金法计算有期末支付和期初支付租金之分。**尽管考试用书中给出了较复杂的相关计算公式及例题，但考年金法计算租金的可能性并不大，读者可视情况做适当舍弃。**当然，也有一个非常简单的、无需记公式的解法，见例 1.14。

【例 1.14】（引用考试用书例 1Z101062-2）租赁公司拟出租给某企业一台设备，设备的价格为 68 万元，租期为 5 年，每年年末支付租金，折现率为 12%，试分别按每年年末、每年年初支付方式计算租金。

【解析】分别画出两种支付租金方式的现金流量图(图 1.14)。

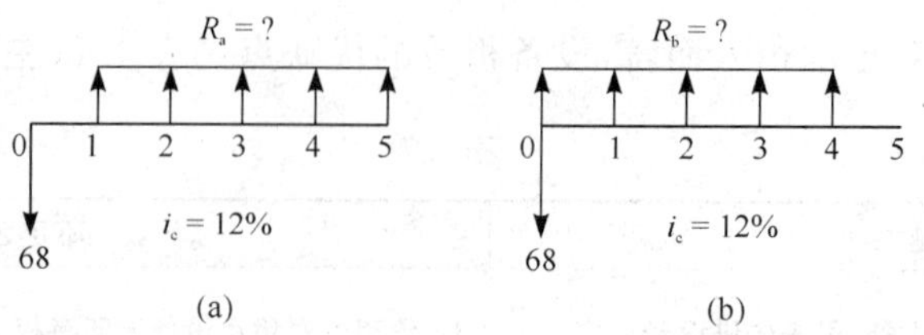

图 1.14

年末支付租金可按下式解出：

$$\frac{R_a}{1+12\%}+\frac{R_a}{(1+12\%)^2}+\frac{R_a}{(1+12\%)^3}+\frac{R_a}{(1+12\%)^4}+\frac{R_a}{(1+12\%)^5}=68$$

年初支付租金可按下式解出：

$$R_b+\frac{R_b}{1+12\%}+\frac{R_b}{(1+12\%)^2}+\frac{R_b}{(1+12\%)^3}+\frac{R_b}{(1+12\%)^4}=68$$

$R_a=18.86$(万元)，$R_b=16.84$(万元)

☞ 典型考题

(一) 单选题

1. 正常情况下，同一设备寿命期内租赁费、租金和购置原价三者之间的数量关系是(　　)。
   A. 租赁费＞租金＝购置原价　　B. 租赁费＝租金＞购置原价
   C. 租赁费＜租金＜购置原价　　D. 租赁费＞租金＞购置原价
2. 企业是否做出租赁与购买决定的关键在于(　　)。
   A. 设备技术是否先进　　B. 技术经济可行性分析
   C. 设备价格是否合理　　D. 设备维修是否方便
3. 在进行设备购买与设备租赁方案经济比较时，应将购买方案与租赁方案视为(　　)。
   A. 独立方案　　B. 相关方案　　C. 互斥方案　　D. 组合方案
4. 某租赁公司出租给某企业一台设备，设备价格为 68 万元，租赁保证金在租赁期届满退还，租期为 5 年，每年年末支付租金，租赁保证金为 5 万元，担保费为 4 万元，折现率为 10%，附加率为 4%，租赁保证金与担保费的资金时间价值忽略不计，每年租金为(　　)。
   A. 23.12 万元　　B. 23.92 万元　　C. 24.12 万元　　D. 24.92 万元
5. 某租赁公司出租给某企业一台设备，年租金按年金法计算，折现率为 12%，租期为 5 年，设备价格为 68 万元，承租企业年末支付租金与年初支出租金的租金差值为(　　)。
   A. 2.00 万元　　B. 2.02 万元　　C. 2.03 万元　　D. 2.04 万元

(二) 多选题

6. 设备租赁与设备购买相比，其优越性在于(　　)。

A. 可用较少的资金获得急需的生产设备　　B. 可获得良好的技术服务
C. 减少投资风险　　D. 长期负债减少
E. 获得税费上的利益

7. 在下列(　　)情况下,可以考虑采用设备经营租赁方案。
A. 使用时间长　　B. 大型专用设备
C. 技术过时风险大　　D. 保养维护复杂
E. 使用时间短

☞ 参考答案

1. D； 2. B； 3. C； 4. A； 5. B； 6. ABCE； 7. CDE

1Z101070 价值工程在工程建设中的应用

☞ 考点精要

价值工程又称价值分析,是一种把功能与成本、技术与经济结合起来进行技术经济评价的方法。

1Z101071 提高价值的途径

一、价值工程的概念

价值工程是以提高产品(或作业)价值和有效利用资源为目的,通过有组织的创造性工作,寻求用最低的寿命周期成本,可靠地实现使用者所需功能,以获得最佳的综合效益的一种管理技术。价值工程中"工程"的含义是指为实现提高价值的目标所进行的活动。价值工程中"价值"也是一个相对的概念,是指作为某种产品(或作业)所具有的功能与获得该功能的全部费用的比值,是对象的比较价值,如下式所示：

$$价值(V)=\frac{功能(F)}{成本(C)}$$

成本 C 为寿命周期成本,包括生产成本、使用及维护成本。

二、价值工程的特点

价值工程涉及价值、功能和寿命周期成本等三个基本要素,它具有以下特点：

1. **价值工程的目标,是以最低的寿命周期成本,实现产品必备功能。**
2. **价值工程的核心,是功能分析。**
3. 价值工程将产品价值、功能和成本作为一个整体同时来考虑。
4. 价值工程强调改革和创新。
5. 价值工程要求将功能定量化。
6. 价值工程是以集体智慧开展的有计划、有组织、有领导的管理活动。

三、提高价值的途径(表 1.8)

表 1.8

途径	协助记忆符号	描述(注意:考题可能会给出某个描述,让考生判断是哪种途径)
1. 双向型	$\frac{F\uparrow}{C\downarrow}=V\uparrow\uparrow$	在提高产品功能的同时,又降低产品成本,这是提高价值最为理想的途径,也是对资源最有效的利用
2. 改进型	$\frac{F\uparrow}{C\rightarrow}=V\uparrow$	在成本不变的条件下,通过改进设计、提高产品的功能,从而提高产品价值
3. 节约型	$\frac{F\rightarrow}{C\downarrow}=V\uparrow$	在功能不变的前提下,通过功能实现方案(方法)的创新,降低成本,从而提高价值
4. 投资型	$\frac{F\uparrow\uparrow}{C\uparrow}=V\uparrow$	增加一些投资(成本),使得产品功能有较大幅度提高,从而提高价值
5. 牺牲型	$\frac{F\downarrow}{C\downarrow\downarrow}=V\uparrow$	去掉用户不需要的功能或降低用户不看重的功能,使产品成本大幅度降低,也提高价值

【特别技巧:节约、投资肯定与成本变化有关;改进、牺牲肯定与功能变化有关。】

1Z101072 价值工程在工程建设应用中的实施步骤

一、价值工程准备阶段

价值工程准备阶段主要是工作对象选择与信息资料搜集。

从以下几方面考虑价值工程对象的选择:

1. 从设计方面看——结构复杂、性能和技术指标差、体积和重量大的工程产品。

2. 从施工生产方面看——量大面广、工序繁琐、工艺复杂、原材料和能源消耗高、质量难于保证的工程产品。

3. 从市场方面看——用户意见多和竞争力差的工程产品。

4. 从成本方面看——成本高或成本比重大的工程产品。

二、价值工程分析阶段

价值工程分析阶段主要工作是功能定义、功能整理与功能评价。

根据功能的不同特性,功能可分为表 1.9 中的几类。

表 1.9

分类方法(考题可能会给出具体分类,问分类方法)	功能分类(考题可能会给出分类方法,问可分为哪几类)
1. 按功能的重要程度分类	基本功能、辅助功能
2. 按功能的性质分类	使用功能、美学功能
3. 按用户的需求分类	必要功能、不必要功能
4. 按功能的量化标准分类	过剩功能、不足功能
5. 按总体与局部分类	总体功能、局部功能
6. 按功能整理的逻辑关系分类	并列功能、上下位功能

当对工程方案的功能进行评价时,根据 $V(\text{价值系数})=\frac{F(\text{功能系数})}{C(\text{成本系数})}$,计算出的 V=1 时(或者相对而言,非常接近于 1),说明功能评价值等于功能现实成本,这表明评价对象的功能现实成本与实际功能所必需的最低成本大致相当,说明评价对象的价值为最佳,一般无而改进。

三、创新阶段

价值工程活动中对创新方案的评价分为概略评价和详细评价两个阶段，两者都包括技术评价、经济评价、社会评价和环境评价四个方面。

☞ 典型考题

(一) 单选题

1. 价值工程中“价值”的含义是(　　)。
   A. 产品的使用价值　　B. 产品的交换价值
   C. 产品全寿命时间价值　　D. 产品功能与其全部费用的比较价值
2. 对建设工程项目进行价值工程分析，最关键的环节是(　　)。
   A. 设计方案优化　　B. 施工招标管理
   C. 竣工结算管理　　D. 材料采购控制
3. 在一定范围内，产品生产成本与使用及维护成本的关系是(　　)。
   A. 随着产品功能水平的提高，产品的生产成本增加，使用及维护成本降低
   B. 随着产品功能水平的提高，产品的生产成本减少，使用及维护成本降低
   C. 随着产品功能水平的降低，产品的生产成本增加，使用及维护成本提高
   D. 随着产品功能水平的降低，产品的生产成本减少，使用及维护成本降低
4. 原计划用煤渣打一地坪，造价 50 万元以上，后经分析用工程废料代替煤渣，既保持了原有的坚实功能，又能节省投资 20 万元，根据价值工程原理提高价值的途径是(　　)。
   A. 投资型　　B. 节约型　　C. 双向型　　D. 牺牲型

(二) 多选题

5. 下列关于价值工程原理的描述中，正确的有(　　)。
   A. 价值工程中所述的“价值”是指研究对象的使用价值
   B. 运用价值工程的目的是提高研究对象的比较价值
   C. 价值工程的核心是对研究对象进行功能分析
   D. 价值工程是一门分析研究对象效益与费用之间关系的管理技术
   E. 价值工程中所述的“成本”是指研究对象建造，制造阶段的全部费用
6. 在建设工程中运用价值工程时，提高工程价值的途径有(　　)。
   A. 通过采用新方案，既提高产品功能，又降低成本
   B. 通过设计优化，在成本不变的前提下，提高产品功能
   C. 施工单位通过严格履行施工合同，提高其社会信誉
   D. 在保证建设工程质量和功能的前提下，通过合理的组织管理措施降低成本
   E. 适量增加成本，大幅度提高项目功能和适用性

☞ 参考答案

1. D；　2. A；　3. A；　4. B；　5. BC；　6. ABE

1Z101080 新技术、新工艺和新材料应用方案的技术经济分析

☞ 考点精要

1Z101081 新技术、新工艺和新材料应用方案的选择原则

一般说来，选择新技术方案时应遵循以下原则：

1. 技术上先进、可靠、适用、合理；
2. 经济上合理。

一般地说，在保证功能和质量、不违反劳动安全与环境保护的原则下，经济合理应是选择新技术方案的主要原则。

1Z101082 新技术、新工艺和新材料应用方案的技术分析

新技术应用方案的技术分析，是通过对其方案的技术特性和条件指标进行对比与分析来完成的。在进行新技术应用方案技术分析时，一般从以下几个方面着手：

1. 相关方案比较优缺点和发展趋势，选择先进适用的应用方案。
2. 新工艺方案应与采用的原材料相适应；新材料方案应与采用的工艺技术相适应。
3. 技术来源的可得性。采用引进技术或专利，应比较所需费用。
4. 是否符合节能、环保的要求。
5. 对工程质量的保证程度。
6. 各工序间的合理衔接，工艺流程是否通畅、简捷。

1Z101083 新技术、新工艺和新材料应用方案的经济分析

在工程建设中，不同的技术、工艺和材料方案只能选择一个方案实施，即方案之间具有互斥性。常用的静态分析方法有增量投资分析法、年折算费用法、综合总费用法等。

一、增量投资收益率法

增量投资收益率(R)计算公式为

$$R=\frac{\text{新方案比旧方案节省的经营成本(或生产成本)}}{\text{新方案比旧方案多花的投资(即增量投资)}}$$

当 R 大于或等于基准投资收益率时，选择新方案；当 R 小于基准投资收益率时，选择旧方案。

二、折算费用法

1. 当方案的有用成果(产量)相同时，一般可通过比较费用的大小，来决定优劣和取舍。

(1) 在采用方案要增加投资时，比较各方案折算费用的大小选择方案

折算费用(Z)计算公式为

$$Z = \text{生产成本} + \text{方案投资(含建设投资和流动资金)} \times \text{基准收益率}$$

这是一个需要记住的公式,**记忆技巧:"折算费用"的意思是把投资折算为成本**。多个方案比较时,选折算费用最小的为最优方案。

【例 1.15】(2011)某工程有甲、乙、丙、丁四个实施方案可供选择。四个方案的投资额依次是 60 万元、80 万元、100 万元和 120 万元。年运行成本依次是 16 万元、13 万元、10 万元和 6 万元,各方案应用环境相同。设基准投资率为 10%。则采用折算费用法选择的最优方案为(D)。

A. 甲　　B. 乙　　C. 丙　　D. 丁

【特别提示:用增量投资收益率和折算费用法选择结论都是一致的。尽管例 1.15 中要求用折算费用法,其实用增量投资收益率法也会得出同样的结果,只是算起来要麻烦一些。所以,考试时如果记不得相应公式,可用另一个方法计算解题。】

(2) 在采用方案不增加投资时,可通过比较各方案生产成本的大小选择方案。

【例 1.16】(2012)某施工现场钢筋加工有两个方案,均不需要增加投资,采用甲方案需固定费用 50 万元,每吨钢筋加工的可变费用是 300 元;采用乙方案需固定费用 90 万元,每吨钢筋加工的可变费用是 250 元,现场需加工钢筋 1 万吨,如果用折算费用法选择方案,则(　　)。

A. 应该选用乙方案　　B. 应该选用甲方案

C. 甲乙两个方案在经济上均不可行　　D. 甲乙两个方案的费用相同

【解析】此类题可不管什么方法,当做应用题去做,就很简单了。因为两方案投资额一样,可以不再考虑,只考虑生产成本。甲方案总生产成本为 $50+300\times1=350$(万元),乙方案总生产成本为 $90+250\times1=340$(万元)。所以,答案是 A。

2. 当方案有用成果(产量)不相同时,一般可通过费用比较来确定方案的使用范围,进而取舍方案。

【例 1.17】假设例 1.16 中钢筋加工量不确定,试比较两方案。

【解析】假设钢筋加工量为Q万吨,则两方案总生产成本为

$$C_{甲} = 50 + 300Q$$
$$C_{乙} = 90 + 250Q$$

在坐标图上简单画出两方案生产成本函数直线,两式相等,可求出交点 $Q_0=0.8$ 万吨(图 1.15)。显见,当钢筋加工量低于 0.8 万吨时,应选择成本线低的方案,即甲方案;当钢筋加工量高于 0.8 万吨时,应选择成本线低的乙方案。由此也可进一步说明例 1.16 为什么选择乙方案。

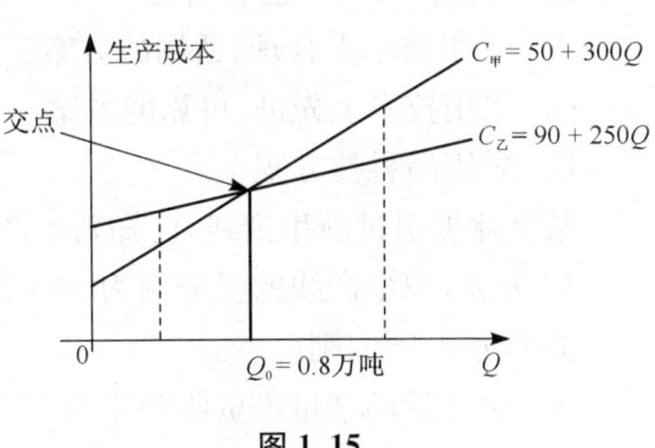

图 1.15

三、其他指标分析

新技术方案比较的其他指标有:

1. 劳动生产率指标;

2. 缩短工期节约固定费用；

3. 缩短工期的生产资金节约额；

4. 缩短工期提前投产的经济效益。

一种新技术能否在生产中得到应用，主要是由它的**实用性**和**经济性**决定的，而实用性往往又**以其经济性为前提条件**，经济性差的则难于应用。

☞ 典型考题

(一) 单选题

1. 有两个均能满足生产要求的施工方案可供选择，在两方案均需增加投资时，应选择(　　)的方案。

A. 价值系数小　　B. 工程成本低

C. 折算费用低　　D. 台班产量高

2. 某工程施工现有两个对比技术方案。方案一是过去曾经应用过的，需投资 120 万元，年生产成本为 32 万元；方案二是新技术方案，在与方案一应用环境相同的情况下，需投资 160 万元，年生产成本为 26 万元。设基准投资收益率为 12%，该新技术方案的增量投资收益率为(　　)。

A. 10%　　B. 15%　　C. 20%　　D. 25%

3. 某企业欲从国外引进甲、乙先进技术，假如两种技术的生产效率相同，引进甲技术的一次性投资为 300 万元，年生产成本为 20 万元；引进乙技术的一次性投资为 400 万元，年生产成本为 10 万元。设基准收益率为 6%，则(　　)。

A. 应该引进甲技术　　B. 甲、乙技术经济效益相同

C. 应该引进乙技术　　D. 不能判断应该引进哪种技术

(二) 多选题

4. 选择新技术、新工艺和新材料应用方案时，应遵循的原则是(　　)。

A. 采用技术上合理、适用的方案　　B. 采用经济上合理的方案

C. 采用技术上先进、可靠的方案　　D. 采用尖端技术方案

E. 采用高科技方案

5. 某企业拟引进新生产线，已知新生产线的投资额为 400 万元，新生产线的经营成本为每年 12 万元；旧生产线的投资额为 300 万元，经营成本为每年 14 万元。该行业的基准投资收益率为 2.5%，则(　　)。

A. 引进后的增量投资收益率为 1%　　B. 引进后的增量投资收益率为 2%

C. 引进后的增量投资收益率为 2.5%　　D. 应引进该生产线

E. 不应引进该生产

☞ 参考答案

1. C； 2. B； 3. C； 4. ABC； 5. BE

1Z102000 工程财务

☞ 考点分布与解析

第二篇工程财务部分的考题并不难，以考概念为主。关键问题是大多工程专业背景的考生可能过去对财务知识接触较少，感觉不容易记住。学习策略是多看几遍考点，有个印象即可，因为考题是选择题，看到考题会唤起相关记忆。表 2.1 是近 5 年考试中本篇各章的分数分布，若干年考题比较分散，但也可见 **1Z102020** 是比较重要的一章，其次是 **1Z102050**。

表 2.1

年份	2011	2012	2013	2014	2015
1Z102010 财务会计基础	2	2	4	4	1
1Z102020 成本与费用	4	6	3	5	3
1Z102030 收入	4	3	4	5	6
1Z102040 利润和所得税费用	3	1	2	2	1
1Z102050 企业财务报表	5	6	2	3	3
1Z102060 财务分析	4	2	3	2	4
1Z102070 筹资管理	4	3	4	5	4
1Z102080 流动资产财务管理	2	2	4	2	2

1Z102010 财务会计基础

☞ 考点精要

财务会计与管理会计是现代会计两大基本内容，表 2.2 中为两者区别。

表 2.2

管理会计	财务会计
为企业的内部管理服务	为外界利害关系集团(如股东、债权债务人、政府部门)提供会计信息服务
预测、决策 、规划、控制和考核的职能	反映、报告企业经营成果和财务状况的职能
经营型会计	报告型会计
信息跨越过去、现在和未来时态	信息大多为过去时态

1Z102011 财务会计的职能

一、财务会计的内涵

财务会计主要是对企业已发生的交易或信息事项，通过确认、计量和报告程序进行加工处理，并借助于以财务报表为主要内容的财务报告形式，向企业外部的利益集团提供以财务信息为主的经济信息。

二、财务会计的职能

财务会计具有核算和监督两项基本职能。现代会计的预测、决策、评价等职能是建立在两项基本职能的基础之上的。

1. 会计的核算职能

核算职能是指会计通过确认、计量、报告，反映已发生或完成的客观经济活动情况，提供会计信息。建立在会计假设基础之上的会计核算，具有完整性、连续性和系统性的特点。

2. 会计的监督职能

监督职能是会计利用预算、检查、考核、分析等手段，对单位的货币收支及其经济活动的真实性、完整性、合规性和有效性进行指导与控制。包括事前、事中、事后监督。

1Z102012 会计核算的原则

会计核算原则是对会计要素计量属性和会计信息质量要求做出统一规定。

会计要素（如资产、收入等，见 1Z102014）登记入账时，应按规定的会计计量属性进行计量，确定金额。会计要素计量属性见表 2.3。

表 2.3

计量属性	解释（理解有助于记忆）
1. 历史成本	资产购置时所支付金额，或当时为添置资产所付代价的公允价值
2. 重置成本	现在买相同资产需支付金额
3. 可变现净值	把资产变卖掉的净收入
4. 现值	资产未来创造的净收益（净现金流量）折现金额
5. 公允价值	资产公平交易中自愿达到的金额

在对会计要素进行计量时，一般应当采用历史成本。采用其他计量属性，应保证金额能够取得并可靠计量。

1Z102013 会计核算的基本前提

一、会计核算的基本假设

财务会计主要以已完成或已发生的交易和事项作为加工对象，所产生的信息面向过去，以货币信息为主，其服务对象以企业外部使用者为主。会计核算基本假设见表 2.4。

表 2.4

基本假设	相关注意考点
1. 会计主体假设 又称会计实体， 会计服务的特定单位	从空间上界定了会计核算范围，可以是： **特定企业** **企业的一个特定部分(分公司、分厂、门市部、项目部)** **若干企业组成的集团公司** **具有经济业务的非营业组织**
2. 持续经营假设	指假定企业将长期地以现时的形式和目标不断经营下去 企业会计确认、计量和报告应当以**持续经营**为前提
3. 会计分期假设	又称会计期间，分为年度和中期(季、月)，我国通常以**日历年**作为企业的会计年度
4. 货币计量假设	在会计核算过程中应主要采用货币为计量单位，通常以人民币作为记账本位币(**指企业经营所处的主要经济环境中的货币**)

二、会计核算的基础

交易发生时间与该交易货币收支时间有些不一致，所以会计核算处理有收付实现制和权责发生制之分。

权责发生制是以会计分期假设和持续经营为前提的会计基础。

权责发生制基础要求，凡是当期已经实现的收入和已经发生或应当负担的费用，无论款项(货币)是否收付，都应当作为当期的收入和费用；凡是不属于当期的收入和费用，即使款项已在当期收付，也不应作为当期的收入和费用。

企业应当以权责发生制为基础进行会计确认、计量和报告。

【例 2.1】(2012)根据我国《企业会计准则》，某施工企业 2012 年 3 月收到建设单位支付的 2011 年完工工程的结算款 200 万元，则该笔款项在会计核算上正确的处理方式是计入(D)。

A. 2012 年的收入　　B. 2012 年的负债

C. 2011 年的负债　　D. 2011 年的收入

1Z102014 会计要素的组成和会计等式的应用

一、会计要素的组成

会计要素，又称为会计对象要素，是指按照交易或事项的经济特征对会计对象所作的基本分类。六大会计要素：资产、负债和所有者权益是反映企业某一时点财务状况的会计要素，称为静态会计要素(表 2.5)；收入、费用和利润是反映某一时期经营成果的会计要素，称为动态会计要素(表 2.6)。

表 2.5

静态要素	特　征	分类或构成	
资产	1. 由过去的交易或事项所形成的资源 2. 该项资源必须为企业所拥有或控制 3. 该资源能给企业带来经济利益 4. 该资源的成本或价值能够可靠地计量	**流动资产** (一年内或一个营业周期(长于 1 年)内变现、耗用资产)	**如：现金、银行存款、应收账款、短期投资、存货**
		非流动资产(长期资产) (变现期间或使用寿命超过一年或一个营业周期(长于 1 年)的资产)	**如：长期投资、固定资产、无形资产、长期待摊费用、其他资产**

续表 2.5

静态要素	特　征	分类或构成	
负债	1. 由过去的交易或事项所形成的现时义务 2. 履行该义务会导致经济利益流出 3. 金额能够可靠计量 4. 有确切的债权人和偿还日期	**流动负债** (在一年内或一个营业周期(长于1年)内偿还的债务)	**如:短期借款、应付款项、应付工资、应交税金等**
		长期负债 (在一年以上或一个营业周期(长于1年)以上偿还的债务)	**如:应付债券、长期借款、长期应付款等**
所有者权益	所有者权益是企业投资者对企业**净资产**的所有权,是企业**全部资产减去全部负债**后的净额	**实收资本** **资本公积** **盈余公积** **未分配利润**	资本公积包括资本溢价、资产评估增值、接受捐赠、外币折算差额等

表2.5长期资产中,固定资产是指使用期限较长,且在使用过程中保持原有实物形态的资产,如房屋建筑物、机器设备等;无形资产是指没有实物形态非货币性长期资产,如专利权、商标权、土地使用权、非专利技术和商誉等。

表2.6

动态要素	含　义
收入	指企业在销售商品、提供劳务及他人使用本企业资产等**日常经营活动**中所形成的,会导致**所有者权益增加**的,与所有者**投入资本无关**的经济利益的总流入
费用	指企业在生产和销售商品、提供劳务等**日常经济活动**中所发生的,会导致**所有者权益减少**的,与向所有者**分配利润无关**的经济利益的总流出
利润	是企业在一定**会计期间**的**经营成果**,是一定会计期间收入、费用相抵后差额

二、会计等式的应用

会计等式,也称会计平衡公式,或会计方程式(表2.7)。

表2.7

类型	公　式	含　义
静态会计等式	资产=负债+所有者权益	反映企业在某一**特定日期财务状况**
动态会计等式	收入-费用=利润	反映企业在一定**会计期间经营成果**

☞ 典型考题

(一) 单选题

1. 下列静态会计等式中,错误的是(　　)。

A. 资产=权益　　B. 所有者权益=资产-债权人权益

C. 负债=资产-所有者权益　　D. 资产=债权人权益

2. 我国《企业会计准则》规定,企业会计确认、计量和报告应当以(　　)为前提。

A. 会计主体　　B. 持续经营　　C. 会计分期　　D. 货币计量

3. 由于某种假设,将企业连续不断的经营活动分割为连续的、间隔相等的时期,以便及时提供会计信息。这种假设是(　　)。

A. 会计主体　　B. 持续经营　　C. 会计分期　　D. 货币计量

4. 某企业某年度的财务报表中有资产 5 000 万元，负债 2 000 万元，收入 1 000 万元，费用 500 万元，则本期的所有者权益为（　　）。

A. 500 万元　　B. 3 000 万元　　C. 2 000 万元　　D. 4 500 万元

5. 动态会计等式是反映企业一定经营期间经营成果的会计等式，其构成要素是（　　）。

A. 资产、负债和所有者权益　　B. 资产和负债

C. 收入、费用和利润　　D. 收入和费用

6. 按资产的流动性可将其分为（　　）两类。

A. 流动资产和固定资产　　B. 流动资产和无形资产

C. 流动资产和非流动资产　　D. 流动资产和所有者权益

（二）多选题

7. 财务会计提供会计信息、反映企业整体经营状况的主要对象是（　　）。

A. 企业投资者　　B. 债权人

C. 政府部门　　D. 企业内部管理者

E. 社会公众

8. 会计核算具有（　　）的特点。

A. 完整性　　B. 连续性　　C. 系统性　　D. 综合性

E. 科学性

9. 会计假设包括（　　）。

A. 会计主体　　B. 持续经营　　C. 会计分期　　D. 货币计量

E. 会计核算

10. 会计主体可以是（　　）。

A. 独资企业　　B. 企业法人代表　　C. 集团公司　　D. 分公司

E. 具有经济业务的特定非营利组织

11. 所有者权益的主要内容包括（　　）。

A. 实收资本　　B. 资本公积　　C. 盈余公积　　D. 未分配利润

E. 无形资产

12. 某企业 2010 年第二季度末账面有长期持有的某公司股票 200 万元；机器设备 100 万元；短期持有的某公司股票 30 万元；原材料 10 万元；土地使用权的价值为 500 万元。根据《企业会计准则》及其相关规定，属于企业非流动性资产的有（　　）。

A. 长期持有的股票　　B. 机器设备　　C. 短期持有的股票　　D. 土地使用权

E. 原材料

13. 某建筑公司 2010 年年末盘点共有库存钢材价值 20 万元；施工设备价值 610 万元；非专利技术价值 50 万元；短期持有的某公司股票 100 万元；土地使用权价值为 1 200 万元。根据《企业会计准则》及其相关规定，属于企业无形资产的有（　　）。

A. 非专利技术　　B. 施工设备　　C. 短期持有的股票　　D. 库存钢材

E. 土地使用权

☞ 参考答案

1. D； 2. B； 3. C； 4. B； 5. C； 6. C； 7. ABCE； 8. ABC； 9. ABCD； 10. ACDE；
11. ABCD； 12. ABD； 13. AE

1Z102020 成本与费用

☞ 考点精要

1Z102021 费用与成本的关系

请先了解 1Z102022 中图 2.2 的知识点后，再从这里开始。

一、费用的特点

1. 费用是企业日常活动中发生的经济利益的流出，而不是偶发的。不是日常活动发生的经济利益的流出则称为损失(营业外支出)。

2. 费用可能表现为资产的减少，或负债的增加。本质是为了取得收入而花的耗费。

3. 费用引起所有者权益减少，但与向投资者分配利润无关。

4. 费用只包括本企业经济利益的流出，而不包括为第三方或客户代付的款项及偿还债务支出，并且经济利益的流出能够可靠计量。

二、费用和成本的区别和联系

费用与成本的关系如图 2.1 所示。区别费用与成本的一个方法，费用可理解为是从施工企业角度，在一定会计期间(如一年)所花费的钱，而成本是从各个工程项目的角度，各个工程项目所花费的钱。由于施工企业一定会计期间会有多个项目，所以核算工程成本时，需要把企业会计期间的费用结转为当期各工程的成本。

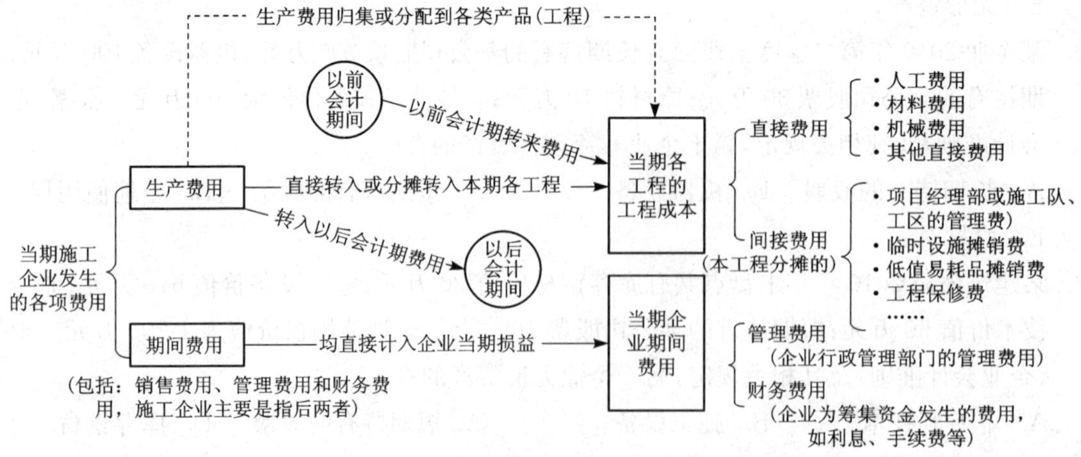

图 2.1

因此，成本是对象化的费用，其所针对的是一定的成本计算对象；费用则是针对一定的期间而言的。费用按经济用途可分为生产费用和期间费用两类。生产费用是与产品生产直接相关的费用，生产费用经对象化后(结转到工程项目)后进入生产成本(工程成本)；期间费用与一定期间相联系，核算时不分摊到产品(工程)成本中去，而直接从当期销售收入中扣除的费用。生产成本是指构成产品实体、计入产品成本的那部分费用，施工企业的生产成本即工程成本。

要深入理解费用与成本的区别和联系，来看一道例题：某施工企业于 2015 年 3 月发生如下支出：购买一台新的施工机械支出 100 万元(用于 A 工程)，购买建筑材料 3 000 万元(其中用于 A 工程 1 000 万元)，支付工人人工费 90 万元(其中用于 A 工程 25 万元)，发生机械使用费 300 万元(其中用于 A 工程 50 万元)，为 A 工程施工向银行贷款所发生的利息 6 万元，归还本月到期的银行贷款本金 150 万元，公司总部行政管理人员工资 20 万元，项目部管理人员工资 40 万元(其中 A 工程 8 万元)，A 工程因夜里违章施工被环保部门罚款 2 万元。那么，该施工企业当期的生产费用和期间费用分别是多少？A 工程的工程成本是多少？

读者可自行试做一下，然后根据下述答案去寻找对应项，以理解费用与成本的区别和联系及支出与费用的关系(图 2.2 所示内容)：2015 年 3 月份该施工企业的生产费用是 3 000＋90＋300＋40＝3 430；期间费用是 6＋20＝26；2015 年 3 月份核算的 A 工程成本为 1 000＋25＋50＋8＝1 083。

1Z102022 工程成本的确认和计算方法

一、成本费用的确认

费用与支出的关系如图 2.2 所示。**费用只指收益性支出，支出的范围比费用范围大。**

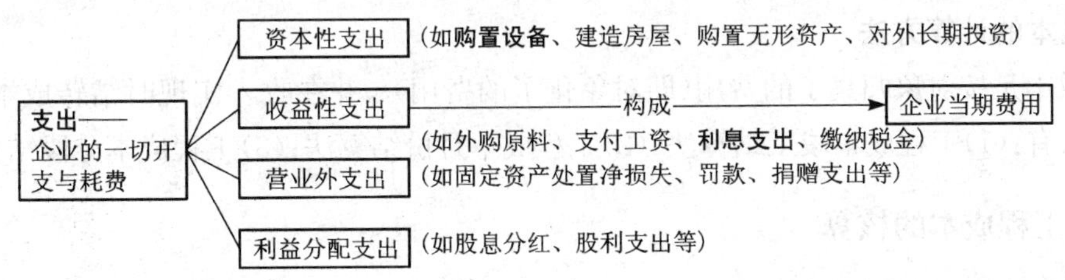

图 2.2

二、成本费用的计量

有些费用，如直接发生的人工费用、材料费用、机械费用等，可直接按计量属性计量进入受益对象，即能够在发生时即明确其受益对象，直接计入工程成本。下面是需要分摊计入工程成本或期间费用的费用：

1. 间接费用分摊

间接费用主要是项目部的管理费(详见 1Z102023)，通常按直接费用比例分摊到工程成本中。

【例 2.2】某项目经理部本年度承担了 A、B、C 三项工程施工，当年的各工程直接费用为 2 000 万元、1 500 万元、500 万元，项目经理部当年的间接费用为 400 万元，则 C 工程成本核算中应分摊的间接费用为(　　)。

A. 100 万元　　B. 40 万元　　C. 50 万元　　D. 25 万元

【解析】$\dfrac{500}{2\,000+1\,500+500}\times 400=50$

2. 固定资产折旧

房屋、机器等固定资产耗费按折旧方法，分摊到工程成本或期间费用中。

(1) 固定资产折旧影响因素

①固定资产原价；②预计净残值；③固定资产使用寿命。

(2) 固定资产折旧方法(图 2.3)

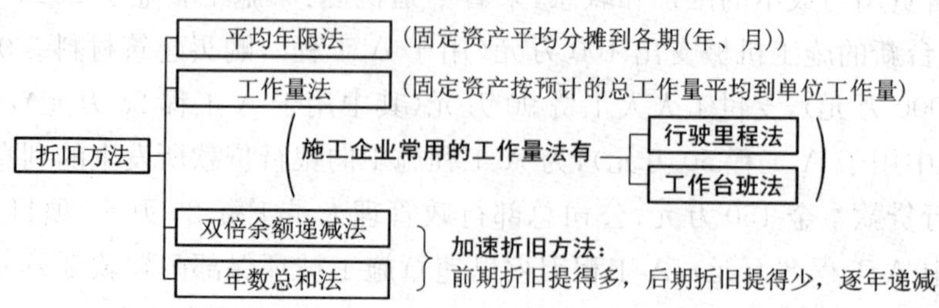

图 2.3

企业应当对所有固定资产计提折旧，但已提足折旧仍继续使用的固定资产和单独计价入账的土地除外。

3. 无形资产摊销

无形资产属于企业的长期资产，又称“无形固定资产”，如专利权、非专利技术、租赁权、特许营业权、版权、商标权、商誉、土地使用权等。企业应将使用寿命有限的无形资产的价值在一定年限内摊销，其摊销金额计入管理费用。

三、工程成本的计算方法

工程成本是按对象归集了的费用(即对象化了的费用)，并在收入实现时结转成本。工程成本计算方法有：(1)工程成本竣工结算法；(2)工程成本月份结算法；(3)工程成本分段结算法。

1Z102023 工程成本的核算

一、工程成本及其核算的内容

根据《企业会计准则第 15 号——建造合同》，工程成本包括从建造合同签订开始至合同完成止所发生的、执行合同有关的直接费用(表 2.8)和间接费用。

表 2.8

直接费用构成	包括的内容
1. 人工费用	从事建筑安装工程施工人员(第一线生产工人)的工资、奖金、职工福利费、工资性质的津贴、劳动保护费等
2. 材料费用	构成工程实体的材料费用，包括原材料、辅助材料、构配件、零件、半成品
	周转材料的摊销及租赁费用，如施工中使用的模板、挡板和脚手架等
3. 机械使用费用	自有施工机械所发生的机械使用费 租用外单位施工机械的租赁费 施工机械安装、拆卸和进出场费
4. 其他直接费用	包括施工过程中发生的材料二次搬运费、临时设施摊销费、生产工具用具使用费、检验试验费、工程定位复测费、工程点交费、场地清理费等

间接费用是指为完成工程所发生的、不易直接归属于工程成本核算对象而应分配计入有关工程成本核算对象的各项费用支出(参见例 2.1)。主要是企业下属施工单位或生产单位为组织和管理工程施工所发生的全部支出。可以简单理解为工程项目部发生的现场管理费,不包括企业行政管理部门为组织和管理生产经营活动而发生的费用,所以只要与项目部管理或施工现场管理有关的费用,如管理人员工资、办公费、水电费、管理用的固定资产折旧、工程保修费、管理人员的劳动保护费、排污费等都属于间接费用。

但是,**财政部"关于印发《企业产品成本核算制度(试行)》的通知"(财会〔2013〕17 号)**对建筑企业产品成本(工程成本)项目划分类别则有所不同(表 2.9),考试中需要注意考题所注明的相关政府文件名称。学习时,关键注意两者差异。

表 2.9

成本项目类别	构成内容
1. 直接人工	按照国家规定支付给施工过程中直接从事建筑安装工程施工的工人以及**在施工现场直接为工程制作构件和运料、配料等工人**的职工薪酬
2. 直接材料	在施工过程中所耗用的、构成工程实体的材料、结构件、机械配件和有助于工程形成的其他材料以及周转材料的租赁费和摊销等
3. 机械使用费	施工过程中使用自有施工机械所发生的机械使用费,使用外单位施工机械的租赁费,以及按照规定支付的施工机械进出场费等
4. 其他直接费用	施工过程中发生的材料搬运费、材料装卸保管费、燃料动力费、临时设施摊销、生产工具用具使用费、检验试验费、工程定位复测费、工程点交费、场地清理费,**以及能够单独区分和可靠计量的为订立建造承包合同而发生的差旅费、投标费等费用**
5. 间接费用	企业各施工单位为组织和管理工程施工所发生的费用
6. 分包成本	建筑企业将部分工程按规定分包的,可设置分包成本项目,即支付给分包单位的工程价款

【例 2.3】按财政部"关于印发《企业产品成本核算制度(试行)》的通知"(财会〔2013〕17 号)的规定,某施工企业为签订 A 项目建造合同发生差旅费 1 万元,该项目于 2013 年 12 月完工时共发生人工费 200 万元,该项目管理人员工资 20 万元,上述费用中应计入 A 项目工程成本的间接费用为(B)。

A. 1 万元　　B. 20 万元　　C. 21 万元　　D. 220 万元

二、工程成本核算的对象

确定成本核算对象是工程成本核算的第一步。工程成本核算对象的确定方法主要有:1. 以单项建造(施工)合同作为施工工程成本核算对象;2. 对合同分立以确定施工工程成本核算对象;3. 对合同合并以确定施工工程成本核算对象。

三、工程成本核算的任务和基本要求

施工项目成本核算的要求:

1. 划清成本、费用支出和非成本、费用支出界限
2. 正确划分各种成本、费用的界限

（1）划清工程成本和期间费用的界限

（2）划清本期工程成本与下期工程成本的界限

（3）划清不同成本核算对象之间的成本界限

（4）划清未完工程成本与已完工程成本的界限

3. 加强成本核算的基础工作

四、工程成本核算的程序

① 确定成本核算对象、设置成本核算科目、开设成本明细账→②核算与分配各项生产费用→③计算期末工程成本→④计算年度合同费用→⑤编制单位工程竣工成本决算。

为工程施工发生的各项直接支出，包括人工费、材料费、机械使用费、其他直接费，直接计入工程成本；为工程施工而发生的各项施工间接费用分配计入工程成本；企业行政管理部门为组织和管理施工生产经营活动而发生的管理费用和财务费用应当作为期间费用，直接计入当期损益。

1Z102024 期间费用的核算

期间费用的核算见图 2.4。注意，这里的费用分类与 1Z103020 有关建安工程费用组成划分不同，后者将财务费用并入管理费中。

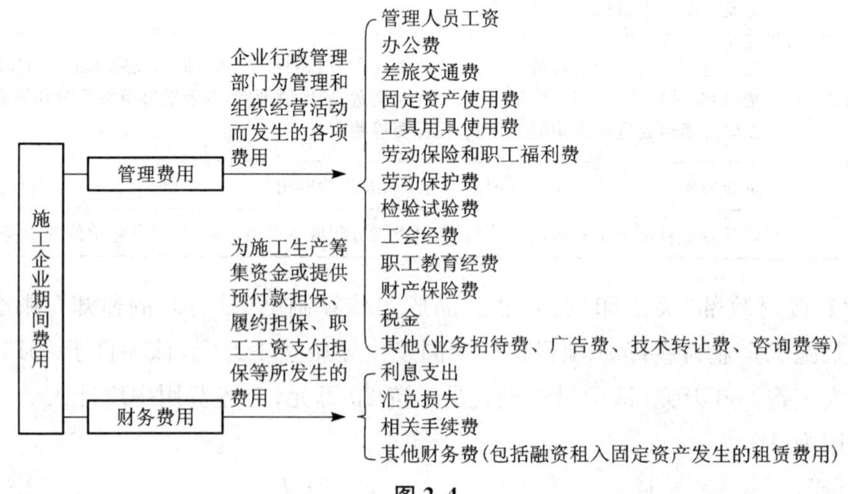

图 2.4

☞ 典型考题

(一) 单选题

1. 在会计核算中，期间费用是指企业当期发生的(　　)的费用。

A. 应由几项工程共同负担，分配计入工程成本核算对象

B. 可直接计入工程成本核算对象

C. 应当直接计入当期损益

D. 应当通过分配计入当期损益

2. 企业本月购入小汽车一辆，按照现行企业财务制度及相关规定，该汽车的购置费用属于企

业的(　　)支出。

A. 投资性　　B. 资本性　　C. 期间费用　　D. 营业外

3. 在会计核算中,管理费用(　　)。

A. 可直接计入当期损益　　B. 可通过分配计入当期成本

C. 可按期逐月摊入成本　　D. 不应在成本中列支

4. 会计核算中,企业支付的借款利息属于(　　)。

A. 资本性支出　　B. 利益分配支出　　C. 收益性支出　　D. 营业外支出

5. 某装饰企业所属的 A 项目于 2014 年 5 月完工,工程完工时共发生材料费 30 万元,项目管理人员工资 8 万元,行政管理部门发生的水电费共 2 万元。根据《企业会计准则》及其相关规定,应计入工程成本的费用为(　　)。

A. 2 万元　　B. 30 万元　　C. 32 万元　　D. 38 万元

6. 某工程承包公司于 2012 年 12 月发生工程保修费 1 万元。根据《企业会计准则》及其相关规定,工程保修费属于企业的(　　)。

A. 间接费用　　B. 期间费用　　C. 直接费用　　D. 收益性支出

7. 某建筑安装工程公司 2014 年 3 月发生施工费用如下:人工费 30 万元,耗用材料费用 50 万元,机械使用费用 10 万元,银行借款利息 5 万元。根据《企业会计准则》及其相关规定,则此项工程的直接费用是(　　)。

A. 30 万元　　B. 50 万元　　C. 90 万元　　D. 95 万元

8. 某工程施工公司 2010 年 3 月发生人工费 10 万元,财产保险费 3 万元,行政部门人员工资 2 万元,借款利息 2 万元。根据《企业会计准则》及其相关规定,管理费用是(　　)。

A. 10 万元　　B. 5 万元　　C. 15 万元　　D. 2 万元

(二) 多选题

9. 费用可能表现为(　　)。

A. 资产的增加　　B. 负债的减少

C. 所有者权益减少　　D. 资产的减少和负债的增加

E. 资源的流入

10. 在下列各项中,属于直接费用的项目有(　　)。

A. 耗用的材料费用　B. 耗用的人工费用　C. 耗用的机械费用　D. 签订合同的费用

E. 检验试验费用

11. 某铁路施工企业于 2013 年 10 月发生如下业务:购买固定资产支出 100 万元,支付罚款 2 万元,第一项目部机械使用费 10 万元,材料二次搬运费 2 万元,工程定位复测费 2 万元。根据《企业会计准则》及相关规定,属于企业直接费用的有(　　)。

A. 购买固定资产支出　　B. 机械使用费

C. 罚款支出　　D. 材料二次搬运费

E. 工程定位复测费

12. 某装饰工程公司于 2014 年 5 月发生如下业务:临时设施摊销费 5 万元,检验试验费 2 万元,工程保修费 2 万元,公司董事会费 6 000 元,交纳房产税等 1 万元。根据《企业会计准则》及相关规定，属于企业管理费用的有（　　）。

A. 临时设施摊销费　B. 工程保修费　C. 检验试验费　D. 公司董事会费

E. 交纳房产等税

13. 固定资产的折旧方法包括（　　）。

A. 平均年限法　B. 工作量法　C. 年数总和法　D. 双倍余额递减法

E. 后进先出法

☞ 参考答案

1. C； 2. B； 3. A； 4. C； 5. D； 6. A； 7. C； 8. B； 9. CD； 10. ABCE； 11. BDE；12. DE； 13. ABCD

1Z102030 收入

☞ 考点精要

1Z102031 收入的分类及确认

一、收入的概念及特点

广义上的收入，包括营业收入、投资收益、补贴收入和营业外收入。这里所述的“收入”是狭义上的收入，即营业收入。其特点：

1. 收入从企业的日常活动中产生，而不是从偶发的交易或事项（如出售固定资产、接受捐赠等）中产生。偶然发生的非正常活动产生的收入则不能作为企业的收入。

2. 收入可能表现为企业资产的增加，也可能表现为企业负债的减少，或二者兼而有之。

3. 收入能导致企业所有者权益的增加，与所有者投入无关。

4. 收入只包括本企业经济利益的流入，不包括为第三方或客户代收的款项（如代国家收取的增值税，旅行社代客户收取门票、机票，还有企业代客户收取的运杂费等）。

二、收入分类（图 2.5）

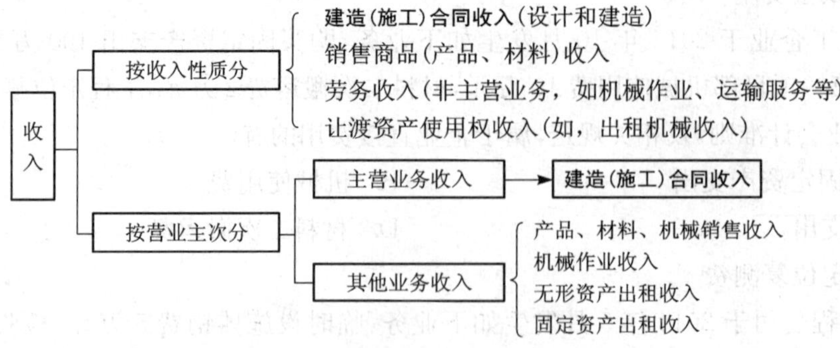

图 2.5

1Z102032 建造(施工)合同收入的核算

一、合同收入的内容

建造合同的收入包括两部分:合同规定的初始收入和合同变更、索赔、奖励等形成的收入。

二、合同的分立与合并

企业通常应以所订立的单项合同为对象,分别计算和确认各单项合同的收入、费用和利润。但是,在某些情况下需要将单项合同进行分立或将数项合同进行合并(图 2.6)。

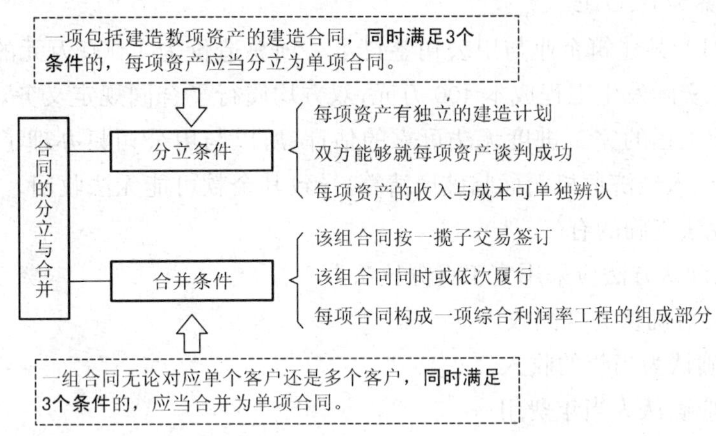

图 2.6

三、建造(施工)合同收入的确认

合同收入的确认视不同情况进行处理,如图 2.7 所示。如果建造合同结果能够可靠地估计,应在资产负债表日根据完工百分比法确认当期的合同收入。合同结果不能可靠地估计时,就不能采用完工百分比法。**特别注意,"完工进度"是个累计量,计算完工进度是一个计算题考点。**

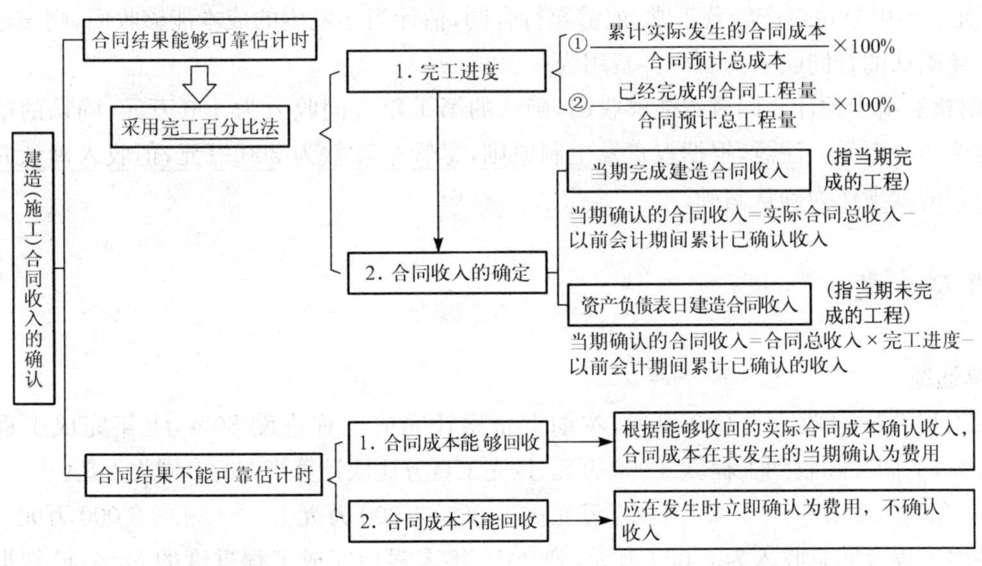

图 2.7

【例 2.4】(2012)某总造价 5 000 万元的固定总价建造合同，约定工期为 3 年。假定经计算期第 1 年完工进度为 30%，第 2 年完工进度为 70%，第 3 年全部完工交付使用。则关于合同收入确认的说法，正确的有(　　)

A. 第 2 年确认的合同收入为 3 500 万元　　B. 第 3 年确认的合同收入为 0

C. 第 1 年确认的合同收入为 1 500 万元　　D. 第 3 年确认的合同收入少于第 2 年

E. 3 年累计确认的合同收入为 5 000 万元

【解析】第 1 年确认的合同收入＝5 000×30%－0＝1 500(万元)；第 2 年确认的合同收入＝5 000×70%－1 500＝2 000(万元)；第 3 年确认的合同收入＝5 000－(1 500＋2 000)＝1 500(万元)。答案为 C、D、E。

【例 2.5】(2013)某建筑企业与甲公司签订了一项总造价为 1 000 万元的造价合同，建设期为 2 年。第 1 年实际发生工程成本 400 万元，双方均履行了合同规定义务，但在第1 年末由于建筑企业对该项工程的完工进度无法可靠的估计，所以与甲公司只办理了工程款结算 360 万元，随后甲公司陷入经济危机而面临破产清算，导致其余款可能无法收回。则关于该合同收入与费用确认的说法正确的有(　　)。

A. 合同收入确认方法应采用完工百分比法

B. 1 000 万元可确认为合同收入

C. 360 万元确认为当年的收入

D. 400 万元应确认为当年费用

E. 1 000 万元可确认为合同费用

【解析】因为合同结果不能可靠估计，排除 A；而由于甲公司面临破产，预计合同成本不能收回，所以 B 可排除，而 E 显然不对，答案为 C、D。

【例 2.6】例 2.5 题改为：某建筑企业与甲公司签订了一项总造价为 1 000 万元的造价合同，建设期为 2 年。第 1 年实际发生工程成本 400 万元，双方均履行了合同规定义务，但在第 1 年末由于建筑企业对该项工程的完工进度无法可靠的估计，与甲公司只办理了工程款结算 360 万元。但甲公司生产经营正常，能够履行合同，估计当年发生的成本能够收回，则该建筑企业第 1 年确认的合同收入为多少？费用为多少？

【解析】由于预计合同成本能够收回，确认的第 1 年合同收入为 400 万元，确认的第 1 年费用也为 400 万元。注意，根据权责发生制原则，尽管结算款为 360 万元，但收入确认并不以实际收到的款项作为确认基础。

☞ 典型考题

(一) 单选题

1. 某工程合同总收入 8 000 万元，本期末止累计完成工程进度 80%，上年完成工程进度 30%，本期实际收到工程款 3 000 万元，按完工百分比法计算当期的合同收入是(　　)。

A. 2 400 万元　　B. 3 000 万元　　C. 4 000 万元　　D. 8 000 万元

2. 某项工程合同总收入为 5 000 万元，到 2010 年末累计完成工程进度的 60%，已知据完工百分比法确认的至 2009 年末累计合同收入为 1 000 万元，则 2010 年确认的合同收入是

(　　)。

A. 5 000 万元　　B. 3 000 万元　　C. 1 000 万元　　D. 2 000 万元

3. 建造合同中有关合同分立与合同合并,实际上是确定建造合同的(　　)。

A. 收入　　B. 成本　　C. 会计核算对象　　D. 风险

4. 如果建造合同结果能够可靠的估计,企业在资产负债表日,确认当期合同收入的方法是(　　)。

A. 工程计划进度法　B. 工程实际进度法　C. 完工百分比法　D. 工程形象进度法

5. 如果一项建造合同包括多项资产,每项资产应分立为单项合同处理,下列各项中不属于必备条件的是(　　)。

A. 每项资产均有独立的建造计划

B. 每项资产的收入和成本可以单独辨认

C. 多项资产按一揽子交易合同签订

D. 建造承包商与客户就每项资产单独进行谈判,双方能够接受或拒绝与每项资产有关的合同条款

(二) 多选题

6. 按现行会计制度及有关规定,下列收入项目中属于施工企业其他业务收入的有(　　)。

A. 产品销售收入　　B. 施工承包合同收入

C. 劳务销售收入　　D. 材料销售收入

E. 机械作业收入

7. 下列不属于企业营业收入的项目是(　　)。

A. 出售固定资产获得的收益　　B. 接受捐赠获得的收益

C. 企业销售产品获得的收益　　D. 代国家征收的增值税

E. 代客户收取的运杂费

8. 收入可以有不同的分类,按照收入的性质,可以分为(　　)。

A. 销售商品收入　　B. 提供劳务收入

C. 让渡资产使用权收入　　D. 建造(施工)合同收入

E. 主营业务收入

9. 当建筑企业不能可靠地估计施工合同的结果时,对当期合同收入和费用的确认方法是(　　)。

A. 合同成本能够收回的,据实确认合同收入,同时确认费用

B. 合同成本能够收回的,只据实确认合同收入,不确认费用

C. 合同成本不能够收回的,据实确认合同收入,同时确认费用

D. 合同成本不能够收回的,只据实确认费用,不确认合同收入

E. 合同成本不能够收回的,据实确认合同收入,不确认费用

☞ 参考答案

1. C;　2. D;　3. C;　4. C;　5. C;　6. ADE;　7. ABDE;　8. ABCD;　9. AD

1Z102040 利润和所得税费用

☞ 考点精要

1Z102041 利润的计算

一、利润的概念

利润是企业在一定会计期间的经营活动所获得的各项收入抵减各项支出后的净额以及直接计入当期利润的利得(如投资收益)和损失(如投资损失)等。

二、利润的计算

利润分为三个层次指标(表 2.10)。

表 2.10

<table>
<tr><th>指标层次</th><th>计算公式</th><th colspan="2">说　明</th></tr>
<tr><td>1. 营业利润</td><td>＝营业收入
一营业成本(或营业费用)
一营业税金及附加
一销售费用一管理费用一财务费用
一资产减值损失
＋公允价值变动收益(损失为负)
＋投资收益(损失为负)</td><td colspan="2">(1) 营业收入——包括主营业务收入和其他业务收入，参见 1Z102031
(2) 营业成本——包括主营业务成本和其他业务成本(与主营业务收入和其他业务收入对应)
(3) 销售费用、管理费用、财务费用三项合计，又称为期间费用</td></tr>
<tr><td rowspan="3">2. 利润总额
(税前利润)</td><td rowspan="3">＝营业利润
＋营业外收入
一营业外支出</td><td colspan="2">营业外收入(或支出)——与其生产经营活动没有直接关系的各项收入(或支出)</td></tr>
<tr><td>营业外收入</td><td>营业外支出</td></tr>
<tr><td>固定资产盘盈、
处置固定资产净收益、
处置无形资产净收益、
罚款净收入等</td><td>固定资产盘亏、
处置固定资产净损失、
处置无形资产净损失、
债务重组损失、
罚款支出、
捐赠支出、
非常损失等</td></tr>
<tr><td>3. 净利润
(税后利润)</td><td>＝利润总额一所得税费用</td><td colspan="2">**注意："税前利润"、"税后利润"中的"税"均是指所得税**</td></tr>
</table>

三、利润分配

按照《公司法》，公司税后利润的分配顺序为：

1. 弥补公司以前年度亏损——法定盈余公积多不足以弥补以前年度亏损，则用当年利润弥补。

2. 提取法定盈余公积金——按照法定比例从公司税后利润中提取的公积金。**法定盈余公积金可用于弥补亏损、扩大生产、增加注册资本。资本公积金不得用于弥补亏损。**

3. 经股东会或者股东大会决议提取任意公积金。

4. 向投资者分配的利润或股利。

5. 未分配利润。

【例 2.7】(2012)某施工企业年度工程结算收入为 3 000 万元，营业成本和营业税金及附加为 2 300 万元，管理费用为 200 万元，财务费用为 100 万元，其他业务收入为 200 万元，投资收益为150 万元，营业外收入为 100 万元，营业外支出为 80 万元，所得税为 100 万元，则企业营业利润为(　　)万元。

A. 500　　B. 520　　C. 670　　D. 750

【解析】该题要求考生要能够区分三个层次利润指标计算的差异，有些数据是计算营业利润时不需要的。营业利润＝(3 000＋2 00)－2 300－(200＋100)＋150＝750(万元)。

1Z102042 所得税费用的确认

一、所得税的概念

所得税是指企业就其生产、经营所得和其他所得按规定交纳的税金，是根据应纳税所得额计算的。缴纳所得税的所得范围见表 2.11。

表 2.11

企业类型	来源于中国境内所得	来源于中国境外所得
居民企业	✓	✓
非居民企业(设立机构、场所)	其所设机构、场所取得的	与其所设机构、场所有实际联系的
非居民企业(未设立机构、场所)	✓	

二、所得税的计税基础

应纳税所得额＝年度收入总额－准予扣除项目。企业应纳税所得额的计算，以权责发生制为原则(参见 1Z102013)。主要的收入与扣除项目见表 2.12。

表 2.12

收入总额	主要的准予扣除项目
企业以货币形式和非货币形式从各种来源取得的收入： 1. 销售货物收入 2. 提供劳务收入 3. 转让财产收入 4. 股息、红利等权益性投资收益 5. 利息收入 6. 租金收入 7. 特许权(专利权、商标权等)使用费收入 8. 接受捐赠收入	1. 实际发生的与取得收入有关的、合理的支出，包括成本、费用、税金、损失和其他支出 2. 公益性捐赠支出，在年度利润总额 12%以内部分 3. 企业按照规定计算的固定资产折旧 4. 企业按照规定计算的无形资产摊销费用 5. 转让资产，该项资产的净值 6. 租入固定资产的改建支出长期待摊费用 7. 固定资产的大修理支出长期待摊费用 8. 纳税年度发生的亏损，准予向以后年度结转用以后年度所得弥补，但结转年限最长不超过五年
不征所得税的收入	**主要的不得扣除支出项目**
1. 财政拨款 2. 依法收取并纳入财政管理的行政事业性收费、政府性基金	1. 向投资者支付的股息、红利 2. 企业所得税税款 3. 税收滞纳金 4. 罚金、罚款和被没收财物的损失 5. 超过利润 12%的捐赠支出 6. 赞助支出 7. 房屋建筑物以外未投入使用的固定资产折旧 8. 以经营租赁方式租入的固定资产折旧 9. 以融资租赁方式租出的固定资产折旧 10. 自创商誉的无形资产摊销费

三、所得税费用的确认

应纳所得税税额的计算公式为：

应纳税额＝应纳税所得额×适用税率－减免税额－抵免税额

四、税收优惠

国家对重点扶持和鼓励发展的产业和项目，给予企业所得税优惠。下面列些主要的优惠政策。

1. 企业的下列收入为免税收入：

(1) 国债利息收入；

(2) 符合条件的非营利组织的收入。

2. 企业的下列所得，可以免征、减征企业所得税：

(1) 从事农、林、牧、渔业项目的所得；

(2) 从事国家重点扶持的公共基础设施项目投资经营的所得；

(3) 从事符合条件的环境保护、节能节水项目的所得。

3. 企业的下列支出，可以在计算应纳税所得额时加计扣除：

(1) 开发新技术、新产品、新工艺发生的研究开发费用；

(2) 安置残疾人员及国家鼓励安置的其他就业人员所支付的工资。

☞ 典型考题

(一) 单选题

1. 在下列关于施工企业利润总额的公式中，正确的是(　　)。
   A. 利润总额＝主营业务利润＋其他业务利润－管理费用－财务费用
   B. 利润总额＝主营业务利润＋其他业务利润
   C. 利润总额＝主营业务利润＋其他业务利润＋投资净收益
   D. 利润总额＝营业利润＋营业外收入－营业外支出
2. 在利润计算过程中，下列不属于营业外收入的是(　　)。
   A. 固定资产盘盈　　B. 处置固定资产净收益
   C. 处置无形资产净收益　　D. 吸收投资
3. 企业实现的净利润应按照有关规定进行分配，其分配顺序如下所述正确的是(　　)。
   (1)弥补以前年度亏损　(2)向投资者分配股利　(3)提取盈余公积金　(4)未分配利润
   A. (1)→(2)→(3)→(4)　　B. (4)→(2)→(3)→(1)
   C. (2)→(3)→(1)→(4)　　D. (1)→(3)→(2)→(4)
4. 某施工企业当期实现主营业务利润 2 000 万元、其他业务利润 1 000 万元、投资收益 200 万元、营业外收入 80 万元、营业外支出 90 万元，则该企业的利润总额为(　　)万元。
   A. 2 190　　B. 2 990　　C. 3 190　　D. 3 200
5. 某施工企业当期实现的主营业务收入为 10 000 万元，主营业务成本为 8 000 万元，主营业务税金及附加为 960 万元；其他业务利润为 2 000 万元，管理费用和财务费用总计为

1 200 万元，则该企业当期营业利润为(　　)万元。

A. 1 840　　B. 2 800　　C. 3 040　　D. 4 000

6. 下列支出项目中的(　　)不得在计算应纳税所得额时扣除。

A. 公益性捐赠支出

B. 无形资产摊销

C. 以融资租赁方式租出的固定资产折旧

D. 以经营租赁方式租出的固定资产折旧

(二) 多选题

7. 下列各项中属于营业外收入的是(　　)。

A. 固定资产盘盈　　B. 销售商品收入

C. 处置固定资产净收益　　D. 罚款净收入

E. 处置无形资产净收益

8. 任意公积金的提取比例、用途等事项，由(　　)做出规定。

A. 公司章程　　B. 董事会

C. 股东大会　　D. 职工代表大会

E. 监事会

☞ **参考答案**

1. D；2. D；3. D；4. C；5. A；6. C；7. ACDE；8. AC

1Z102050 企业财务报表

☞ **考点精要**

1Z102051 财务报表的构成

财务报表是指对企业财务状况、经营成果和现金流量的结构性描述，是反映企业某一特定日期财务状况和某一会计期间经营成果、现金流量的书面文件。财务报表列报是指在财务报表中的列示和在财务报表附注中的披露。

根据现行会计准则的规定，**财务报表至少应当包括资产负债表、利润表、现金流量表、所有者权益(或股东权益)变动表和附注(4 表 1 注)。**

资产负债表是反映企业在某一特定日期财务状况的报表，根据资产、负债、所有者权益之间的关系，即"资产＝负债＋所有者权益"，它是一种静态报表。

利润表是反映企业在一定会计期间的经营成果的财务报表。利润表是以"利润＝收入－费用"这一会计等式为依据，它属于动态报表。

现金流量表是反映企业一定会计期间现金和现金等价物流入和流出的财务报表，它属于动态报表。

所有者权益(或股东权益)变动表是反映构成所有者权益(或股东权益)的各组成部分当期增减变动情况的财务报表。

财务报表附注是对在资产负债表、利润表、现金流量表和所有者权益变动表等报表中列示项目的文字描述或明细资料,以及对未能在这些报表中列示项目的说明等。

1Z102052 资产负债表的内容和作用

一、资产负债表的内容和结构

我国会计制度规定,企业的资产负债表一般采用账户式资产负债表,该表为左右结构,左边列示资产,右边列示负债和所有者权益。

二、资产负债表的作用

1. 能够反映企业在某一特定日期所拥有的各种资源总量及其分布情况;

2. 能够反映企业的偿债能力,表明未来需要用多少资产或劳务清偿债务及清偿时间;

3. 能够反映企业在**某一特定日期**企业**所有者权益的构成情况**,可以判断资本保值、增值的情况以及对负债的保障程度。

三、所有者权益变动表的内容作用

所有者权益变动表全面反映了企业的所有者权益**在年度内的变化情况**。

[特别注意:要区分资产负债表与所有者权益变动表在作用上的区别。]

1Z102053 利润表的内容和作用

一、利润表的内容和结构

我国采用的是多步式利润表,按利润形成的主要环节列示一些中间性利润指标,如营业利润、利润总额、净利润。

二、利润表的作用

1. 利润表反映企业一定期间收入和费用情况以及获得利润或亏损的数额,表明企业投入与产出之间的关系;

2. 通过利润表不同时期的比较数字,可以分析企业损益发展变化的趋势,预测企业未来的盈利能力;

3. 通过利润表可以考核企业的经营成果以及利润计划的执行情况,分析企业利润增减变化原因。

1Z102054 现金流量表的内容和作用

一、现金流量表的编制基础

现金流量表是以现金为基础编制的,现金包括库存现金、可以随时用于支付的存款、其他货币资金以及现金等价物(表 2.13)。

表 2.13

现金等价物——同时满足下面条件的短期投资	可列为现金等价物的短期投资
1. 期限短 2. 流动性强 3. 易于转换为已知金额的现金 4. 价值变动风险小 **因此，股票不属于现金等价物**	1. **从购买日起三个月到期或清偿的国库券** 2. 货币市场基金 3. 可转换定期存单 4. **商业本票** 5. **银行承兑汇票**

二、现金流量表的内容

现金流量表的内容包括三类活动的现金流量(表 2.14)。**特别重要考点，给出一个现金流项目，要能区分属于哪类活动产生的。**其中，注意经营活动现金流量中对于施工企业来说，“1.销售商品、提供劳务收到的现金”具体可包括“承包工程(包括劳务承包)收到的工程款”；“4.购买商品、接受劳务支付的现金”具体可包括“向材料(或构件制作)供应单位支付材料款”、“向专业分包单位(或劳务分包单位)支付工程款”等。

表 2.14

活动类型	三种类型活动含义	现金流构成
1. 经营活动	施工企业的经营活动包括：承发包工程、销售商品、提供劳务、经营性租赁、购买材料物资、接受劳务、支付税费等	(1) 销售商品、提供劳务收到的现金 (2) 收到的税费返还 (3) 收到其他与经营活动有关的现金 (4) 购买商品、接受劳务支付的现金 (5) 支付给职工以及为职工支付的现金 (6) 支付的各项税费 (7) 支付其他与经营活动有关的现金
2. 投资活动	指企业长期资产的购建和不包括在现金等价物范围内的投资及其处置活动	(1) 收回投资收到的现金 (2) 取得投资收益收到的现金 (3) **处置固定资产、无形资产和其他长期资产收回的现金净额** (4) **处置子公司**及其他营业单位收到的现金净额 (5) 收到其他与投资活动有关的现金 (6) 购建固定资产、无形资产和其他长期资产支付的现金 (7) 投资支付的现金 (8) **取得子公司**及其他营业单位**支付的现金净额** (9) 支付其他与投资活动有关的现金
3. 筹资活动	指导致企业资本及债务规模和构成发生变化的活动	(1) 吸收投资收到的现金 (2) 取得借款收到的现金 (3) 收到其他与筹资活动有关的现金 (4) 偿还债务支付的现金 (5) 分配股利、利润或偿付利息支付的现金 (6) 支付其他与筹资活动有关的现金

【例 2.8】(2013)下列经济活动产生的现金中，不属于筹资活动产生的现金流量是(　　)。

A. 处置子公司收到的现金净额　　B. 取得借款收到的现金

C. 分配股利支付的现金　　D. 偿还债务支付的现金

【解析】注意题目问的是“不属于”，这是不小心会答错的点。A——投资活动现金流量；B、C、D——筹资活动现金流量。

三、现金流量表的结构

现金流量表由正表和补充资料两部分组成。

四、现金流量表的作用

1. 现金流量表有助于使用者对企业整体财务状况做出客观评价；
2. 现金流量表有助于评价企业的支付能力、偿债能力和周转能力；
3. 现金流量表有助于使用者预测企业未来的发展情况。

1Z102055 财务报表附注的内容和作用

附注是对四个报表中列示项目的文字描述或明细资料，以及对未能在这些报表中列示项目的说明等，附注应披露财务报表的编制基础。附注的作用是对财务报表的补充。

☞ 典型考题

(一) 单选题

1. 目前，我国采用的利润表的结构主要形式为(　　)。
   A. 多步式利润表　　B. 单步式利润表
   C. 报告式利润表　　D. 账户式利润表
2. 按现行会计制度及有关规定，下列会计报表中属于静态会计报表的是(　　)。
   A. 资产负债表　　B. 利润分配表　　C. 现金流量表　　D. 利润表
3. 根据现行会计制度，反映企业财务状况的报表包括(　　)。
   A. 利润表　　B. 现金流量表　　C. 资产负债表　　D. 利润分配表
4. 下述现金流量中，属于筹资活动流出的是(　　)。
   A. 偿还债务所支付的现金　　B. 投资所支付的现金
   C. 购建长期资产所支付的现金　　D. 支付的各项税费
5. 根据企业会计准则及其相关规定，反映企业某一特定日期财务状况的书面文件是指(　　)。
   A. 利润表　　B. 财务报表　　C. 现金流量表　　D. 资产负债表
6. 根据企业会计准则及其相关规定，反映企业某一会计期间经营成果的书面文件是指(　　)。
   A. 利润表　　B. 会计报表　　C. 现金流量表　　D. 资产负债表
7. 某建筑工程有限公司 2009 年 3 月 31 日的资产负债表显示：公司负债总额 250 万元，流动负债总额 50 万元。根据企业会计准则及其相关规定，公司非流动负债总额应为(　　)。
   A. 100 万元　　B. 50 万元　　C. 200 万元　　D. 400 万元
8. 下列各项中，不属于现金流量表作用的是(　　)。
   A. 有助于使用者对企业整体财务状况作出客观评价
   B. 有助于评价企业的支付能力、偿债能力和周转能力
   C. 可以预测企业未来的发展情况

D. 反映企业一定期间的收入和费用情况

9. 下列各项中，属于经营活动流出现金的是(　　)。

A. 支付给职工的现金　　B. 购建无形资产所支付的现金

C. 偿还债务所支付的现金　　D. 分配股利所支付现金

(二) 多选题

10. 企业下列活动中，属于经营活动产生的现金流量有(　　)。

A. 承包工程收到的现金　　B. 处置固定资产收回的现金

C. 投资支付的现金　　D. 收到的税费返还

E. 发包工程支付的现金

11. 财务报表是对企业(　　)的结构性描述。

A. 财务状况　　B. 资产报告　　C. 经营成果　　D. 负债报告

E. 现金流量

12. 按利润形成的主要环节列示一些中间性利润指标包括(　　)。

A. 营业利润　　B. 利润总额　　C. 净利润　　D. 未分配利润

E. 分步计算当期净损益

13. 投资活动流入的现金主要包括(　　)。

A. 收回投资所收到的现金　　B. 吸收投资所收到的现金

C. 取得投资收益所收到的现金　　D. 处置固定资产所收回的现金净额

E. 购置无形资产所支付的现金

☞ 参考答案

1. A； 2. A； 3. C； 4. A； 5. D； 6. A； 7. C； 8. D；9. A； 10. AD； 11. ACE；
12. ABC； 13. ACD

1Z102060 财务分析

☞ 考点精要

1Z102061 财务分析方法

财务分析的方法，主要包括趋势分析法、比率分析法和因素分析法。

一、趋势分析法

趋势分析法又称水平分析法，是通过对比两期或连续数期财务报告中相同指标，确定其增减变化的方向、数额和幅度，来说明企业财务状况、经营成果和现金流量变动趋势的分析方法。采用该方法，可以分析变化的原因和性质，并预测企业未来的发展前景。

采用趋势分析法对不同时期财务指标的比较，可以有定基指数和环比指数两种方法。趋势分析法通常采用定基指数。

二、比率分析法

比率分析法是财务分析最基本、最重要的方法。常用的比率主要有以下三种：

1. 构成比率，如流动资产占资产总额的比率；
2. 效率比率，如净资产收益率；
3. 相关比率，如流动比率。

三、因素分析法

因素分析法是依据分析指标与其驱动因素之间的关系，从数量上确定各因素对分析指标的影响方向及程度的分析方法。因素分析法根据其分析特点可分为连环替代法和差额计算法两种，这两种方法只是计算顺序有所差异，实质是没有差别。考试时，不管试题是否指定具体方法，均采用比较方便的差额计算法。

【例 2.9】（考试用书例题）某企业 2010 年 8 月份 A 材料的实际费用为 6 720 元，而其计划值为 5 400 元。费用差异是由产品产量、单位产品材料耗用量和材料单价三个因素变化影响结果，三个因素的变化情况如下表所示。试确定各因素对材料费用的影响多少。

项目	单位	计划值	实际值	差异＝实际值－计划值
产品产量	件	120	140	20
单位产品材料消耗量	千克/件	9	8	－1
材料单价	元/千克	5	6	1
材料费用合计	元	5 400	6 720	1 320

【解析】采用差额计算法计算确定各因素变动对材料费用的影响。

由于产量增加对材料费用的影响：　(140－120)×9×5＝900 元

由于材料节约对材料费用的影响：　140×(8－9)×5＝－700 元

由于价格提高对材料费用的影响：　140×8×(6－5)＝1 120 元

全部因素的影响：　900－700＋1120＝1 320 元

此计算考题，一般来说只会要求计算其中一种因素的影响大小，读者只要记住其计算过程中是按产量、材料节约和价格变化顺序进行的，且注意各个步骤中因素取值的变化规律（分别按一个、两个、三个取实际值），就很好处理这个问题。

1Z102062 基本财务比率的计算和分析

有四类基本财务比率：偿债能力比率、资产管理比率、盈利能力比率、发展能力比率。

一、偿债能力比率

偿债能力主要反映企业偿还到期债务的能力，常用的指标见表 2.15。

表 2.15

指标	计算公式对比	反映什么样的能力	怎么判断
资产负债率	$=\frac{总负债}{总资产}$	反映企业利用债权人提供资金进行经营活动的能力，也能反映企业经营风险的程度，是综合反映企业偿债能力的重要指标	从企业债权人角度看，资产负债率越低，说明企业偿债能力越强，债权人的权益就越有保障。从企业所有者和经营者角度看，通常希望该指标高些
流动比率	$=\frac{流动资产}{流动负债}$	主要反映企业的偿债能力	如果流动比率过低，企业近期可能会有财务方面的困难
速动比率	$=\frac{速动资产}{流动负债}$	反映企业对短期债务偿付能力的指标。其中：速动资产＝流动资产－存货	该指标越低，企业的短期偿债能力越差

二、营运能力比率

营运能力比率是用于衡量公司资产管理效率的指标。常用的指标见表 2.16。

表 2.16

指标	计算公式	相关考点
总资产周转率	总资产周转率(次) $=\frac{主营业务收入}{资产总额}$	**总资产周转率越高，反映企业销售能力越强**
流动资产周转率	流动资产周转次数 $=\frac{流动资产周转额}{流动资产}$	流动资产周转率是指企业在一定时期内营业收入与全部流动资产之间的比率，通常用**周转次数和周转天数**来表示
存货周转率	存货周转次数 $=\frac{营业成本}{存货}$	存货周转率指标有**存货周转次数**和**存货周转天数**两种形式。提高存货周转率可提高企业的**变现能力**，而周转速度越慢则企业的变现能力越差
应收账款周转率	应收账款周转率(周转次数) $=\frac{营业收入}{应收账款}$	应收账款周转率是指企业在某一时期赊销收入和同期应收账款之间的比率，通常用**应收账款周转次数**和**应收账款周转天数**两种形式来表示

[特别提示：表 2.12 中的公式考到的频率并不高，也并不需要强记这些公式，只要注意各公式分母都是各类资产，并且是用的各类资产年初与年末的平均值，考试中就可根据所给数据完成计算。]

三、盈利能力比率

常用的主要指标见表 2.17。

表 2.17

主要指标	计算公式	计算题关键考点	指标作用
净资产收益率	$=\frac{净利润}{净资产}\times 100\%$	净利润是指企业当期**税后**利润； 净资产是指企业期末资产减负债后的余额，**通常取期初净资产和期末净资产的平均值**	反映企业盈利能力的**核心指标**
总资产净利率	$=\frac{息税前利润}{资产总额}\times 100\%$	息税前利润＝利润总额＋利息支出； **资产总额取期初资产总额和期末资产总额的平均值**	是指企业运用全部资产的收益率，它反映企业全部资产运用的总成果，反映公司资产的利用效率，是个综合性很强的指标

四、发展能力比率

企业发展能力的指标主要有：

1. 营业增长率

营业增长率是评价企业成长状况和发展能力的重要指标。该指标若大于零，表明企业本期的营业收入有所增长，指标值越高，表明增长速度越快，企业市场前景越好。

2. 资本积累率

资本积累率是企业当年所有者权益总的增长率，反映了企业所有者权益在当年的变动水平。该指标体现了企业资本的积累能力，是评价企业发展潜力的重要指标。

五、财务指标综合分析——杜邦财务分析体系

该体系是以净资产收益率为核心指标，杜邦财务分析体系是一个多层次的财务比率分解体系，对企业财务状况和经营成果进行综合评价，重点揭示企业获利能力及权益乘数对净资产收益率的影响。

☞ 典型考题

(一) 单选题

1. 反映企业盈利能力的核心指标是(　　)。

A. 净资产收益率　　B. 总资产周转率　　C. 销售增长率　　D. 资本积累率

2. 速动比率是指企业的速动资产与流动负债之间的关系。其中，速动资产＝(　　)。

A. 货币资金＋短期投资＋应收账款＋其他应收款

B. 货币资金＋应收账款＋应收票据＋其他应收款

C. 短期投资＋应收票据＋应收账款＋其他应收款

D. 流动资产－存货

3. 表示与上年相比，企业销售(营业)收入的增减变化情况，是评价企业成长状况和发展能力的重要指标是指(　　)。

A. 净资产收益率　　B. 资产负债率　　C. 资本积累率　　D. 营业增长率

4. (　　)是企业当年所有者权益总的增长率，反映了企业所有者权益在当年的变动水平。

A. 净资产收益率　　B. 资产负债率　　C. 资本积累率　　D. 营业增长率

5. 某工程2011年6月一材料的计划费用20 000元，实际费用29 700元。费用的增加是由于工程量、单位产品材料消耗量和材料单价三个因素共同的影响结果，见下表。其中，由于价格提高对材料费用的影响为(　　)元。

影响因素	单位	计划值	实际值
工程量	立方米	100	150
单位产品材料消耗量	千克/立方米	10	9
材料单价	元/千克	20	22

A. 3 000　　B. 2 700　　C. 2 000　　D. 1 800

6. 某施工企业当期主营业务成本为 9 000 万元，期初存货为 4 000 万元，期末存货为2 000 万元，则存货周转次数为（　　）。

A. 1.50　　B. 2.25　　C. 3.00　　D. 4.50

（二）多选题

7. 在下列指标中，属于反映企业资产管理效率的指标有（　　）。

A. 总资产周转率　　B. 流动资产周转率
C. 速动比率　　D. 资本积累率
E. 存货周转率

8. 财务分析方法有（　　）。

A. 比率分析法　　B. 因素分析法　　C. 垂直分析法　　D. 趋势分析法
E. 替代分析法

9. 企业发展能力的指标主要有（　　）。

A. 资产负债率　　B. 资本积累率　　C. 存货周转率　　D. 流动比率
E. 营业增长率

10. 财务分析中一种方法是比率分析法，其常用的比率有（　　）。

A. 定基比率　　B. 构成比率　　C. 效率比率　　D. 环比比率
E. 相关比率

☞ 参考答案

1. A；2. D；3. D；4. C；5. B；6. C；7. ABE；8. ABD；9. BE；10. BCE

1Z102070 筹资管理

现代企业的资本来源于两个方面，一是权益资本，二是债务资本。

☞ 考点精要

1Z102071 资金成本的作用及其计算

一、资金成本的概念

资金成本包括资金占用费和筹资费用两个部分：

1. 资金占用费是指企业占用资金支付的费用，如银行借款利息和债券利息等。

2. 筹资费用是指在资金筹集过程中支付的各项费用，如银行的借款手续费，发行债券支付的印刷费、代理发行费、律师费、公证费、广告费等，它通常是在筹措资金时一次性支付，在使用资金的过程中不再发生。

$$资金成本率=\frac{资金占用费}{筹资净额}=\frac{资金占用费}{筹资总额-筹资费}=\frac{资金占用费}{筹资总额\times(1-筹资费费率)}$$

二、资金成本的作用

1. 选择资金来源、确定筹资方案的重要依据

2. 评价投资项目、比较投资方案和进行投资决策的经济标准

3. 评价企业经营业绩的基准

三、资金成本的计算

由于企业的债务资金(如借款、债券筹资)利息可所得税前抵扣,所以债务资金的资金占用费要考虑所得税的影响,具体计算可参考例 2.9。综合资金成本是个别资金成本(借款、证券、股票等)的加权平均。

【例 2.10】(2012)企业从银行取得一笔长期借款 2 000 万元,年利率 8%,期限 3 年,每年末结息一次,到期一次还本,借款手续费率 0.2%,企业所得税率 25%,则该笔借款的资金成本率为(　　)。

A. 6.00%　　　B. 8.02%　　　C. 6.01%　　　D. 8.20

【解析】计算时注意两点:一是通常资金成本率是以年为单位计算的;二是由于债务利息带来了所得税减少,因为降低了实际的资金占用费,所以年资金占用费为 2 000×8%×(1－25%),则资金成本率为 $\frac{2\,000\times 8\%\times(1-25\%)}{2\,000\times(1-0.2\%)}=6.01\%$。

假设上例中,该企业同期还有长期债券 5 000 万元、普通股 3 000 万元的长期资本,资金成本率分别为 5%、10%,则该企业综合资金成本率为

$$\frac{2\,000}{10\,000}\times 6.01\%+\frac{5\,000}{10\,000}\times 5\%+\frac{3\,000}{10\,000}\times 10\%=6.7\%$$

1Z102072 短期筹资的特点和方式

一、短期筹资的特点

短期筹资,也称为流动负债筹资或短期负债筹资,指为满足企业临时性流动资金需要而进行的筹资活动,一般是在一年以内或超过一年的一个营业周期内到期,常用的方式是通过流动负债方式取得。

特点:1.筹资速度快;2.筹资弹性好;3.筹资成本较低;4.筹资风险高。

二、短期筹资的方式

短期负债筹资最常用的方式是商业信用和短期借款。

1. 商业信用

商业信用是指在商品交易中由于延期付款或预收货款所形成的企业间的借贷关系。商业信用的具体形式有:应付账款、应付票据(分为商业承兑汇票和银行承兑汇票两种)、预收账款等。

商业信用筹资的特点:最大的优越性在于容易取得。首先,对于多数企业来说,商业信用是一种持续性的信用形式,且无须正式办理筹资手续。其次,如果没有现金折扣或使用不带息票据,商业信用筹资不负担成本。

2. 短期借款

短期借款指企业向银行和其他非银行金融机构借入的期限在 1 年以内的借款。主要有生

产周转借款、临时借款、结算借款等。对于短期借款利率，银行一般根据借款企业的情况选用以下三种方法支付银行贷款利息：

（1）**收款法。**收款法是在借款到期时向银行支付利息的方法。银行向工商企业发放的贷款大都采用这种方法收息。

（2）**贴现法。**贴现法是银行向企业发放贷款时，先从本金中扣除利息部分，而到期时借款企业则要偿还贷款全部本金的一种计息方法。贷款的实际利率高于名义利率。掌握其实际利率计算（见例 2.10）。

（3）**加息法。**加息法是要求企业在贷款期内分期等额偿还本息之和的金额，借款企业实际上只平均使用了贷款本金的半数，却支付全额利息。这样，企业所负担的实际利率便高于名义利率大约 **1** 倍，即实际利率为名义利率的 **2** 倍（**记住这个倍数就行**）。

【例 2.10】某企业从银行获得 1 年期短期借款 1 200 万元，假设年利率 10%（按年计息），年利息为 1 200×10%=120（万元）。①收款法：年初银行给企业 1 200 万元贷款，年底企业还银行 1 200 万元本金，另付 120 万元利息。②贴现法：年初银行发放给企业 1 200 万元贷款本金时，同时扣除利息 120 万元，企业年初实际得到的借款只有 1 200－120＝1 080（万元），年底偿还银行 1 200 万元本金，所以实际利率为 $\frac{120}{1080}\times 100\% = 11.11\%$ 。③加息法：年初银行发给企业 1 200 万元贷款，然后每个月企业均偿还银行本息为 $\frac{1\,200+120}{12}=110$（万元）至年底，加息法的实际利率为名义利率的 2 倍，即 20%。

1Z102073 长期筹资的特点和方式

长期筹资是企业筹集自身发展所需的长期资金，分为长期负债筹资和长期股权筹资。

一、长期负债筹资

长期负债筹资可分为长期借款筹资、长期债券筹资、融资租赁和可转换债券筹资。

1. 长期借款筹资

长期借款是指企业向银行或其他非银行金融机构借入的使用期超过 1 年的借款，主要用于购建固定资产和满足长期流动资金占用的需要。

长期借款的偿还方式包括：(1)定期支付利息、到期一次性偿还本金的方式；(2)定期等额偿还方式；(3)平时逐期偿还小额本金和利息、期末偿还余下的大额部分方式。第一种偿还方式会加大企业借款到期时的还款压力；第二种方式会提高实际利率。

与其他长期负债筹资相比，长期借款筹资的特点为：(1)筹资速度快；(2)借款弹性较大；(3)借款成本较低；(4)长期借款的限制性条款比较多，制约着借款的使用。

2. 长期债券筹资

长期债券指的是期限超过 1 年的公司债券，其发行目的通常是为建设大型项目筹集大笔长期资金。公司债券的发行价格通常有三种：平价、溢价和折价。

与其他长期负债筹资方式相比，发行债券的突出优点在于筹资对象广、市场大。但是，这种筹资方式成本高、风险大、限制条件多。

3. 融资租赁

租赁可以分为经营租赁和融资租赁两种(参见 1Z101061)。**将租赁作为一种筹资方式,**主要是针对**融资租赁**而言的。典型的融资租赁是指长期的、完全补偿的、不可撤销、由承租人负责维护的租赁。融资租赁最主要的外部特征是租期长。

融资租赁的主要目的在于融通资金。融资租赁作为一种筹资方式,其优点主要有:

(1) 融资租赁是融资与融物相结合的筹资方式,能迅速获得所需长期资产的使用权;

(2) 融资租赁可以避免长期借款筹资所附加的各种限制性条款,具有较强的灵活性;

(3) 融资租赁可以降低设备取得成本;

(4) 租赁费中的利息、手续费以及设备的折旧费均可在税前支付,可以减轻所得税负担。

融资租赁的租金构成:

(1) 租赁资产的成本(购置费用);

(2) 租赁资产的成本利息(出租购置资金的利息);

(3) 租赁手续费。

二、长期股权筹资

长期股权筹资分为优先股筹资、普通股股票筹资以及认股权证筹资。

☞ 典型考题

(一) 单选题

1. 某项目贷款筹资总额 18 万元,筹资费率为 10%,年贷款利率为 9%,不考虑资金的时间价值,则该贷款的资金成本率为(　　)。

A. 11.10%　　B. 10.00%　　C. 9.00%　　D. 8.10%

2. 在商品交易中以延期付款或预收货款的方式进行购销活动所形成的借贷关系为(　　)。

A. 延期付款　　B. 商业信用　　C. 周转信贷　　D. 长期借款

3. 某施工企业从中国建设银行借入资金 100 万元,借款合同中载明,期限自 2008 年 10 月 1 日起至 2010 年 9 月 20 日止,该借款应为(　　)。

A. 短期银行借款　　B. 中期银行借款　　C. 长期银行借款　　D. 基本建设贷款

4. 下列各项中,不属于筹资费用的是(　　)。

A. 债券利息　　B. 银行借款手续费

C. 发行债券印刷费　　D. 代理发行费

5. 加息法是银行发放分期等额偿还贷款时采用的利息收取方法,在此方法下,企业所负担的实际利率与名义利率之间的关系是(　　)。

A. 实际利率高于名义利率　　B. 实际利率低于名义利率

C. 实际利率等于名义利率　　D. 实际利率与名义利率没有关系

6. 融资租赁的租金不包括(　　)。

A. 租赁资产的成本　　B. 租赁资产的成本利息

C. 租赁手续费　　D. 租赁资产管理费

7. 融资租赁最主要的外部特征是(　　)。

A. 租期长　　B. 完全补偿

C. 不可撤销　　D. 由承租人负责维护

8. 在企业有多种筹资方案和多种筹资方式时,通常应选择(　　)的方法。

A. 综合资金成本最低

B. 个别资金成本最低

C. 个别资金成本最高而综合资金成本最低

D. 个别资金成本最低而综合资金成本最高

(二) 多选题

9. 商业信用形式主要包括(　　)。

A. 预收账款　　B. 应付账款　　C. 应付票据　　D. 票据贴现贷款

E. 银行信用

10. 短期银行借款利息的支付方式包括(　　)。

A. 收款法　　B. 贴现法

C. 加息法　　D. 分期付息,到期一次还本

E. 等额分期偿还

11. 长期借款的偿还方式有(　　)。

A. 定期付息、一次还本　　B. 定期等额偿还本息

C. 平时偿还小额本息、期末偿还余额　　D. 定额利率偿还

E. 超额累进利率偿还

12. 在融资租赁费用中,有些费用项目是可以在税前列支的,这些费用项目主要包括(　　)。

A. 利息　　B. 手续费　　C. 设备折旧费　　D. 管理费

E. 保险费

☞ 参考答案

1. B;　2. B;　3. C;　4. A;　5. A;　6. D;　7. A;　8. A;　9. ABC;　10. ABC;　11. ABC;　12. ABC

1Z102080 流动资产财务管理

☞ 考点精要

1Z102081 现金和有价证券的财务管理

现金是企业流动性最强的资产。具体包括:库存现金、各种形式的银行存款、银行本票、银行汇票等。

企业置存现金的原因，主要是满足交易性需要、预防性需要和投机性需要。

现金收支管理目的在于提高现金使用效率，应当注意做好以下几方面工作：1. 力争现金流量同步；2. 使用现金浮游量；3. 加速收款；4. 推迟应付款支付。

常用的确定现金持有量的方法有成本分析模式、存货模式和随机模式三种。其中，成本分析模式是通过分析持有现金的成本，寻找持有成本最低的现金持有量。企业持有的现金，将会有三种成本：

1. 机会成本（占用资金的代价）；

2. 管理成本（属于固定成本，与现金持有量无明显关系）；

3. 短缺成本（因缺乏必要的现金，使企业蒙受损失。可变成本，随现金持有量的增加而下降）。

上述三项成本之和最小的现金持有量，就是最佳现金持有量。

【例 2. 11】（2011）某企业有甲、乙、丙、丁四个现金持有方案，各方案的现金持有量依次是 60 000 元、70 000 元、84 000 元、120 000 元。四个方案的机会成本均为现金持有量的 10%，管理成本均为 24 000 元，短缺成本依次是 8 100 元、3 000 元、2 500 元和 0 元。若采用成本分析模式进行现金持有量决策，该企业应采用（　　）方案。

A. 甲　　B. 乙　　C. 丙　　D. 丁

【解析】此题将各方案的三类成本相加比较，选总成本最小的方案。由于管理成本是相同的（固定的），实际上只要把机会成本与短缺成本相加就可，答案为 B。

1Z102082 应收账款的财务管理

应收账款（如业主欠的工程款）是企业流动资产中的一个重要项目，是商业信用的直接产物。管理目标是在应收账款信用政策所增加的盈利和这种政策的成本之间作出权衡。

信用政策包括：信用期间、信用标准和现金折扣政策。

企业在设定某一顾客的信用标准时，往往先要评估他赖账的可能性，通过“5C”系统来进行评估。“5C”系统就是评估顾客信用品质的五个方面：(1)品质；(2)能力；(3)资本；(4)条件；(5)抵押。

1Z102083 存货的财务管理

一、存货管理目标

存货是指企业在生产经营过程中为销售或者耗用而储备的物资。存货占用资金是有成本的，存货管理的目标就是尽力在各种存货成本与存货效益之间作出权衡，达到两者的最佳结合。

二、存货相关成本

储备存货有关成本包括：

1. 取得成本

包括：(1)订货成本（取得订单的成本，如办公费、差旅费等）；(2)购置成本。

取得成本＝订货成本＋购置成本

＝订货固定成本（如采办机构的办公费）＋订货变动成本（如差旅费）＋购置成本

2. 储存成本

储存成本＝储存固定成本(如仓库折旧)＋储存变动成本(如占用资金利息、变质损失)

3. 缺货成本(供应中断的损失或紧急供货额外增加的成本)

存货总成本＝取得成本＋储存成本＋缺货成本

存货方案比较时，选择总成本最小的方案。

三、存货决策

存货的决策涉及四项内容：决定进货项目、选择供应单位、决定进货时间和决定进货批量。通过合理的进货批量和进货时间，使存货的总成本最低，这个批量叫做经济订货量或经济批量。有了经济订货量，可以很容易地找出最适宜的进货时间。

经济订货量的计算公式：$Q^*=\sqrt{\frac{2\times 一次订货成本\times 年度采购总量}{每单位材料的年平均储备成本}}$ (强记公式)

四、存货管理的ABC分析法

存货管理的ABC分析法就是按照一定的标准，将企业的存货划分为A、B、C三类。分类的标准主要有两个：一是金额标准；二是品种数量标准。A类存货种类虽然较少，但占用资金较多；C类存货虽然种类繁多，但占用资金很少；B类存货介于A类和C类之间。存货管理方法：A类实行分品种重点管理；B类分类别一般控制；C类按总额灵活掌握。

☞ 典型考题

(一) 单选题

1. 下列各项中，不是企业置存一定数量现金需要条件的是(　　)。

A. 交易性需要　　B. 预防性需要　　C. 投机性需要　　D. 增值性需要

2. 下列各项中，不是企业持有现金而付出的成本是(　　)。

A. 财务成本　　B. 管理成本　　C. 短缺成本　　D. 机会成本

3. 某施工企业所需甲种材料，年度采购总量为45 000千克，材料单价为500元，一次订货成本为120元，每千克材料的年平均储备成本为1.20元，该批材料的经济采购批量是(　　)。

A. 3 000千克　　B. 3 500千克　　C. 4 500千克　　D. 6 000千克

4. 某施工企业年存货需要量20万吨，每次进货量5万吨，每次订货时发生相关费用如差旅费等变动成本0.2万元，发生订货的固定成本0.4万元。该企业订货成本是(　　)。

A. 0.2万元　　B. 0.4万元　　C. 0.8万元　　D. 1.2万元

5. 对存货进行ABC分类的最基本标准是(　　)。

A. 品种数量和金额标准　　B. 品种数量标准

C. 金额标准　　D. 重量标准

（二）多选题

6. 企业现金具体包括（　　）。

A. 库存现金　　B. 银行本票　　C. 银行汇票　　D. 商业汇票

E. 各种形式的银行存款

7. 企业对其客户进行信用质量评定，以确定客户的风险等级，常用 5C 评估法重点分析影响客户信用的五大因素。下面属于五大因素的是（　　）。

A. 品质(Character)　　B. 能力(Capacity)

C. 资本(Capital)　　D. 抵押(Collateral)

E. 文化(Culture)

8. 缺货成本主要包括（　　）。

A. 停工损失　　B. 拖欠发货损失

C. 丧失销售机会损失　　D. 商誉损失

E. 原材料储存损失

☞ 参考答案

1. D；　2. A；　3. A；　4. D；　5. A；　6. ABCE；　7. ABCD；　8. ABCD

1Z103000 建设工程估价

☞ 考点分布及解析

对于具有建设工程领域专业背景的考生来说，本篇知识点的理解并没有太大的难度。但要说明的是，考试用书对一些概念和知识的解释可能与实践中大家所理解的不完全一致。此外，在 2013 年国家相关部门对工程造价构成和计价规范均做了较大的调整，与大家所熟知的目前实践中一些做法会有差异。因此，在学习中大家需要检查经验知识与书中所述知识点不一致之处，并加以特别关注，考试时按书中知识点去答题。表 3.1 是近 5 年考试中本篇各章的分数分布，可见本篇中 1Z103070 是最重要的一章，其次是 1Z103020 和 1Z103030。但必须注意到，第四版的考试用书本篇有较大改动，一是 1Z103020 章的内容按新的规定全部调整；二是 1Z103060、1Z103070 两章内容按新的规定进行了调整；三是 1Z103080 章为全新内容，标题改为了“计量与支付”，该章内容与建造师项目管理密切相关。结合历年试题分布和考试用书变化，可以预计在 2016 年的考试中，1Z103020 及 1Z103060－1Z103080 这 4 章内容将是重点。

表 3.1

年份	2011	2012	2013	2014	2015
1Z103010 建设工程项目总投资	7	6	4	4	6
1Z103020 建筑安装工程费用项目的组成与计算	8	6	4	6	4
1Z103030 建设工程定额	8	7	6	6	4
1Z103040 建设工程项目设计概算	2	3	3	2	7
1Z103050 建设工程项目施工图预算	5	3	6	4	5
1Z103060 工程量清单编制	3	4	4	3	4
1Z103070 工程量清单计价	10	14	15	7	10
1Z103080 工程量清单计价表格	0	1	0	6	12
1Z103090 国际工程投标报价	6	2	3	4	1

1Z103010 建设工程项目总投资

☞ 考点精要

“工程估价”是对建设工程项目投资所做测算的统称，但在各个阶段具体名称上有差别（表 3.2）。

表 3.2

基本建设阶段	对建设工程项目投资所做的测算
项目建议书及可行性研究阶段	投资估算
初步设计、技术设计阶段	设计概算
施工图设计阶段	施工图预算
投标阶段	投标报价
签订合同	合同价
合同实施阶段	结算价
工程竣工验收后	竣工决算价

1Z103011 建设工程项目总投资的组成

建设工程项目总投资，一般是指进行某项工程建设花费的全部费用。生产性建设工程项目总投资包括建设投资和铺底流动资金两部分；非生产性建设工程项目总投资则只包括建设投资。总投资组成如表 3.3 所示（注意：此表即本篇的知识点总纲，也是多次考到的一张表）。

表 3.3

<table>
<tr><td rowspan="7">建设工程项目总建设工程项目总投资</td><td rowspan="6">建设投资</td><td>第一部分
工程费用</td><td colspan="2">建筑安装工程费
设备及工器具购置费</td></tr>
<tr><td rowspan="3">第二部分
工程建设其他费用</td><td>土地使用费</td><td>第一类费用</td></tr>
<tr><td>建设管理费
可行性研究费
研究试验费
勘察设计费
环境影响评价费
劳动安全卫生评价费
场地准备及临时设施费
引进技术和进口设备其他费
工程保险费
特殊设备安全监督检验费
市政公用设施建设及绿化补偿费</td><td>第二类费用：
与项目建设有关的费用</td></tr>
<tr><td>联合试运转费
生产准备费
办公和生活家具购置费</td><td>第三类费用：
与未来企业生产经营有关的费用</td></tr>
<tr><td>第三部分
预备费</td><td colspan="2">基本预备费
涨价预备费</td></tr>
<tr><td colspan="3">第四部分　建设期利息</td></tr>
<tr><td colspan="4">流动资产投资——铺底流动资金</td></tr>
</table>

建设投资分为静态投资部分和动态投资部分。静态投资部分由建筑安装工程费、设备及工器具购置费、工程建设其他费和基本预备费构成。动态投资部分,包括涨价预备费、建设期利息等。

1Z103012 设备及工器具购置费的组成

设备及工器具购置费用=设备购置费用+工具、器具及生产家具购置费用

设备购置费=设备原价或进口设备抵岸价+设备运杂费

工器具及生产家具购置费=设备购置费×定额费率

从上述三式可见,设备及工器具购置费估算的关键是如何计算出设备购置费。

一、设备购置费的组成和计算

设备购置费是指为建设工程项目购置或自制的达到固定资产标准的**设备、工具、器具**的费用。

1. 国产标准设备原价

国产标准设备原价一般指的是设备制造厂的交货价,即出厂价。如设备系由设备成套公司供应,则以订货合同价为设备原价。在计算设备原价时,一般按带有备件的出厂价计算。

2. 国产非标准设备原价

非标准设备原价有多种计算方法,无论哪种方法都应使非标准设备计价的准确度接近实际出厂价。

3. 进口设备抵岸价的构成及其计算

进口设备抵岸价是指抵达买方边境港口或边境车站,且交完关税以后的价格。

(1) 进口设备的交货方式

进口设备的交货方式可分为内陆交货类、目的地交货类、装运港交货类。

装运港交货类即卖方在出口国装运港完成交货任务。主要有装运港船上交货价(FOB),习惯称为离岸价;运费在内价(CFR);运费、保险费在内价(CIF),习惯称为到岸价。

采用装运港船上交货价(FOB)时买卖双方的责任划分以船边为界。

(2) 进口设备抵岸价的构成

进口设备抵岸价 = 货价+国外运费+国外运输保险费+银行财务费+外贸手续费+进口关税+增值税+消费税

上式中的各项费用计算也是早期考试中多次考到的问题,计算公式如表 3.4 所示。不过,并不需要强记这些公式,只要记住其计算基数是什么(3、8 考的概率很小,可忽略)。另外要注意的是,题中给出的各费用数据有的是人民币为货币单位,有的是以某种外币为货币单位,一般要求的计算结果为人民币,要注意按所给汇率进行换算。

表 3.4

费用项目	计算公式或相关说明	相关说明
1. 货价		指的是装运港船上交货价(FOB)
2. 国外运费	=离岸价×运费率	指的是两国之间国际运费
3. 国外运输保险费	$=\frac{(离岸价+国际运费)}{1-国外保险费率}\times$国外保险费率	指的是两国之间国际运输保险费
4. 银行财务费	=离岸价×人民币外汇牌价×银行财务费率	
5. 外贸手续费	=到岸价×人民币外汇牌价×外贸手续费率	到岸价(CIF)=离岸价+国外运费+国外运输保险费
6. 进口关税	=到岸价×人民币外汇牌价×进口关税率	
7. 增值税	=组成计税价格×增值税率	组成计税价格=到岸价+进口关税+消费税
8. 消费税	$=\frac{到岸价\times人民币外汇牌价+关税}{1-消费税率}\times$消费税率	

【例 3.1】(2006)按人民币计算,某进口设备离岸价为 1 000 万元,到岸价 1 050 万元,银行财务费 5 万元,外贸手续费 15 万元,进口关税 70 万元,增值税税率 17%,不考虑消费税,则该设备的抵岸价为(　　)万元。

A. 1 260.00　　B. 1 271.90　　C. 1 321.90　　D. 1 330.40

【解析】此题一是考抵岸价计算,二是考增值税计算,按公式计算即可,但要注意抵岸价公式中前三项之和即为到岸价。答案为 1 050+5+15+70+(1 050+70)×17%=1 330.40。

【例 3.2】(2004)某进口设备的离岸价为 20 万美元,到岸价为 22 万美元,人民币与美元的汇率为 8.3∶1,进口关税率为 7%,则该设备的进口关税为(　　)万元人民币。

A. 1.54　　B. 2.94　　C. 11.62　　D. 12.78

【解析】只要知道关税的计税基数是到岸价就可顺利解答。答案为 22×8.3×7%=12.78。

4. 设备运杂费

(1) 设备运杂费的构成

① 国产设备由设备制造厂交货地点起至工地仓库止所发生的运费和装卸费。

进口设备则由我国到岸港口、边境车站起至工地仓库止所发生的运费和装卸费。

② 在设备出厂价格中没有包含的设备包装和包装材料器具费。

③ 供销部门的手续费,按有关部门规定的统一费率计算。

④ 建设单位(或工程承包公司)的采购与仓库保管费。

(2) 设备运杂费的计算

$$设备运杂费=设备原价(或进口设备离岸价)\times设备运杂费费率$$

二、工具、器具及生产家具购置费的构成及计算

工器具及生产家具购置费是指项目或扩建项目初步设计规定所必须购置的不够固定资产标准的设备、仪器、工卡模具、器具、生产家具和备品备件的费用。

【注意：设备或工器具是列在“设备购置费”中，还是“工器具及生产家具购置费”中的唯一区分方法是够不够固定资产标准。】

1Z103013 工程建设其他费的组成

一、土地使用费(注意由哪两项构成)

1. 农用土地征用费

农用土地征用费由土地补偿费、安置补助费、土地投资补偿费、土地管理费、耕地占用税等组成，并按被征用土地的原用途给予补偿。

2. 取得国有土地使用费

取得国有土地使用费包括：土地使用权出让金、城市建设配套费、房屋征收与补偿费等。

二、与项目建设有关的其他费用

1. 建设管理费

建设管理费是指建设单位从项目筹建开始直至工程竣工验收合格或交付使用为止发生的项目建设管理费用。费用内容有3项(**注意哪3项**)：

(1) 建设单位管理费

建设单位管理费是指建设单位发生的管理性质的开支。如建设管理采用工程总承包方式，其总包管理费由建设单位与总包单位根据总包工作范围在合同中商定，从建设管理费中支出。

建设单位管理费＝工程费用×建设单位管理费费率

工程费用是由哪两项构成？见表3.3。

(2) 工程监理费

(3) 工程质量监督费

工程质量监督费是指工程质量监督检验部门检验工程质量而收取的费用。

2. 可行性研究费

3. 研究试验费

研究试验费是指为本建设工程项目提供或验证设计数据、资料等进行必要的研究试验及按照设计规定在建设过程中必须进行试验、验证所需的费用。

研究试验费不包括应在建筑安装费用中列支的施工企业对建筑材料、构件和建筑物进行一般鉴定、检查所发生的费用及技术革新的研究试验费(此项费用见1Z103021)。

4. 勘察设计费，包括3项费用：

(1) 工程勘察费；

(2) 初步设计费(基础设计费)、施工图设计费(详细设计费)；

(3) 设计模型制作费。

5. 环境影响评价费

6. 劳动安全卫生评价费

7. 场地准备及临时设施费

场地准备及临时设施费是指建设场地准备费和建设单位临时设施费。

【注意:此项费用不包括已列入建筑安装工程费用中的施工单位临时设施费用(参见1Z103021)。】

$$场地准备和临时设施费 = 工程费用 \times 费率 + 拆除清理费$$

8. 引进技术和进口设备其他费

引进技术及进口设备其他费用,包括出国人员费用、国外工程技术人员来华费用、技术引进费、分期或延期付款利息、担保费以及进口设备检验鉴定费(**付给商品检验部门**)。

9. 工程保险费

包括建筑安装工程一切险、进口设备财产保险和人身意外伤害险等。不包括已列入施工企业管理费中的施工管理用财产、车辆保险费。不投保的工程不计取此项费用。

10. 特殊设备安全监督检验费

特殊设备安全监督检验费是指在施工现场组装的锅炉及压力容器、电梯等特殊设备和设施,应由建设工程项目(建设单位)向安全监察部门缴纳的费用。

11. 市政公用设施建设及绿化补偿费

三、与未来企业生产经营有关的其他费用(注意哪3项)

1. 联合试运转费

联合试运转费是指进行整个生产线或装置的负荷联合试运转或局部联动试车所发生的费用净支出(试运转支出大于收入的差额部分费用)。注意以下几点:

(1) 施工单位参加试运转人员工资计在联合试运转费中。

(2) 不发生试运转或试运转收入大于(或等于)费用支出的工程,不列此项费用。

(3) 联合试运转费不包括应由设备安装工程费用开支的调试及试车费用,以及在试运转中暴露出来的因施工原因或设备缺陷等发生的处理费用。

2. 生产准备费

$$生产准备费 = 设计定员 \times 生产准备费指标(元/人)$$

3. 办公和生活家具购置费【生产家具费用计在哪了? 见1Z103012】

1Z103014 预备费的组成

一、基本预备费

基本预备费是指在项目实施中可能发生难以预料的支出,需要预先预留的费用,又称不可预见费。主要指设计变更及施工过程中可能增加工程量的费用。计算公式为:

$$基本预备费 = (设备及工器具购置费 + 建筑安装工程费 + 工程建设其他费) \times 基本预备费率$$

二、涨价预备费

涨价预备费是指建设工程项目在建设期内由于价格等变化引起投资增加,需要事先预留的费用。涨价预备费以**建筑安装工程费、设备及工器具购置费**之和(**两者之和又叫什么**)为计算基数。

这里有下面重要考点(对照表 3.3 看,加深印象):

1. **预备费由哪两项构成?**

2. **两项预备费的计算基数差异(特别重要)。**

3. **涨价预备费计算(会做例 3.3 就行)。**

【例 3.3】(2011)某建设工程项目在建设初期估算的建筑安装工程费、设备及工器具购置费为 5 000 万元,按照项目进度计划,建设期为 2 年,第 1 年投资 2 000 万元,第 2 年投资 3 000 万元,预计建设期内价格总水平上涨率为每年 5%,则该项目的涨价预备费估算是(　　)万元。

A. 250.00　　B. 307.50　　C. 407.50　　D. 512.50

【解析】各年涨价预备费如下:

第 1 年:$2000\times[(1+5\%)^1-1]=100$;第二年:$3000\times[(1+5\%)^2-1]=307.5$;

则该项目的涨价预备费为 100+307.5=407.5(万元)。

如果题目是说有 3 年建设期,还要算第 3 年的,照上面方法计算就行。

【注意:此题有可能的变化:一是多给出工程建设其他费,注意不能将其作为计费基数;二是可能只问其中某年的,如问第 2 年的,只需要计算第 2 年的即可。】

1Z103015 建设期利息的计算

建设期利息是指项目借款在建设期内发生并计入固定资产的利息。**此计算考的频率较高,**计算公式如下**(公式无需强记,学会做例题,自然可掌握)**:

$$\text{建设期各年应计利息}=\left(\text{年初借款本息累计}+\frac{\text{本年借款额}}{2}\right)\times\text{年利率}$$

【例 3.4】(2013)编制某工程项目投资估算时,项目建设期 2 年,第一年贷款 800 万元,第二年贷款 600 万元,贷款年利率 10%,则该项目建设期利息总和为(　　)万元。

A. 154　　B. 114　　C. 140　　D. 144

【解析】第 1 年利息:$\left(0+\frac{800}{2}\right)\times 10\%=40$;

第 2 年利息:$\left[(800+40)+\frac{600}{2}\right]\times 10\%=114$

则建设期利息总和为 40+114=154(万元)。

【注意:此题可能的变化:一是只要求计算某年利息;二是先需要考生计算出年有效利率再按上面方法计算,如例 3.4 改为"年利率 10%,按季计息",这时 10%是名义利率,需要按 1Z101010 中相应公式换算为有效利率计算(当然这样考的概率并不太大)。】

☞ 典型考题

(一) 单选题

1. 按人民币计算,某进口设备的离岸价 1 000 万元,到岸价 1 050 万元,银行财务费 5 万元,外贸手续费费率为 1.5%,则该设备的外贸手续费为(　　)万元。

A. 15.00　　B. 15.75　　C. 16.65　　D. 17.33

2. 业主为验证桥梁的安全性，要求承包商对模拟桥梁进行破损性试验发生的费用属于（　　）。

A. 业主方的研究试验费　　B. 业主方的建设单位管理费

C. 业主方的勘察设计费　　D. 承包方的检验试验费

3. 单台设备安装后的调试费属于（　　）。

A. 安装工程费　B. 建筑工程费　C. 设备购置费　D. 工程建设其他费

4. 某工程的设备及工器具购置费为1 000万元，建筑安装工程费为1 300万元，工程建设其他费为600万元，基本预备费率为5%。该项目的基本预备费为（　　）万元。

A. 80　B. 95　C. 115　D. 145

5. 某拟建项目的建筑安装工程费为1 000万元，设备及工器具购置费为600万元，工程建设其他费为300万元，则该项目涨价预备费的计算基数为（　　）万元。

A. 1 000　B. 1 300　C. 1 600　D. 1 900

6. 在建设工程投资估算中，建设期贷款利息按（　　）×年利率计算。

A. 年初借款本息累计＋本年借款额　　B. 年初借款本息累计＋本年借款额/2

C. 年初借款本息累计－本年借款额　　D. 年初借款本息累计－本年借款额/2

7. 下列费用中，不属于工程建设其他费用的是（　　）。

A. 土地使用管理费B. 勘察设计费　C. 建筑安装工程费　D. 联合试运转费

8. 下列各项中，不属于研究试验费的是（　　）。

A. 为建设工程项目提供或验证设计数据进行必要的研究试验所需费用

B. 按照设计规定在建设过程中必须进行试验、验证所需费用

C. 为建设工程项目提供或验证设计资料进行必要的研究试验所需费用

D. 施工企业建筑材料、构件进行一般性鉴定性检查所发生的费用

9. 下列不属于勘察设计费的是（　　）。

A. 工程勘察费　B. 初步设计费　C. 设计模型制作费　D. 安装设计费

10. 下列各项中，属于联合试运转费用的是（　　）。

A. 设备调试费　B. 试车费　C. 设备缺陷处理费　D. 试运转材料费

11. 某建设项目，建筑工程费2 000万元，设备及工器具购置费500万元，安装工程费为300万元，工程建设其他费用为150万元，基本预备费100万元，该项目建设期为2年，第一年计划投资40%，第二年计划投资60%，年价格上涨率为5%。则该项目的涨价预备费为（　　）。

A. 56万元　B. 172.2万元　C. 228.2万元　D. 248.6万元

12. 某建设项目，建设期为2年，第一年贷款100万元，第二年贷款200万元，贷款年利率为10%。则该项目第二年的建设期利息为（　　）。

A. 5万元　B. 20.5万元　C. 25.5万元　D. 35.5万元

13. 建设单位管理人员工资属于（　　）。

A. 建筑工程费　　B. 安装工程费

C. 市政工程费　　D. 工程建设其他费用

14. 在工程施工过程中，工程质量监督检验部门检验工程质量而收取的费用属于（　　）。

A. 建设单位管理费　　B. 施工单位管理费

C. 建设管理费　　D. 安全监督检验费

15. 某工程安装了一台进口电梯，完工后由安全监察部门进行检验。建设单位向该部门缴纳的费用是（　　）。

A. 工程质量监督费　　B. 特殊设备安全监督检验费

C. 设备调试费　　D. 进口设备检验鉴定费

（二）多选题

16. 建设工程项目总投资组成中，工程建设其他费包括（　　）。

A. 失业保险费　B. 工程监理费　C. 研究试验费　D. 生活家具购置费

E. 生产家具购置费

17. 在下列各项中，属于工程项目建设投资的有（　　）。

A. 建设期利息　　B. 设备及工器具购置费

C. 预备费　　D. 流动资产投资

E. 工程建设其他费

18. 下列不属于取得国有土地使用费的是（　　）。

A. 城市建设配套费　　B. 安置补助费

C. 土地管理费　　D. 土地使用权出让金

E. 临时安置补助费

19. 计算进口产品增值税时，构成增值税计税价格的项目包括（　　）。

A. 到岸价　B. 离岸价　C. 进口关税　D. 外贸手续费

E. 消费税

20. 下列与涨价预备费相关的项目包括（　　）。

A. 建筑安装工程费　　B. 设备及工器具购置费

C. 工程建设其他费　　D. 价格上涨指数

E. 建设期

☞ 参考答案

1. B； 2. A； 3. A； 4. D； 5. C； 6. B； 7. C； 8. D； 9. D； 10. D； 11. C； 12. B； 13. D； 14. C； 15. B； 16. BCD； 17. ABCE； 18. BC； 19. ACE； 20. ABDE

1Z103020 建筑安装工程费用项目的组成与计算

☞ 考点精要

1Z103021 按费用构成要素划分的建筑安装工程费用项目组成

图 3.1 中，图的右边“分部分项工程费”、“措施项目费”等等，表示这些费用项目中均应包

括人工费、材料费、施工机具使用费、企业管理费和利润等费用。注意，图中的“材料费”包含“工程设备费”（下文同此，不再交代）。

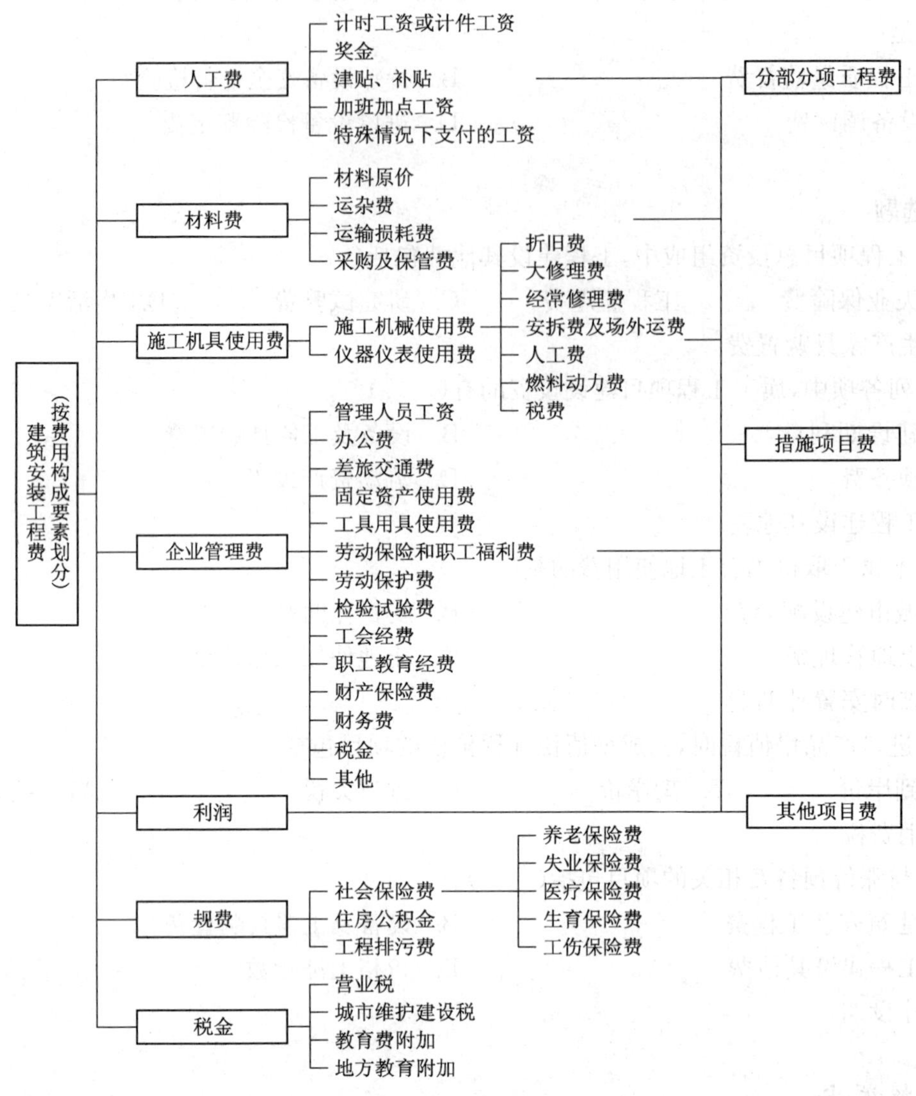

图 3.1 （引自考试用书图 1Z103021）

一、人工费

人工费是指按工资总额构成规定，支付给从事建筑安装工程施工的生产工人和附属生产单位工人的各项费用。图 3.1 中的人工费构成中：1. 奖金是指对超额劳动和增收节支支付给个人的劳动报酬（如节约奖、劳动竞赛奖等）；2. 津贴补贴是指为了补偿职工特殊或额外的劳动消耗等支付给个人的津贴（如流动施工津贴、特殊地区施工津贴、高温（寒）作业临时津贴、高空津贴等），以及物价补贴；3. 特殊情况下支付的工资是指按政策规定，因病、工伤、产假等各种假及停工学习期间、执行国家或社会义务等期间支付的工资。

二、材料费

材料费是指施工过程中耗费的原材料、辅助材料、构配件、零件、半成品或成品、工程设备的费用。内容包括：

1. 材料原价：是指材料、工程设备的出厂价格或商家供应价格。

2. 运杂费：是指材料、工程设备自来源地运至工地仓库或指定堆放地点所发生的全部费用。

3. 运输损耗费：是指材料在运输装卸过程中不可避免的损耗。

4. 采购及保管费：包括采购费、仓储费、工地保管费、仓储损耗。

工程设备是指构成或计划构成永久工程一部分的设备、仪器装置等设备和装置。

三、施工机具使用费

施工机具使用费是指施工作业所发生的施工机械、仪器仪表使用费或其租赁费。内容包括：

1. 施工机械使用费：施工机械台班单价由图 3.1 所列七项费用组成，其中：(1) 大修理费是指按规定的大修理间隔台班进行必要的大修理，以恢复其正常功能所需的费用；(2) 经常修理费是指施工机械除大修理以外的各级保养和临时故障排除所需的费用；(3) 人工费是指机上司机(司炉)和其他操作人员的人工费；(4) 税费是指施工机械按照规定应缴纳的车船使用税、保险费及年检费等。

2. 仪器仪表使用费：是指工程施工所需使用的仪器仪表的摊销及维修费用。

四、企业管理费

企业管理费是指建筑安装企业组织施工生产和经营管理所需的费用。企业管理费构成如图 3.1 所示，注意各项构成大多与**企业管理**有关，其中：1. 差旅交通费是指职工因公出差、调动工作的差旅费，探亲路费，退休、退职一次性路费，工伤就医路费，工地转移费以及管理部门使用的交通工具的油料、燃料等费用；2. 固定资产使用费是指管理和试验部门及附属生产单位使用的固定资产的折旧、大修、维修或租赁费；3. 工具用具使用费是指企业施工生产和管理使用的不属于固定资产的工具、器具等的购置、维修和摊销费；4. 劳动保险和职工福利费是指由企业支付的职工退职金、集体福利费、夏季防暑降温、冬季取暖补贴、上下班交通补贴等；5. 劳动保护费是企业按规定发放的劳动保护用品的支出；**6. 检验试验费是指施工企业按照有关标准规定，对建筑以及材料、构件和建筑安装物进行一般鉴定、检查所发生的费用，包括自设试验室进行试验所耗用的材料等费用。不包括新结构、新材料的试验费，对构件做破坏性试验及其他特殊要求检验试验的费用和发包人委托检测机构进行检测的费用，对此类检测发生的费用，由发包人在工程建设其他费用中列支。但对施工企业提供的具有合格证明的材料进行检测其结果不合格的，该检测费用由施工企业支付。**7. 财产保险费是指施工管理用财产、车辆等的保险费用。8. 税金是指企业按规定缴纳的房产税、车船使用税、土地使用税、印花税等。9. 其他，包括投标费、业务招待费等等。

五、利润

利润是指施工企业完成所承包工程获得的盈利。

六、规费

规费是指按国家法规规定，由省级政府和省级有关权力部门规定必须缴纳或计取的费用，构成见图 3.1。

七、税金

税金是指国家税法规定的应计入建筑安装工程造价内的 4 项税，见图 3.1。

1Z103022 按造价形成划分的建筑安装工程费用项目组成

图 3.2 右边的“人工费”、“材料费”等等均表示在左边的“分部分项工程费”、“措施项目费”中。

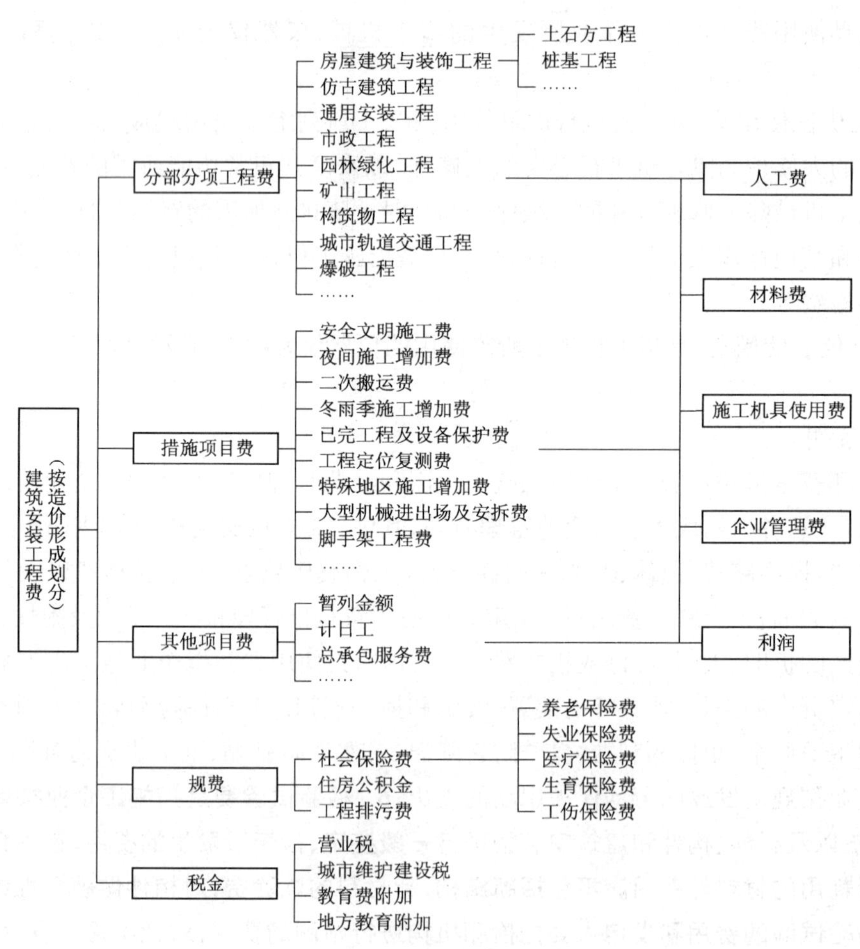

图 3.2 （引自考试用书图 1Z103022）

一、分部分项工程费

分部分项工程费是指各专业工程（房屋建筑与装饰工程、市政工程等等）的分部分项工程（土石方工程、桩基工程等等）应予列支的各项费用（**人工费、材料费等** 5 **项**）。

二、措施项目费

措施项目费是指为完成建设工程施工，发生于该工程施工前和施工过程中的技术、生活、安全、环境保护等方面的费用。其构成如图3.2所示，其中的“安全文明施工费”包括：1. 环境保护费；2. 文明施工费；3. 安全施工费；4. **临时设施费是指施工企业为进行建设工程施工所必须搭设的生活和生产用的临时建筑物、构筑物和其他临时设施费用。包括临时设施的搭设、维修、拆除、清理费或摊销费等。**

三、其他项目费

1. 暂列金额：是指发包人在工程量清单中暂定并包括在工程合同价款中的一笔款项。用于施工合同签订时尚未确定或者不可预见的所需材料、工程设备、服务的采购，施工中可能发生的工程变更、合同约定调整因素出现时的工程价款调整以及发生的索赔、现场签证确认等的费用。

2. 计日工：是指在施工过程中，承包人完成发包人提出的施工图纸以外的零星项目或工作所需的费用。

3. 总承包服务费：是指总承包人为配合、协调发包人进行的专业工程发包，对发包人自行采购的材料、工程设备等进行保管以及施工现场管理、竣工资料汇总整理等服务所需的费用。

1Z103023 建筑安装工程费用计算方法

一、各费用构成要素计算方法如下：

1. 人工费

(1) 投标报价时自主确定人工费：

$$人工费=\sum(工日消耗量\times日工资单价)$$

上式主要适用于施工企业投标报价时自主确定人工费，也是**工程造价管理机构编制计价定额**确定定额人工单价或发布人工成本信息的**参考依据**。

(2) 管理机构确定定额人工费：

$$人工费=\sum(工程工日消耗量\times日工资单价)$$

上式适用于**工程造价管理机构编制计价定额时确定定额人工费**，是施工企业投标报价的参考依据。

日工资单价是指施工企业平均技术熟练程度的生产工人在国家法定工作时间内从事施工作业应得的日工资总额。

2. 材料费

(1) 材料费：

$$材料费=\sum(材料消耗量\times材料单价)$$

$$材料单价=[(材料原价+运杂费)\times(1+运输损耗率(\%))]\times(1+采购保管费率(\%))$$

(2) 工程设备费：

$$工程设备费=\sum(工程设备量\times工程设备单价)$$

$$工程设备单价=(设备原价+运杂费)\times(1+采购保管费率(\%))$$

3. 施工机械使用费：

$$施工机械使用费 = \sum(施工机械台班消耗量 \times 机械台班单价)$$

$$机械台班单价 = 台班折旧费 + 台班大修费 + 台班经常修理费 + 台班安拆费及场外运费 + 台班人工费 + 台班燃料动力费 + 台班车船税费$$

工程造价管理机构在确定计价定额中的施工机械使用费时，应根据《建筑施工机械台班费用计算规则》结合市场调查编制施工机械台班单价。**施工企业可以参考工程造价管理机构发布的台班单价，自主确定施工机械使用费的报价。**

(1)折旧费计算公式为：

$$台班折旧费 = \frac{机械预算价格 \times (1 - 残值率)}{耐用总台班数}$$

$$耐用总台班数 = 折旧年限 \times 年工作台班$$

(2) 大修理费计算公式如下：

$$台班大修理费 = \frac{一次大修理费 \times 大修次数}{耐用总台班数}$$

【例 3.5】(2011)某施工企业购买一台新型挖土机械，价格为 50 万元，预计使用寿命为 2000 台班，预计净残值为购买价格的 3%，若按工作量法折旧，该机械每工作台班折旧费应为(　　)元。

A. 242.50　　B. 237.50　　C. 250.00　　D. 257.70

【解析】答案：A

4. 企业管理费费率

企业管理费费率确定有 3 种方法：(1) 以分部分项工程费为计算基础；(2) 以人工费和机械费合计为计算基础；(3) 以人工费为计算基础。这些方法的计算公式挺繁琐，不要硬记，只要理解：计算管理费率，分子是管理费；以什么为基础，那该基础即为分母。相关计算可根据题意，当应用题求解就可。

【例 3.6】(2015)某施工企业投标报价时确定企业管理费率以人工费为基础计算，据统计资料，该施工企业生产工人年平均管理费为 1.2 万元，年有效施工天数为 240 天，人工单价为 300 元/天，人工费占分部分项工程费的比例为 75%，则该企业的企业管理费费率应为(　　)。

A. 12.15%　　B. 12.50%　　C. 16.67%　　D. 22.22%

【解析】题目明确以人工费为基础，则人工费作为分母，分子则企业管理费，即可求出。

$$\frac{12\,000}{300 \times 240} \times 100\% = 16.67\%$$

上例中，如果改成以分部分项工程费为计算基础计算企业管理费费率，则分母应为分部分项工程费(生产工人年均)：300×240/75%=96 000(元)，则企业管理费费率为 12 000/96 000=12.5%。

上述方法适用于施工企业投标报价时自主确定管理费，是工程造价管理机构编制计价定额确定企业管理费的参考依据。工程造价管理机构在确定计价定额中企业管理费时，应以定额人工费或(定额人工费+定额机械费)作为计算基数，其费率根据历年工程造价积累的资料，列入分部分项工程和措施项目中。

5. 利润

(1) 施工企业根据企业自身需求并结合建筑市场实际自主确定，列入报价中。

(2) 工程造价管理机构在确定计价定额中利润时，应以定额人工费或定额人工费与定额机械费之和作为计算基数，其费率根据历年工程造价积累的资料，并结合建筑市场实际确定，利润在税前建筑安装工程费的比重可按不低于5%且不高于7%的费率计算。利润应列入分部分项工程和措施项目中。

6. 规费与税金计算

$$社会保险费和住房公积金 = \sum(工程定额人工费 \times 社会保险费率和住房公积金费率)$$

$$税金 = 税前造价 \times 综合税率(\%)$$

规费和税金的计价方法见表3.5。

表 3.5

序号	项目名称	计算基础
1	规　　费	定额人工费
1.1	社会保障费	定额人工费
1.2	住房公积金	定额人工费
1.3	工程排污费	按工程所在地环境保护部门的收取标准，按实计入
2	税　　金	分部分项工程费＋措施项目费＋其他项目费＋规费－按规定不计税的工程设备金额

二、建筑安装工程计价公式

1. 分部分项工程费

$$分部分项工程费 = \sum(分部分项工程量 \times 综合单价)$$

【注意：综合单价包括人工费、材料费、施工机具使用费、企业管理费和利润以及一定范围的风险费用(下同)。】

2. 措施项目费(见表3.6，要点是各项费用的计算基数)

表 3.6

类型		计算公式	计算基数
1. 计量规范规定应予计量的措施项目		＝∑(措施项目工程量×综合单价)	
2. 计量规范规定不宜计量的措施项目	(1)安全文明施工费	＝计算基数×安全文明施工费费率(%)	定额基价 (或)定额人工费 (或)定额人工费＋定额机械费
	(2)夜间施工增加费	＝计算基数×夜间施工增加费费率(%)	定额人工费 (或)定额人工费＋定额机械费
	(3)二次搬运费	＝计算基数×二次搬运费费率(%)	
	(4)冬雨季施工增加费	＝计算基数×冬雨季施工增加费费率(%)	
	(5)已完工程及设备保护费	＝计算基数×已完工程及设备保护费费率(%)	

【注意：表3.6中，定额基价＝定额分部分项工程费＋定额中可以计量的措施项目费】

3. 其他项目费

（1）暂列金额由发包人根据工程特点，按有关计价规定估算，施工过程中由发包人掌握使用、扣除合同价款调整后如有余额，归发包人。

（2）计日工由发包人和承包人按施工过程中的签证计价。

（3）总承包服务费由发包人在招标控制价中根据总包服务范围和有关计价规定编制，承包人投标时自主报价，施工过程中按签约合同价执行。

4. 规费和税金

发包人和承包人均应按照省、自治区、直辖市或行业建设主管部门发布的标准计算规费和税金，**不得作为竞争性费用。**

1Z103024 建筑安装工程计价程序

发包人工程招标控制价计价程序见表 3.7，承包人工程投标报价计价程序见表 3.8，竣工结算计价程序见表 3.9。**对比表 3.7～表 3.9，注意三者之间的差别。**

表 3.7

序号	内　容	计算方法	金额
1	分部分项工程费	按计价规定计算	
2	措施项目费	按计价规定计算	
2.1	其中：安全文明施工费	按规定标准计算	
3	其他项目费		
3.1	其中：暂列金额	按计价规定估算	
3.2	其中：专业工程暂估价	按计价规定估算	
3.3	其中：计日工	按计价规定估算	
3.4	其中：总承包服务费	按计价规定估算	
4	规费	按规定标准计算	
5	税金（扣除不列入计税范围的工程设备金额）	（1＋2＋3＋4）×规定税率	
招标控制价合计＝1＋2＋3＋4＋5			

表 3.8

序号	内　容	计算方法	金额
1	分部分项工程费	自主报价	
2	措施项目费	自主报价	
2.1	其中：安全文明施工费	按规定标准计算	
3	其他项目费		
3.1	其中：暂列金额	按招标文件提供金额计列	
3.2	其中：专业工程暂估价	按招标文件提供金额计列	
3.3	其中：计日工	自主报价	
3.4	其中：总承包服务费	自主报价	
4	规费	按规定标准计算	
5	税金（扣除不列入计税范围的工程设备金额）	（1＋2＋3＋4）×规定税率	
投标报价合计＝1＋2＋3＋4＋5			

表 3.9

序号	汇总内容	计算方法	金额
1	分部分项工程费	按合同约定计算	
2	措施项目	按合同约定计算	
2.1	其中:安全文明施工费	按规定标准计算	
3	其他项目		
3.1	其中:专业工程结算价	按合同约定计算	
3.2	其中:计日工	按计日工签证计算	
3.3	其中:总承包服务费	按合同约定计算	
3.4	索赔与现场签证	按发承包双方确认数额计算	
4	规费	按规定标准计算	
5	税金(扣除不列入计税范围的工程设备金额)	(1+2+3+4)×规定税率	
竣工结算总价合计=1+2+3+4+5			

【例 3.7】(引自考试用书例 1Z103024)某高层商业办公综合楼工程建筑面积为 90 586 m^2。根据计算,建筑工程造价为 2 300 元/m^2,安装工程造价为1 200 元/m^2,装饰装修工程造价为1 000 元/m^2,其中定额人工费占分部分项工程造价的 15%。措施费以分部分项工程费为计费基础,其中安全文明施工费费率为 1.5%,其他措施费费率合计 1%。其他项目费合计 800 万,规费费率为 8%,税率 3.41%,计算招标控制价。

【解析】

序号	内　容	计算方法	金 额(万元)
1	分部分项工程费	(1.1+1.2+1.3)	40 763.7
1.1	建筑工程	90 586×2 300	20 834.78
1.2	安装工程	90 586×1 200	10 870.32
1.3	装饰装修工程	90 586×1 000	9 058.6
2	措施项目费	分部分项工程费×2.5%	1 019.092 5
2.1	其中:安全文明施工费	分部分项工程费×1.5%	611.455 5
3	其他项目费		800
4	规费	分部分项工程费×15%×8%	489.16
5	税金(扣除不列入计税范围的工程设备金额)	(1+2+3+4)×3.41%	1 468.75
招标控制价合计 =(1+2+3+4+5)= 44 540.6 万元			

考试的计算题将会简化该例,要求算其中一项,或直接给出多项费用,只要求算很少的项目,要求计算出总价。**另一个要注意的变化是,试题中可能会给出"不列入计税范围的工程设备金额",在计算税金时要记得扣除。**

☞ 典型考题

(一) 单选题

1. 根据现行规定,按造价形成划分的建筑安装工程费用组成包括(　　)、规费和税金等。

   A. 直接费、间接费、计划利润

   B. 直接工程费、间接费、利润

C. 人工费、材料费、施工机具使用费、企业管理费、利润

D. 分部分项工程费、措施项目费、其他项目费

2. 建筑安装工程费用中的人工费包括支付给(　　)的各项费用。

A. 施工现场机械操作人员

B. 施工现场的所有工作人员

C. 从事建筑安装工程施工的生产和管理人员

D. 从事建筑安装工程施工的生产工人

3. 下列费用项目中(　　)含有施工企业对建筑材料进行一般鉴定、检查费用。

A. 材料费　　B. 施工机具使用费

C. 研究试验费　　D. 措施项目费

4. 仓储损耗费包含在(　　)中。

A. 运输损耗费　　B. 检验试验费　　C. 采购及保管费　　D. 企业管理费

5. 建筑安装工程费用中,安全文明施工费=(　　)×安全施工费费率。

A. 定额分部分项工程费费　　B. 定额人工费

C. 定额机械费　　D. 定额措施费

6. 建筑安装工程费用中的规费不包括(　　)费用。

A. 劳动保险费　　B. 住房公积金　　C. 工程排污费　　D. 生育保险费

7. 施工企业试验部门使用达到固定资产标准的设备的折旧、大修、维修或租赁费列在(　　)费用中。

A. 施工机具使用费　　B. 工具用具使用费　　C. 检验试验费　　D. 企业管理费

8. 某工程分部分项工程费 5 500 万元(其中,不列入计税范围的工程设备费用为 1 000 万元),措施项目费 300 万元,其他项目费 100 万元,规费 100 万元,企管费费率 10%,利润率 5%,综合税率为 3.48%,则该工程招标控制价为(　　)万元。

A. 6 174　　B. 6 449　　C. 6 724　　D. 6 999

9. 规费是不可竞争费用,所以在招标控制价、施工企业投标报价和竣工结算价中该项费用(　　)。

A. 金额相等　　B. 在投标报价中金额最低

C. 在竣工结算价中金额最高　　D. 上述三种情况都有可能

10. 支付给建筑安装工程施工的生产工人流动施工津贴计在(　　)中。

A. 企业管理费中的劳动保险费　　B. 企业管理费中的差旅交通费

C. 人工费　　D. 规费

(二) 多选题

11. 下列各项中属于建筑安装工程费用的施工机具使用费有(　　)。

A. 施工机械折旧费　　B. 施工使用仪器摊销及维修费

C. 大型机械进出场及安拆费　　D. 施工机械保险费

E. 施工机械操作人员的工资

12. 无论是招标控制价、投标报价的计算,还是竣工结算,下列(　　)必须按规定标准或税率进

行计算。

A. 暂列金额　B. 营业税　C. 工程排污费　D. 环境保护费

E. 已完工程及设备保护费

13. 在计算(　　)时,需要列入暂列金额项目。

A. 投资估算　B. 设计概算　C. 招标控制价　D. 投标报价

E. 竣工结算价

14. 建筑安装工程费用中的材料费包括(　　)。

A. 材料供应价　B. 工程设备供应价

C. 工程设备工地仓库保管费　D. 材料二次搬运费

E. 脚手架工程费

15. 企业管理费费率确定方法有(　　)。

A. 以机械费为计算基础

B. 以人工费和机械费之和为计算基础

C. 以分部分项工程费和措施项目费为计算基础

D. 以分部分项工程费为计算基础

E. 以人工费为计算基础

☞ 参考答案

1. D; 2. D; 3. D; 4. C; 5. B; 6. A; 7. D; 8. A; 9. D; 10. C; 11. ABDE; 12. BCD; 13. CD; 14. ABC; 15. BDE

1Z103030 建设工程定额

☞ 考点精要

1Z103031 建设工程定额的分类(表 3.10)

表 3.10 中各定额分类的相关重要考点进行对比学习,加深印象,易于记忆。

表 3.10

按何分类	分为哪几类	相关重要考点
1. 按生产要素内容分类	(1)人工定额	也称劳动定额,是指在正常的施工技术和组织条件下,完成单位合格产品所必需的人工消耗量标准
	(2) 材料消耗定额	指在合理和节约使用材料的条件下,生产单位合格产品所必须消耗的一定规格的材料、成品、半成品和水、电等资源的数量标准
	(3) 施工机械台班使用定额	也称施工机械台班消耗定额,是指机械在正常施工条件下完成单位合格产品所必需的工作时间

续表 3.10

按何分类	分为哪几类	相关重要考点
2. 按编制程序和用途分类	(1) 施工定额	它是以同一性质的施工过程——工序作为研究对象，它是施工企业内部使用的一种定额，属于企业定额的性质，它是建设工程定额中分项最细、定额子目最多的一种定额，也是建设工程定额中的基础性定额，它是编制预算定额的基础
	(2) 预算定额	是以建筑物或构筑物各个分部分项工程为对象编制的定额，它是以施工定额为基础综合扩大编制的，也是编制概算定额的基础，它是编制施工图预算的主要依据，它是社会性的
	(3) 概算定额	概算定额是以扩大的分部分项工程为对象编制的，它是编制扩大初步设计概算、确定建设项目投资额的依据，它一般是在预算定额基础上综合扩大而成的
	(4) 概算指标	是概算定额的扩大与合并，它是以整个建筑物和构筑物为对象，一般是在概算定额和预算定额的基础上编制的，是编制设计概算的依据，也作为编制估算指标的基础
	(5) 投资估算指标	通常是以独立的单项工程或完整的工程项目为对象，是编制投资估算的依据
3. 按编制单位和适用范围分类	(1) 国家定额 (2) 行业定额 (3) 地区定额 (4) 企业定额	
4. 按投资的费用性质分类	建筑工程定额、设备安装工程定额、建筑安装工程费用定额、工器具定额以及工程建设其他费用定额等	

1Z103032 人工定额的编制

一、人工定额的编制

编制人工定额主要包括拟定正常的施工条件以及拟定定额时间两项工作，但拟定定额时间的前提是对工人工作时间按其消耗性质进行分类研究。

工人工作时间消耗的分类见图 3.3。掌握图 3.3 的各分类，这是近年来多次考到的问题。

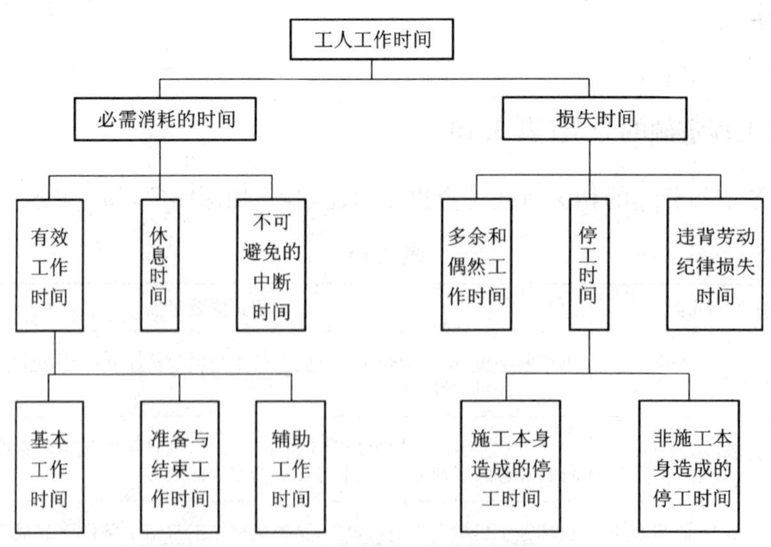

图 3.3 (引自考试用书图 1Z103032)

必需消耗的时间是制定定额的主要依据，而损失时间在定额中一般不予考虑，**但要特别注意 2 点：(1) 偶然工作时间**能获得一定产品，拟定定额时要**适当考虑它的影响**；(2) **非施工本身造成的停工时间**是由于水源、电源中断引起的停工时间，在定额中则应**给予合理的考虑**。

二、人工定额的形式

按表现形式的不同，人工定额可分为时间定额和产量定额两种形式。

按定额的标定对象不同，人工定额又分单项工序定额和综合定额两种。

时间定额——某种专业、某种技术等级工人班组或个人，在合理的劳动组织和合理使用材料的条件下，完成单位合格产品所必需的工作时间。时间定额以工日为单位，每一工日按八小时计算。例如，砌 1 立方米一砖厚的混水砖内墙，仅砌砖工序时间定额为 0.482 工日（单项工序定额），如再加上调制砂浆、运输砖和砂浆工序时间，综合定额为 1.02 工日。

产量定额（每工产量）——在合理的劳动组织和合理使用材料的条件下，某种专业、某种技术等级的工人班组或个人在单位工日中所应完成的合格产品的数量。例如，砌一砖厚的混水砖内墙，一个瓦工每工日可砌墙 2.075 立方米。

时间定额与产量定额互为倒数。

人工定额用复式表示法同时列出时间定额和产量定额：$\frac{\text{时间定额}}{\text{每工产量}}$

三、人工定额的制定方法（表 3.11）

表 3.11

有哪些方法	考点：方法适用条件，或判断是什么方法
1. 技术测定法	对施工过程中各工序采用测时法、写实记录法、工作日写实法，测出各工序的工时消耗
2. 统计分析法	用过去施工生产中的同类工程或同类产品的工时消耗的统计资料，进行统计分析的方法； 适用于施工条件正常、产品稳定、工序重复量大和统计工作制度健全的施工过程
3. 比较类推法	对于同类型产品规格多、工序重复、工作量小的施工过程，常用比较类推法
4. 经验估计法	根据定额专业人员、经验丰富的工人和施工技术人员的实际工作经验，叫做经验估计法； 经验估计法通常作为一次性定额使用

1Z103033 材料消耗定额的编制

一、材料消耗定额的编制

编制材料消耗定额，主要包括确定直接使用在工程上的材料净用量和在施工现场内运输及操作过程中的不可避免的废料和损耗。例如，浇筑 1 m^3 混凝土梁需要消耗 1.025 m^3 混凝土，多出的 0.025 m^3 就是损耗。

1. 材料净用量的确定

材料净用量的确定方法：(1) 理论计算法；(2) 测定法；(3) 图纸计算法；(4) 经验法。

2. 材料损耗量的确定

材料的损耗一般以损耗率表示。材料损耗率可以通过观察法或统计法计算确定。

$$损耗率 = \frac{损耗量}{净用量} \times 100\%$$

$$总消耗量 = 净用量 + 损耗量 = 净用量 \times (1 + 损耗率)$$

二、周转性材料消耗定额的编制

定额中周转材料消耗量用一次使用量和摊销量两个指标表示。一次使用量是指周转材料在不重复使用时的一次使用量，供施工企业组织施工用；摊销量是指周转材料退出使用，应分摊到每一计量单位的结构构件的周转材料消耗量，供施工企业成本核算或投标报价使用。

1Z103034 施工机械台班使用定额的编制

一、施工机械台班使用定额的形式

1. 施工机械时间定额

施工机械时间定额指在合理劳动组织与合理使用机械条件下，完成单位合格产品所必需的工作时间。机械时间定额以"台班"表示，即一台机械工作一个作业班时间。一个作业班时间为 8 小时。

【例 3.8】（引自考试用书）斗容量 1 m^3 正铲挖土机，挖四类土，装车，深度在 2 m 内，小组成员两人，机械台班产量为 4.76（定额单位 100 m^3），则：

挖 100 m^3 的机械时间定额为 $\frac{1}{4.76} = 0.21$（台班）

由于挖土机作业时需要机下配合的工人小组（负责清底、平地、修坡的人员），所以也应同时列出机械的人工时间定额，挖 100 m^3 的人工时间定额为 $\frac{2}{4.76} = 0.42$（工日）

2. 机械产量定额

机械产量定额是指在合理劳动组织与合理使用机械条件下，机械在每个台班时间内，应完成合格产品的数量。即，台班产量，如例 3.8 中该机械产量定额为 4.76（单位 100 m^3）/台班。可见，机械产量定额与机械时间定额也成倒数关系。

3. 定额表示方法（复式表示法）：$\frac{人工时间定额}{机械台班产量}$

如例 3.8 中，该挖土机的台班使用定额在劳动定额表中可表示为 $\frac{0.42}{4.76}$。根据劳动定额表中的机械台班使用定额，可推算该种机械需要机下配合作业的工人小组人数，即：

$$配合作业工人小组人数 = 人工时间定额 \times 机械台班产量定额$$

二、机械台班使用定额的编制

这里的重要考点是机械工作时间分类（图 3.4）。与图 3.3 进行对比学习，发现差异所在。试题有较大的可能性是在题的备选答案中混淆两者，所以学习时就进行对比，考试时就易分辨。

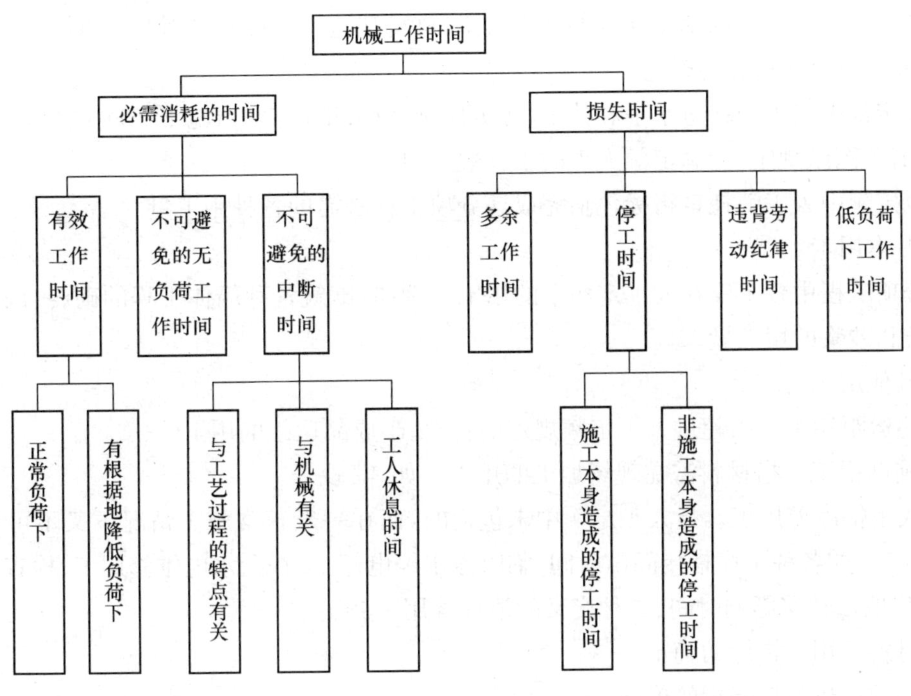

图 3.4 （引自考试用书图 1Z103034）

1Z103035 施工定额和企业定额的编制

一、施工定额的编制

1. 施工定额的作用

（1）施工定额是企业计划管理的依据，表现为施工定额是企业编制施工组织设计的依据。

（2）施工定额是组织和指挥施工生产的有效工具。

（3）施工定额是计算工人劳动报酬的依据。

（4）施工定额有利于推广先进技术。

（5）施工定额是编制施工预算，加强企业成本管理和经济核算的基础。

2. 施工定额的编制

编制原则：（1）施工定额水平必须遵循平均先进的原则。（2）定额的结构形式简明适用的原则。

二、企业定额的编制

企业定额是施工企业根据本企业的技术水平和管理水平，编制制定的完成单位合格产品所必需的人工、材料和施工机械台班消耗量，以及其他生产经营要素消耗的数量标准。

【注意：企业定额实际就是企业的施工定额，上述有关施工定额的知识点可用于回答企业定额相关考题。】

1Z103036 预算定额与单位估价表的编制

一、预算定额的编制

预算定额是在施工定额的基础上进行综合扩大编制而成的。预算定额是编制施工图预算的主要依据。预算定额的编制同样要确定人工、材料和施工机械台班消耗量指标。

1. 人工消耗量指标的确定

预算定额中人工消耗量水平和技工、普工比例，以人工定额（指施工定额的人工定额）为基础，通过有关图纸规定，计算定额人工的工日数。

预算定额中人工消耗量指标包括完成该分项工程必需的各种用工量。

① 基本用工

指分项工程中各工序在人工定额中的用工。例如，砌筑各种墙体工程的砌砖、调制砂浆以及运输砖和砂浆的用工量。

② 其他用工

a. 超运距用工。指超过人工定额规定的材料、半成品运距的用工。

b. 辅助用工。指材料需在现场加工的用工。如，筛砂子。

c. 人工幅度差用工。指人工定额中未包括的，而在一般正常施工情况下又不可避免的一些零星用工。如各种工序搭接间歇时间、临时停水停电停工时间、水电维修用工、检查质量影响时间、操作地点转移影响时间、二种交叉的清理等用工。

2. 材料耗用量指标的确定

3. 机械台班消耗指标的确定

预算定额中的机械台班消耗量按合理的施工方法取定并考虑增加了机械幅度差。

机械幅度差是指在施工定额中未曾包括的，而机械在合理的施工组织条件下所必需的停歇时间，在编制预算定额时应予以考虑。如，转移工作面损失时间、工序间间歇、检查质量及移动临时水电间歇、工程收尾工作量不饱满损失时间。

二、单位估价表的编制

预算定额是生产要素（人、材、机）的消耗量，它在很大范围（如一个省，甚至全国范围内）是相差不大，但生产要素价格随地区的不同而有较大差异，所以在拟定的预算定额基础上，还需要根据所在地区生产要素的价格，计算拟定预算定额中每一分项工程的单位预算价格，即为单位估价表。

1Z103037 概算定额与概算指标的编制

一、概算定额的编制

概算定额也叫做扩大结构定额，它规定了完成一定计量单位的扩大结构构件或扩大分项工程的人工、材料、机械台班消耗量的数量标准。概算定额是在预算定额的基础上综合而成的，每一项概算定额项目都包括了数项预算定额的定额项目。

概算定额是在初步设计阶段编制设计概算或技术设计阶段编制修正概算的依据，是确定建设工程项目投资额的依据。概算定额可用于进行设计方案的技术经济比较。概算定额也是编制概算指标的基础。

二、概算指标的编制

概算指标是以每 100 m^2 建筑面积、每 1 000 m^3 建筑体积或每座构筑物为计量单位，规定人工、材料、机械及造价的定额指标。概算指标是概算定额的扩大与合并，它是以整个房屋或构筑物为对象，以更为扩大的计量单位来编制的。概算指标用于编制初步设计概算。

☞ 典型考题

(一) 单选题

1. 建设工程定额和指标中分项最细、定额和指标子目最多的是(　　)。

A. 预算定额　　B. 施工定额　　C. 概算定额　　D. 概算指标

2. 按照生产要素内容,建筑工程定额分为(　　)。

A. 人工定额、材料消耗定额、施工机械台班使用定额

B. 施工定额、预算定额、概算定额、概算指标、投资估算指标

C. 国家定额、行业定额、地区定额、企业定额

D. 建筑工程定额、设备安装工程定额、建筑安装工程费用定额、工程建设其他费用定额及工具、器具定额

3. 预算定额是以特定范围的工程为对象编制的定额。这一特定范围的工程是指(　　)。

A. 独立的单项工程　　B. 各个分部分项工程

C. 扩大的分部分项工程　　D. 整个建筑物

4. 建设工程人工定额是在(　　)的施工条件下测定和计算的。

A. 先进　　B. 平均先进　　C. 正常　　D. 最差

5. 对于同类型产品规格多、工序重复、工作量小的施工过程,常用(　　)制定人工定额。

A. 技术测定法　　B. 统计分析法　　C. 比较类推法　　D. 经验估计法

6. 测定材料消耗定额时,定额中的损耗量是指操作过程中不可避免的废料和损耗以及不可避免的(　　)。

A. 施工现场内运输损耗和场外运输损耗　　B. 采购过程中的计量误差

C. 保管过程中的损耗　　D. 施工现场内运输损耗

7. 建筑安装工程材料损耗率一般采用(　　)计算确定。

A. 技术测定法　　B. 比较类推法　　C. 观察法　　D. 经验估计法

8. 材料消耗定额是在合理和节约使用材料的条件下,生产单位质量(　　)产品所必须消耗的一定规格的材料、成品、半成品和水、电等资源的数量标准。

A. 低劣　　B. 合格　　C. 高档　　D. 低档

9. 某建设工程使用混凝土,净用量为 1 000 m^3,混凝土的损耗率为 3%,则该混凝土的总消耗量为(　　)。

A. 1 000 m^3　　B. 1 003 m^3　　C. 1 030 m^3　　D. 1 300 m^3

10. 在劳动定额表中,挖一、二、三类土,装车,深度 3 m 内,斗容量为 1 m^3 的反铲挖掘机每一台班劳动定额为 $\frac{0.417}{4.80}$,该机械作业需要配合的工人小组人数为(　　)人。

A. 1　　B. 2　　C. 3　　D. 0

(二) 多选题

11. 人工定额中的定额时间不包括(　　)。

A. 工人下班前对搅拌机进行清洗的时间

B. 工人由于施工工艺原因必需的中断时间

C. 由于设计错误造成的工人窝工时间

D. 工人必需的休息时间

E. 由于施工机械故障造成的工人窝工时间

12. 在合理劳动组织与合理使用机械的条件下，完成单位合格产品所必需的机械工作时间包括（　　）。

A. 正常负荷下的工作时间

B. 不可避免的中断时间

C. 施工过程中操作工人违反劳动纪律的停工时间

D. 有根据的降低负荷下的工作时间

E. 不可避免的无负荷工作时间

13. 制定人工定额常用的方法有（　　）。

A. 技术测定法　　B. 统计分析法　　C. 比较类推法　　D. 经验估计法

E. 观察测定法

14. 下列各项中，与周转性材料消耗有关的因素是（　　）。

A. 一次使用量　　B. 周转使用次数

C. 摊销量　　D. 每周转使用一次材料的损耗

E. 周转材料的回收

15. 施工定额的作用主要表现在（　　）。

A. 施工定额是企业计划管理的依据

B. 施工定额是组织和指挥施工生产的有效工具

C. 施工定额是计算工人劳动报酬的依据

D. 施工定额有利于推广先进技术

E. 施工定额是编制施工图预算的主要依据

☞ 参考答案

1. B； 2. A； 3. B； 4. C； 5. C； 6. D； 7. C； 8. B； 9. C； 10. B； 11. CE； 12. ABDE； 13. ABCD； 14. ABDE； 15. ABCD

1Z103040 建设工程项目设计概算

☞ 考点精要

1Z103041 设计概算的内容和作用

一、设计概算的内容

设计概算是设计文件的重要组成部分，是由设计单位根据初步设计（或技术设计）图纸及说明，编制和确定的建设工程项目从筹建至竣工交付使用所需全部费用的文件。编制质量由设计单位负责。编制时要考虑施工条件因素，并反映当时、当地的价格水平，也考虑动态因素（建设期利息、价格上涨）。

设计概算可分为单位工程概算、单项工程综合概算和建设工程项目总概算三级(图 3.5)。对照设计概算的概念及 1Z103010 中的表 3.3，学习图 3.5。单项工程综合概算组成见图 3.6，分析一下如何区分哪些属于建筑单位工程概算，哪些属于设备及安装单位概算，这是关键考点。**一个简单有效方法：只有机械设备、电气设备、热力设备（它们通常独立于建筑物体）属于后者，而附在建筑物体上的一些安装工程（如通风空调等）是属于前者。另还需注意，在什么情况下工程建设其他费用概算列入单项工程综合概算（图 3.5 中两者并列的关系）。**

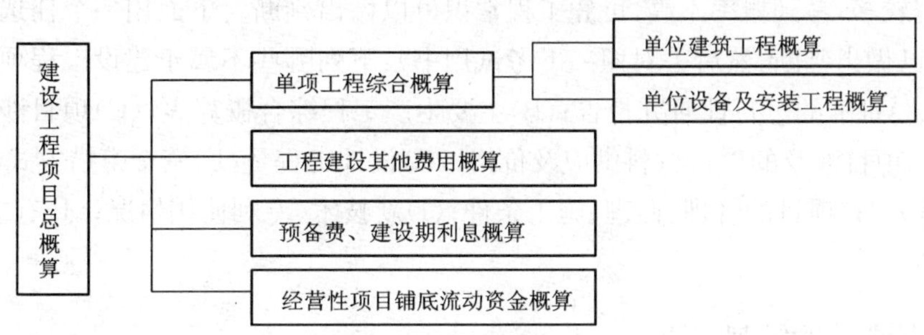

图 3.5 （引自考试用书图 1Z103041-1）

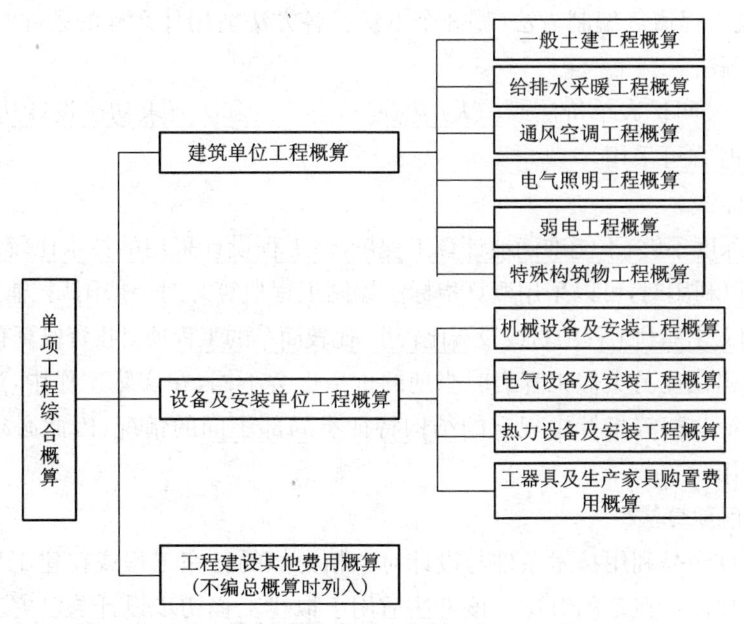

图 3.6 （引自考试用书图 1Z103041-2）

二、设计概算的作用

1. 设计概算是制定和控制建设投资的依据。

2. 设计概算是编制建设计划的依据。

3. 设计概算是进行贷款的依据。

4. 设计概算是签订工程总承包合同的依据。

5. 设计概算是考核设计方案的经济合理性和控制施工图预算及施工图设计的依据。

6. 设计概算是考核和评价建设工程项目成本和投资效果的依据。

注意，上述第1个作用中，设计概算投资一般控制在立项批准的投资控制额内；如超过，要修改设计或重新立项审批。设计概算经批准后，总概算是总造价的最高限额；不得任意修改、突破，如需要改，要经原批准部门重新审批。

1Z103042 设计概算的编制依据、程序和步骤

编制依据较多，考到概率不高，可凭工程常识可以做出判断。下面用一个任选题理解一下（读者可先自己做出判断，然后去对照一下考试用书）：下列哪些不属于建设工程项目设计概算编制依据？(A)批准的可行性研究报告；(B)主要生产工程综合概算表；(C)项目涉及的概算指标或定额；(D)项目涉及的设备材料供应及价格；(E)设计工程量(F)资金筹措方式；(G)常规的施工组织设计；(H)项目的管理、监理、施工条件；(I)新技术、专利使用情况；(J)有关文件、合同和协议等。

1Z103043 设计概算的编制方法

一、单位工程概算的编制方法

1. 单位建筑工程概算编制方法(哪3个方法？各方法适用什么样的条件？)

(1) 概算定额法

概算定额法，又叫扩大单价法或扩大结构定额法。该方法要求初步设计达到一定深度，建筑结构比较明确时方可采用。

(2) 概算指标法

当初步设计深度不够，不能准确地计算工程量，但工程设计采用的技术比较成熟而又有类似工程概算指标可以利用时，可以采用概算指标法编制工程概算。对一般附属、辅助和服务工程等项目，以及住宅和文化福利工程项目或投资比较小、比较简单的工程项目投资概算有一定实用价值。

由于拟建工程往往与类似工程当时当地的价格也会不同，在实际工作中，还经常会遇到拟建对象的结构特征与概算指标中规定的结构特征有局部不同的情况，因此必须对概算指标进行调整后方可套用。

(3) 类似工程预算法

类似工程预算法是利用技术条件与设计对象相类似的已完工程或在建工程的工程造价资料来编制拟建工程设计概算的方法。该方法适用于拟建工程初步设计与已完工程或在建工程的设计相类似且没有可用的概算指标的情况，但必须对建筑结构差异和价差进行调整。

2. 设备及安装工程概算编制方法

设备及安装工程概算费用由设备购置费和安装工程费组成。

(1) 设备购置费概算

设备购置费概算与1Z103012所述内容基本相同，此处可忽略。

(2) 设备安装工程概算的编制方法(**注意此点仅指安装工程费的概算，以及哪3个方法、各**

方法适用的条件）

① **预算单价法**。当初步设计有详细设备清单时，可直接按预算单价（预算定额单价）编制设备安装工程概算。

② **扩大单价法**。当初步设计的设备清单不完备，或仅有成套设备的重量时，可采用主体设备、成套设备或工艺线的综合扩大安装单价编制概算。

③ **概算指标法**。当初步设计的设备清单不完备，或安装预算单价及扩大综合单价不全，无法采用预算单价法和扩大单价法时，可采用概算指标编制概算。具体有以下几种指标计算：

a. 按占设备价值的百分比（安装费率）的概算指标计算。

设备安装费＝设备原价×设备安装费率

b. 按每吨设备安装费的概算指标计算。

设备安装费＝设备总吨数×每吨设备安装费（元/吨）

c. 按座、台、套、组、根或功率等为计量单位的概算指标计算。

d. 按设备安装工程每平方米建筑面积的概算指标计算。

前两个指标方法是重要考点，特别注意公式中的计算基数（第 1 个方法基数是“原价”，切忌与“购置费”混淆，并且这两个方法的计算基数中应不含有不需安装的设备，如汽车）。

二、单项工程综合概算的编制方法

单项工程综合概算文件包括编制说明和综合概算表两部分。综合概算表是根据各单位工程概算等基础资料，按照国家规定的统一表格进行编制。

三、建设工程项目总概算的编制方法

总概算是整个建设工程项目为对象、按主管部门规定的统一表格编制的，其组成见图 3.5。

总概算价值＝工程费用＋其他费用＋预备费＋建设期利息＋铺底流动资金－回收金额

式中：回收金额是指整个基本建设过程中所获得的各种收入，如原有房屋拆除所回收的材料与旧设备等变现收入、试车收入大于支出部分的价值等。

1Z103044 设计概算的审查内容

一、审查内容

主要考点是有关单位工程设计概算构成的审查。

1. 建筑工程概算的审查

主要审查以下几个方面：（1）工程量审查；（2）采用的定额或指标的审查；（3）材料预算价格的审查（**以耗用量最大的主要材料作为审查的重点**）；（4）各项费用的审查。

2. 设备及安装工程概算的审查

审查的重点是**设备清单与安装费用**的计算。

审查计算安装费的设备数量及种类是否符合设计要求，**避免某些不需安装的设备安装费计入在内**。

二、设计概算审查的方法（哪 3 个方法、各方法适用条件）

1. 对比分析法

对比分析法主要是指通过建设规模、标准与立项批文对比，工程数量与设计图纸对比，综合范围、内容与编制方法、规定对比，各项取费与规定标准对比，材料、人工单价与统一信息对比，技术经济指标与同类工程对比等等。

2. 查询核实法

查询核实法是对一些关键设备和设施、重要装置、引进工程图纸不全、难以核算的较大投资进行多方查询核对，逐项落实的方法。

3. 联合会审法

联合会审前，可先采取多种形式分头审查，经层层审查把关后，由有关单位和专家进行联合会审。

☞ 典型考题

(一) 单选题

1. 对于一般工业与民用建筑工程而言，单位工程概算按其工程性质分为建筑工程概算和设备及安装工程概算两大类。下列各项中属于设备及安装工程概算的是(　　)。

   A. 通风及空调工程概算　　B. 电器及照明工程概算

   C. 弱电工程概算　　D. 热力设备及安装工程概算

2. 下列不属于建设工程项目设计概算编制依据的是(　　)。

   A. 批准的可行性研究报告　　B. 主要生产工程综合概算表

   C. 项目涉及的概算指标或定额　　D. 项目涉及的设备材料供应及价格

3. 对一般附属、辅助和服务工程等项目，或投资小、比较简单的工程项目，在编制设计概算时一般采用(　　)。

   A. 单位工程指标法　　B. 概算指标法

   C. 概算定额法　　D. 类似工程概算法

4. 某建设项目以 80 000 元送到工地的价格订购了一批非标准设备，设备安装费率为 20%，该项目的设备及安装工程概算价值为(　　)。

   A. 1.6 万元　　B. 9.6 万元　　C. 6.4 万元　　D. 8.0 万元

5. 在对某建设工程项目进行概算审查时，找到了与其关键技术基本相同、规模相近的同类项目的设计概算和施工图预算资料，则该项目的设计概算最适宜的审查方法是(　　)。

   A. 标准审查法　　B. 分组计算审查法　　C. 对比分析法　　D. 查询核实法

(二) 多选题

6. 下列关于设计概算编制应考虑的因素中，正确的是(　　)。

   A. 应按编制时项目所在地的价格水平编制

   B. 设计概算由项目建设单位负责编制

   C. 应考虑建设项目施工条件等因素对投资的影响

   D. 应按项目合理工期预测建设期价格水平

   E. 总投资应完整地反映编制时建设项目的实际投资

7. 单位工程概算是确定各单位工程建设费用的文件，它是依据相关资料编制而成的，这些资料包括(　　)。

A. 初步设计或扩大初步设计图纸
B. 综合概算表
C. 概算定额或概算指标
D. 相关技术规范
E. 市场价格信息

8. 对于一般工业与民用建筑而言，若不编制总概算，单项工程综合概算的组成包括(　　)。

A. 建筑单位工程概算
B. 工程建设其他费用概算
C. 措施费概算
D. 预备费
E. 设备及安装工程概算

☞ 参考答案

1. D；2. B；3. B；4. B；5. C；6. ACDE；7. ACE；8. ABE

1Z103050 建设工程项目施工图预算

☞ 考点精要

1Z103051 施工图预算编制的模式

只要是按照施工图纸以及计价所需的各种依据在工程实施前所计算的工程价格，均可以称为施工图预算价格。按照预算造价的计算方式和管理方式的不同，施工图预算可以划分为以下模式。

一、传统计价模式

我国的传统计价模式是采用国家、部门或地区统一规定的定额和取费标准进行工程造价计价的模式，通常也称为定额计价模式。它是我国过去长期使用的一种施工图预算编制方法。其定额是根据"社会平均水平"综合测定。

二、工程量清单计价模式

工程量清单计价模式是由招标人提供工程量清单和有关技术说明，投标人根据企业自身的定额水平和市场价格进行计价的模式。

1Z103052 施工图预算的作用

一、施工图预算对建设单位的作用

1. 施工图预算是施工图设计阶段确定建设工程项目造价的依据。
2. 施工图预算是建设单位在施工期间安排建设资金计划和使用建设资金的依据。

3. 施工图预算是招投标的重要基础,既是工程量清单的编制依据,也是标底编制的依据。

4. 施工图预算是拨付进度款及办理结算的依据。

二、施工图预算对施工单位的作用

1. 施工图预算是确定投标报价的依据。

2. 施工图预算是施工单位进行施工准备的依据。

3. 施工图预算是控制施工成本的依据。

1Z103053 施工图预算的编制依据

编制依据较多,考到概率不高,可凭工程常识做出判断。下面用一个任选题理解一下(读者可先自己做出判断,然后去对照一下考试用书):下列各项中,哪些不能作为施工图预算编制依据?(A)扩大初步设计图纸;(B)国家、行业、地方政府发布的计价依据等有关法律法规或规定;(C)批准的施工图设计图纸及相关标准图集和规范;(D)合理的施工组织设计和施工方案等文件;(E)市场价格;(F)地区单位估价表;(G)施工企业定额;(H)项目所在地区的自然条件;(I)工程变更签证资料。

1Z103054 施工图预算的编制方法

单位工程预算的编制方法有单价法和实物量法,单价法又分为定额单价法和工程量清单单价法。

对照图 3.1、图 3.2,学习以下内容。

一、定额单价法

定额单价法是用单位估价表来编制施工图预算的方法,计算出的分部分项工程单价只包括人、料、机费用。编制步骤见图 3.7。

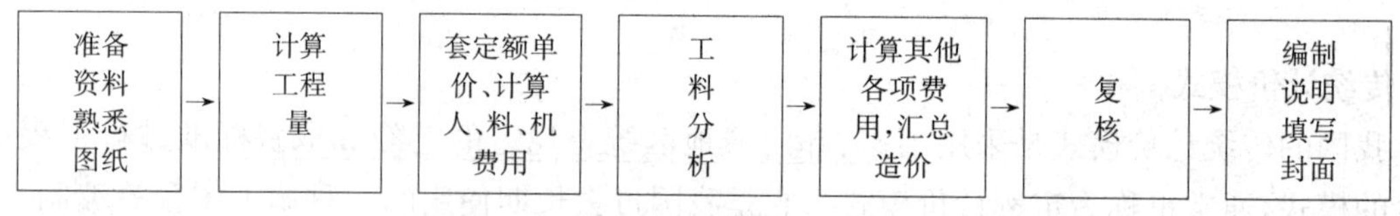

图 3.7 (引自考试用书图 1Z103054-1)

注意,用定额单价法时,当分项工程的主要材料品种与定额(单位估价表)的规定材料不一致时,不能直接套用定额单价,需要按实际使用材料价格换算定额单价;当分项工程施工工艺条件与定额(单位估价表)不一致而造成人工、机械的数量增减时,一般调量不换价。

二、工程量清单单价法

工程量清单单价法是根据国家统一的工程量计算规则计算工程量,采用综合单价的形式计算工程造价的方法。综合单价可分为:

1. 全费用综合单价

全费用综合单价即单价中综合了人、料、机费用及企业管理费、规费、利润和税金等。

2. 部分费用综合单价

部分费用综合单价是分部分项工程单价中综合了人、料，机费用、企业管理费、利润，以及一定范围内的风险费用，未包括措施项目费、其他项目费、规费和税金。我国目前实行的工程量清单计价采用的综合单价是部分费用综合单价。

三、实物量法

实物量法是先计算出分部分项工程量，套用预算定额，计算出人、料、机实物量，再根据当时当地的人、料、机价格来编制施工图预算的方法。步骤见图 3.8。

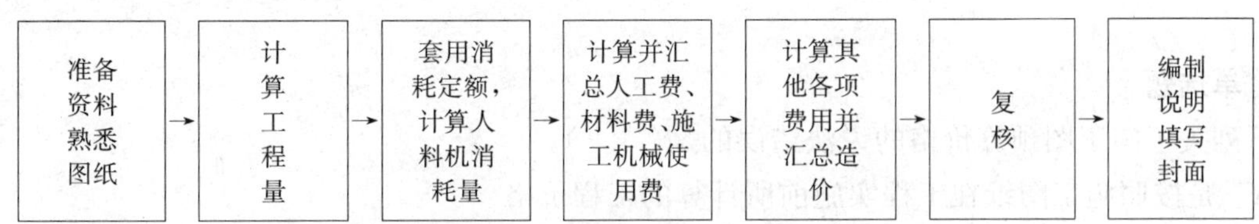

图 3.8 （引自考试用书图 1Z103054-2）

实物量法步骤与定额单价法区别是在具体计算人工费、材料费和机械使用费及汇总三种费用之和方法不同。**实物量法采用的人工、材料和机械台班单价都是当时当地的实际价格，编制出的预算可较准确地反映实际水平，适用于市场经济条件波动较大的情况。**

1Z103055 施工图预算的审查内容

一、施工图预算审查的内容

施工图预算审查的重点是工程量计算是否准确，定额套用、各项取费标准是否符合现行规定或单价计算是否合理等方面。

二、施工图预算审查的步骤

此节考到的概率较低、没有重点考点。

三、施工图预算审查的方法(哪几种方法、各方法适用情况)

1. 全面审查法

全面审查法又称逐项审查法。这种方法适合于一些工程量较小、工艺比较简单的工程。

2. 标准预算审查法

标准预算审查法就是对利用标准图纸或通用图纸施工的工程，先集中力量编制标准预算，以此为准来审查工程预算的一种方法。仅适用于采用标准图纸的工程。

3. 分组计算审查法

把预算中有关项目按类别划分若干组，利用同组中的一组数据审查分项工程量的一种方法。

4. 对比审查法

对比审查法是当工程条件相同时，用已完工程的预算或未完但已经过审查修正的工程预算对比审查拟建工程的同类工程预算的一种方法。

5. 筛选审查法

“筛选”是较快发现问题的一种方法。归纳为工程量、价格、用工三个单方基本指标，这些基本指标用来筛选各分部分项工程，对不符合条件的详细审查。适用于审查住宅工程或不具备全面审查条件的工程。

6. 重点审查法

重点审查法就是抓住施工图预算中的重点进行审核的方法。审查的重点一般是工程量大或者造价较高的各种工程、补充定额、计取的各项费用(计费基础、取费标准)等。

☞ 考点精要

(一) 单选题

1. 下列关于施工图预算价格的说法错误的是(　　)。
   A. 是按照施工图纸在工程实施前所计算的工程价格
   B. 是按照主管部门统一规定的预算单价、取费标准、计价程序计算得到的计划中的价格
   C. 是根据企业自身的实力和市场供求及竞争状况计算的反映市场的价格
   D. 是按照招标文件编制的商务标价格
2. 施工图预算编制的传统计价模式和工程量清单模式的主要区别是(　　)。
   A. 费用构成不同　B. 编制主体不同　C. 计算方式不同　D. 所起作用不同
3. 下面所列施工图预算对建设单位的作用，不正确的是(　　)。
   A. 确定建设工程项目造价的依据　B. 安排建设资金计划的依据
   C. 作为投资决策的依据　D. 工程量清单编制的依据
4. 下列各项中，不能作为施工图预算编制依据的是(　　)。
   A. 扩大初步设计图纸
   B. 国家、行业、地方政府发布的计价依据等有关法律法规或规定
   C. 批准的施工图设计图纸及相关标准图集和规范
   D. 合理的施工组织设计和施工方案等文件
5. 用实物量法编制施工图预算，主要是先用计算出的各分项工程的实物工程量，分别套取相关定额中工、料、机消耗指标，并按类相加，求出单位工程所需的各种人工、材料、施工机械台班的总消耗量，然后分别乘以当时当地各种人工、材料、机械台班的单价，求得人工费、材料费和施工机械使用费，再汇总求和。相关定额是指(　　)。
   A. 预算定额　B. 材料消耗定额　C. 劳动定额　D. 机械使用定额
6. 编制施工图预算时，以单位估价表为依据确定分部分项工程人、料、机单价，并按照市场行情计算企业管理费、利润、规费和税金等，汇总得到单位工程费用的方法是(　　)。
   A. 定额单价法　B. 实物法
   C. 部分费用综合单价法　D. 全费用综合单价法
7. 对于住宅工程或不具备全面审查条件的工程，适合采用的施工图预算审查方法是(　　)。
   A. 重点审查法　B. "筛选"审查法　C. 对比审查法　D. 逐项审查法

(二) 多选题

8. 施工图预算编制可采用的方法有(　　)。

A. 扩大单价法　　B. 概算指标法　　C. 定额单价法　　D. 税费单价法

E. 综合单价法

9. 我国目前实行的工程量清单计价采用的是部分费用综合单价，部分费用综合单价中除了综合了人、料、机费用外，还综合了(　　)。

A. 规费和税金　　B. 利润

C. 措施费　　D. 一定范围内的风险费用

E. 管理费

10. 施工图预算审查的重点是(　　)。

A. 工程量计算是否准确　　B. 定额套用是否符合规定

C. 选用的预算方法是否合理　　D. 单价计算是否合理

E. 各项取费标准是否符合现行规定

11. 施工图预算审查的内容包括(　　)。

A. 审查工程量

B. 审查所使用的定额

C. 审查单价

D. 审查间接费、利润、税金等其他有关项目

E. 审查所采用的预算手册

☞ 参考答案

1. D；　2. C；　3. C；　4. A；　5. A；　6. A；　7. B；　8. CE；　9. BDE；　10. ABDE；　11. ACD

1Z103060 工程量清单编制

☞ 考点精要

1Z103061 工程量清单的作用

一、工程量清单计价规范概述

工程量清单计价是一种主要由市场定价的计价模式。目前国家相应的标准是《建设工程工程量清单计价规范》(GB50500—2013)(以下简称《计价规范》)，规范规定使用国有资金投资的建设工程发承包，必须采用工程量清单计价；非国有资金投资的建设工程，宜采用工程量清单计价；不采用工程量清单计价的建设工程，应执行本规范除工程量清单等专门性规定外的其他规定。《计价规范》包括规范条文和附录两部分。规范条文共16章，包括工程量清单编制、招标控制价、投标报价、合同价款约定、工程计量、合同价款调整、合同价款期中支付、竣工结算与支付、合同解除的价款结算与支付、合同价款争议的解决、工程造价鉴定、工程计价资料与档案、工程计价表格等(**此句话有助于总体把握** 1Z103060、1Z103070 **和** 1Z103080 **等三章的主要**

内容)，涵盖了从工程招投标开始到工程竣工结算办理完毕的全过程与工程计价相关的各个方面相关规定。附录共有 11 个，主要包括物价变化合同价款调整办法和各种计价表格式样。与旧版《计价规范》不同，工程量计算规则不再作为《计价规范》附录。2013 年住建部颁布了与《计价规范》配套的 9 个专业的工程量计算规范国家标准，考试用书中统称之为《计量规范》。

二、工程量清单的作用

1. 工程量清单为投标人的投标竞争提供了一个平等和共同的基础。

2. 工程量清单是建设工程计价的依据。

3. 工程量清单是工程付款和结算的依据。

4. 工程量清单是调整工程价款、处理工程索赔的依据。

1Z103062 工程量清单编制的方法

招标工程量清单必须作为招标文件的组成部分，由招标人提供，并对其准确性和完整性负责。一经中标签订合同，招标工程量清单即为合同的组成部分。招标工程量清单应由具有编制能力的招标人或受其委托、具有相应资质的工程造价咨询人进行编制。招标工程量清单应以单位(项)工程为单位编制，应由分部分项工程量清单、措施项目清单、其他项目清单、规费和税金项目清单组成。注意，编制招标工程量清单时要依据政府颁布的计价定额和常规施工方案。

一、分部分项工程量清单的编制

分部分项工程项目工程量清单应按建设工程工程量计量规范的规定，确定项目编码、项目名称、项目特征、计量单位，并按不同专业计量规范给出的工程量计算规则，进行工程量的计算。如读者对工程量清单尚无感性认识，可看一下考试用书的表 1Z103073－1，有助于本节知识的理解。

1. 项目编码的设置

项目编码是分部分项工程量清单项目名称的数字标志。分部分项工程量清单项目编码以五级编码设置，采用十二位阿拉伯数字表示。一至九位应按《计量规范》的规定设置，十至十二位应根据拟建工程的工程量清单项目名称和项目特征设置，同一招标工程的项目编码不得有重码。图 3.9 是编码示例，**注意各级编码所在位置及数字个数，第五级编码的特别规定。**例如，某房屋招标工程有 A、B 单位工程，它们都有实心砖墙分项工程，A 工程实心砖墙分项工程项目编码是 010401003001，则 B 的该分项工程项目编码则可编成 010401003002(不重码)。再如，假设某招标工程“挖沟槽土方”(三类土，运距 60 米)，分别有深度为 3 米和深度为 5 米的两

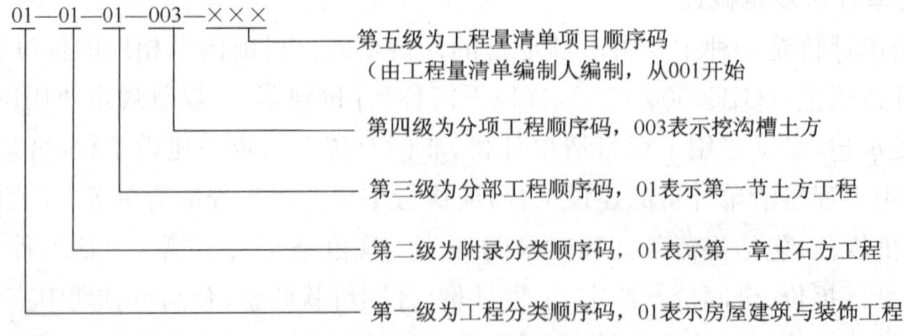

图 3.9 (引自考试用书图 1Z103062)

部分沟槽，则需要分开设分项工程，按规范规定前者项目编码可定为 010101003001，则后者编码为 010101003002(**注意后三位的变化**)。

2. 项目名称的确定

分部分项工程量清单的项目名称应根据《计量规范》的项目名称结合拟建工程的实际确定。

3. 项目特征的描述

分部分项工程量清单项目特征应按《计量规范》的项目特征，结合拟建工程项目的实际予以描述。对清单项目的项目特征进行准确和全面描述的重要意义在于：(1) 项目特征是区分清单项目的依据；(2) 项目特征是确定综合单价的前提；(3) 项目特征是履行合同义务的基础。清单项目特征主要涉及项目的自身特征(材质、型号、规格、品牌)、项目的工艺特征以及对项目施工方法可能产生影响的特征。对清单项目特征不同的项目应分别列项，如基础工程，仅混凝土强度等级不同，足以影响投标人的报价，就应分开列项。

4. 计量单位的选择

分部分项工程量清单的计量单位应按《计量规范》的计量单位确定。当计量单位有两个或两个以上时，应根据所编工程量清单项目的特征要求，选择最适宜表述该项目特征并方便计量的单位。除各专业另有特殊规定外，均按以下基本单位计量：(1) 以重量计算的项目——吨或千克；(2) 以体积计算的项目——立方米；(3) 以面积计算的项目——平方米；(4) 以长度计算的项目——米；(5) 以自然计量单位计算的项目——个、套、块、台等；(6) 没有具体数量的项目——宗、项等。

5. 工程量的计算

分部分项工程量清单中所列工程量应按《计量规范》的工程量计算规则计算。除另有说明外，所有清单项目的工程量以实体工程量为准，并以完成后的净值来计算。因此，在计算综合单价时应考虑施工中的各种损耗和需要增加的工程量，或在措施费清单中列入相应的措施费用。

6. 补充项目

如果出现《计量规范》附录中未包括的项目，编制人应做补充，并报省级或行业工程造价管理机构备案。补充项目的编码由对应计量规范的代码×(即 01—09，对应 9 个专业工程，如房屋工程为 01)与 B 和三位阿拉伯数字组成，并应从×B001 起顺序编制，同一招标工程的项目不得重码。例如，某房屋工程的成品 GRC 隔墙(《计量规范》未有列项目)，其编码可为 01B001。

二、措施项目清单的编制

措施项目清单必须根据相关专业工程《计量规范》规定编制。计价规范中将措施项目分为能计量和不能计量的两类。对能计量的措施项目(即单价措施项目)，同分部分项工程一样，编制措施项目清单时应列出项目编码、项目名称、项目特征、计量单位和工程量，如脚手架工程。对不能计量的措施项目(即总价措施项目)，措施项目清单中仅列出了项目编码、项目名称，及该项费用的计算基数(参见表 3.6)，如二次搬运费。《计价规范》规定，措施项目清单应根据拟建工程的实际情况列项。

三、其他项目清单的编制(参见 1Z103022)

其他项目清单是指分部分项工程量清单、措施项目清单所包含的内容以外，因招标人的特殊要求而发生的与拟建工程有关的其他费用项目和相应数量的清单。参照《计价规范》提供的

下列 4 项内容列项(出现《计价规范》未列的项目,可根据工程实际情况补充):

1. 暂列金额

2. 暂估价

暂估价包括材料暂估单价、工程设备暂估价、专业工程暂估价。

暂估价是指招标人在工程量清单中提供的用于支付必然发生但暂时不能确定价格的材料价款、工程设备价款和专业工程金额。

3. 计日工

计日工适用的所谓零星工作一般是指合同约定之外的或者因变更而产生的、工程量清单中没有相应项目的额外工作,尤其是那些时间不允许事先商定价格的额外工作。编制清单时,计日工表中的人工应按工种,材料和机械应按规格、型号详细列项。

4. 总承包服务费

(1) 总承包人对发包的专业工程提供协调和配合服务;(2) 对供应的材料、设备提供收、发和保管服务以及对施工现场进行统一管理;(3) 对竣工资料进行统一汇总整理。

四、规费项目清单的编制(参见图 3.1)

出现《计价规范》未列的项目,应根据省级政府或省级有关权力部门的规定列项。

五、税金项目清单的编制(参见图 3.1)

出现《计价规范》未列的项目,应根据税务部门的规定列项。

☞ 典型考题

(一) 单选题

1. 《计价规范》中不包括(   )。

A. 工程量清单编制　　B. 合同价款争议处理

C. 计价表格　　D. 工程量计算规则

2. 下列关于工程量清单的作用表述不正确的是(   )。

A. 工程量清单是调整工程价款、处理工程索赔的依据

B. 工程量清单是制定《计价规范》的依据

C. 工程量清单是工程付款和结算的依据

D. 工程量清单为投标人的投标竞争提供了一个平等和共同的基础

3. 招标工程量清单的编制者是(   )。

A. 工程标底审查机构　　B. 有编制能力的招标人

C. 工程咨询公司　　D. 招投标管理部门

4. 下列不属于工程量清单编制依据的是(   )。

A. 建设工程设计文件　　B. 招标文件

C. 地质勘察报告　　D. 常规施工方案

5. 其他项目清单是指分部分项工程量清单、措施项目清单所包含的内容以外,因招标人的特殊要求而发生的与拟建工程有关的其他费用项目和相应数量的清单,一般不包括(   )。

A. 总承包服务费

B. 规费

C. 计日工

D. 暂列金额和暂估价

6. 分部分项工程清单项目编码由12位数字组成，其中(　　)是由清单编制人确定的。

A. 工程量清单项目顺序码

B. 工程分类顺序码

C. 分项工程项目顺序码

D. 专业工程顺序码

7. 按个、套、块等计量单位计量的分部分项工程量清单项目，属于(　　)的项目。

A. 按重量计算

B. 没有具体数量的项目

C. 按自然计量单位计算

D. 按体积计算

8. 招标工程量清单中的工程量是(　　)。

A. 考虑施工中各种损耗的工程量

B. 考虑了施工中需要增加工程量的工程量

C. 预估的工程量

D. 工程完成后的净值

9. 不能计量的措施项目清单需要列入的内容是(　　)。

A. 项目编码　B. 计量单位　C. 项目特征　D. 工程量

(二) 多选题

10. 工程量清单由(　　)等组成。

A. 分部分项工程量清单

B. 综合单价分析清单

C. 措施项目清单

D. 其他项目清单

E. 规费及税金项目清单

11.《计价规范》具体内容涵盖了工程招投标开始到工程竣工结算办理完毕的全过程，包括(　　)等。

A. 索赔与现场签证

B. 工程价款调整

C. 竣工结算的办理

D. 对工程计价争议的处理

E. 项目维修费的标准

12. 分部分项工程量清单应包括：项目编码、项目名称，以及(　　)。

A. 项目特征　B. 项目总说明　C. 计量单位　D. 工程量

E. 填表须知

13. 在分部分项工程量清单中，对项目特征进行描述的意义是(　　)。

A. 是区分清单项目的依据

B. 是处理工程索赔的依据

C. 是确定综合单价的前提

D. 是工程付款和结算的

E. 是履行合同义务的基础

☞ 参考答案

1. D；2. B；3. B；4. C；5. B；6. A；7. C；8. D；9. A；10. ACDE；11. ABCD；12. ACD；13. ACE

1Z103070 工程量清单计价

☞ 考点精要

1Z103071 工程量清单计价的方法

一、工程量清单计价的基本过程

工程量清单计价过程可以分为两个阶段：工程量清单编制和工程量清单应用两个阶段。图 3.10 是应用过程。特别注意图中各相关方将清单应用于哪些工作。

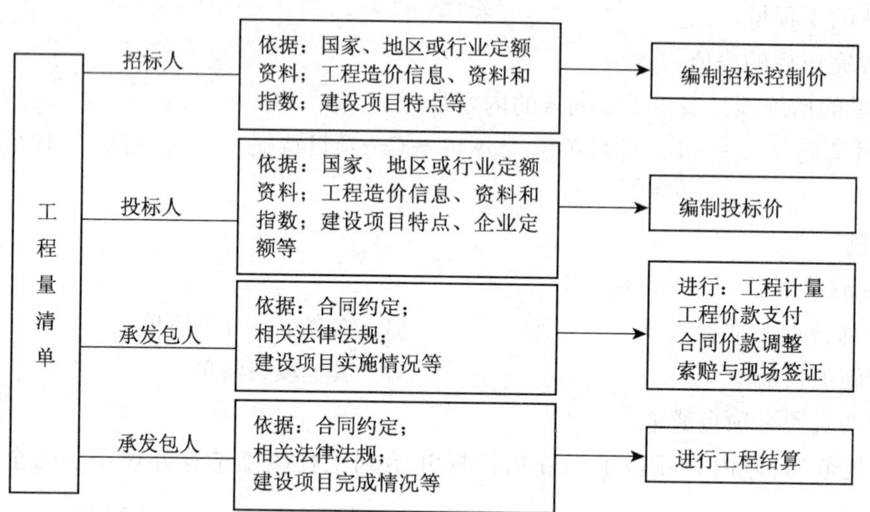

图 3.10 （引自考试用书图 1Z103071-2）

二、工程量清单计价的方法

1. 工程造价的计算

$$分部分项工程费 = \sum 分部分项工程量 \times 分部分项工程综合单价$$

$$措施项目费 = \sum 单价措施项目工程量 \times 单价措施项目综合单价 + \sum 总价措施项目费$$

$$单位工程造价 = 分部分项工程费 + 措施项目费 + 其他项目费 + 规费 + 税金$$

$$单项工程造价 = \sum 单位工程造价$$

$$建设项目总造价 = \sum 单项工程造价$$

2. 分部分项工程费计算

(1) 分部分项工程量的确定

招标文件中的工程量清单标明的工程量按施工图图示尺寸和清单工程量计算规则计算得到的工程净量。但该工程量不能作为承包人在履行合同义务中应予完成的实际和准确的工程量，发承包双方进行工程竣工结算时的工程量应按实际完成的工程量确定，实际完成工程量也应严格遵照清单工程量计算规则。

（2）综合单价的编制

《计价规范》中的工程量清单综合单价是指完成一个规定清单项目所需的人工费、材料和工程设备费、施工机具使用费和企业管理费、利润以及一定范围内的风险费用。规费和税金等不可竞争的费用并不包括在项目单价中。

清单项目一般是一个"综合实体"，包括了较多工程内容，即可能出现一个清单项目对应多个定额子目的情况。综合单价的计算通常采用定额组价的方法，即以计价定额为基础对定额子目进行组合计算。所以清单工程量不能直接用于计价，在计价时须考虑施工方案等影响因素，重新计算各定额子目的施工工程量。根据子目施工工程量，计算出人、料、机总费用后再计算管理费和利润。

$$\text{管理费} = \text{人、料、机总费用} \times \text{管理费费率}$$

$$\text{利润} = (\text{人、料、机总费用} + \text{管理费}) \times \text{利润率}$$

$$\text{综合单价} = (\text{人、料、机总费用} + \text{管理费} + \text{利润}) / \text{清单工程量}$$

【例 3.9】（2012）根据《建设工程工程量清单计价规范》计价的某土方工程，业主方提供的清单工程量为 3 951 m^3。施工企业预计的实际施工量为 7 902 m^3，预计完成该分项工程的人、料、机总费用为 115 265.27 元，管理费为 39 190.19 元，利润为 9 221.22 元，不考虑风险费和其他因素，则该分项工程的综合单价应为（　　）。

A. 41.43　　B. 20.71　　C. 29.17　　D. 94.48

【解析】根据《计量规范》，基坑、基槽等土方的清单工程量计算是按垂直开挖（不放坡、不考虑工作面）计算，而施工中可视施工条件采用需要采用放坡或其他方案等，所以实际挖土施工量超过清单工程量。

综合单价为 $\frac{115\ 265.27 + 39\ 190.19 + 9\ 221.22}{3\ 951} = 41.43$。**（注意计算式分母用什么数据）**

【例 3.10】例 3.9 改为：某工程招标工程量清单中基坑土方工程，业主方提供的清单工程量为 3 951 m^3。施工企业采用人工挖土、机械运土等方案，预计的实际施工量为 7 902 m^3，人工挖土单价为 10 元/m^3、机械运土 4 元/ m^3、洒水降尘费用 1 元/ m^3，管理费费率为 15%，利润率为 5%，规费 2 000 元，税金 3 000 元，不考虑风险费和其他因素，则该分项工程的综合单价应为（　　）。

【解析】① 人、料、机总费用为 $(10 + 4 + 1) \times 7\ 902 = 118\ 530$（元）

② 管理费为 $118\ 530 \times 15\% = 17\ 780$（元）

③ 利润为 $(118\ 530 + 17\ 780) \times 5\% = 6\ 815$（元）

④ 综合单价为 $\frac{118\ 530 + 17\ 780 + 6\ 815}{3\ 951} = 36.23$（元 / m^3）

3. 措施项目费计算（哪几种方法？各方法适用的项目？）

措施项目清单计价应根据施工组织设计，可计算工程量的措施项目，应按分部分项工程量清单的方式采用综合单价计价；其余的不能算出工程量的措施项目，则采用总价项目的方式，以"项"为单位的方式计价，应包括除规费、税金外的全部费用。措施项目清单中的安全文明施工费应按照国家或省级、行业建设主管部门的规定计价，不得作为竞争性费用。措施项目费的计算方法一般有以下几种：

(1) 综合单价法

适用于可计算工程量的措施项目，如混凝土模板、脚手架、垂直运输等。

(2) 参数法计价

主要适用于施工过程中必须发生，但在投标时很难具体分项预测，又无法单独列出项目内容的措施项目(无法计算工程量的项目)，如夜间施工费、二次搬运费、冬雨季施工费等。计算方法参见表 3.6。

(3) 分包法计价

在分包价格基础加投标人的管理费及风险费方法，适合可分包的独立项目，如室内空气污染测试等。

4. 其他项目费计算(回忆一下:其他项目构成?)

暂列金额和暂估价由招标人按估算金额确定，投标人照抄，其中材料暂估单价要用到综合单价中。

计日工和总承包服务费由承包人根据招标人提出的要求，按估算的费用确定。

5. 规费与税金的计算(回忆一下:有哪些税?)

一般按国家及有关部门规定的计算公式和费率标准进行计算，不得作为竞争性费用。

6. 风险费用的确定

这里的风险具体指工程建设施工阶段承发包双方在招投标活动和合同履约及施工中所面临的涉及工程计价方面的风险。建设工程发承包，必须在招标文件、合同中明确计价中的风险内容及其范围，不得采用无限风险、所有风险或类似语句规定计价中的风险内容及范围。

1Z103072 招标控制价的编制方法

一、招标控制价的概念

招标控制价是招标人根据计价依据和计价办法、招标文件、市场行情，并按工程项目设计施工图纸等具体条件调整编制的，对招标工程项目限定的最高工程造价，也可称其为拦标价、预算控制价或最高报价等。招标控制价应注意从以下方面理解：

1. 国有资金投资的建设工程招标，必须编制招标控制价(招标人能够接受的最高交易价格)。

2. 招标控制价超过批准的概算时，招标人应将其报原概算审批部门审核。

3. 投标人的投标报价高于招标控制价的，其投标应予以拒绝。

4. 招标控制价应由具有编制能力的招标人或受其委托具有相应资质的工程造价咨询人编制和复核。

5. 招标人应在招标文件中如实公布招标控制价及各组成部分的详细内容，不得对所编制的招标控制价进行上调或下浮。

二、招标控制价的计价依据

可凭工程常识可以做出判断，用一个任选题理解一下(读者可先自己做出判断，然后去对照一下考试用书)：下列各项，哪些不属于招标控制价计价依据？(A)《计价规范》(GB50500—2013)；(B)国家或省级、行业建设主管部门颁发的计价定额和计价办法；(C)施工现场情况、工程特点及常规施工方案；(D)工程造价管理机构发布的工程造价信息；(E)当工程造价信息没有发布时，参照市场价；(F)施工企业定额；(G)拟定的招标文件及招标工程量清单；(H)工程变更签证资料。

三、招标控制价的编制内容

招标控制价的编制内容包括：分部分项工程费、措施项目费(包括单价项目和总价项目)、其他项目费、规费和税金。其他项目中的"暂列金额"应按招标工程量清单中列出的金额填写；暂估价中的"材料、工程设备单价"应按招标工程量清单列出的单价计入综合单价；暂估价中的"专业工程暂估价"应按招标工程量清单中列出的金额填写。

四、编制招标控制价应注意的问题

除上文中提出的"国有资金投资的工程建设招投标必须编制招投标控制价"、"采用常规施工方案"、"执行地方计价定额和文件"、"不可竞争的三项费用属于强制性的条款"等之外，还有：

1. 招标控制价编制的表格格式等应执行《计价规范》有关规定。

2. 一般情况下，采用的材料价格应是工程造价管理机构通过工程造价信息发布的材料单价；工程造价信息未发布材料单价的材料，其材料价格应通过市场调查确定。另外，未采用工程造价管理机构发布的工程造价信息时，需在招标文件或答疑补充文件中予以说明。

3. 对于竞争性的措施费用编制，应该首先编制施工组织设计或施工方案，合理地确定费用。

五、招标控制价的编制程序

无重要考点。

六、投诉与处理

《计价规范》规定：

1. 投标人经复核认为招标人公布的招标控制价未按《计价规范》规定进行编制的，应在招标控制价公布后5天内向招投标监督机构和工程造价管理机构投诉。

2. 投诉人投诉时，应当提交由单位盖章和法定代表人或其委托人签名或盖章的书面投诉书。

3. 投诉人不得进行虚假、恶意投诉，阻碍招投标活动的正常进行。

4. 工程造价管理机构在接到投诉书后应在2个工作日内进行审查。

5. 工程造价管理机构应在不迟于结束审查的次日将是否受理投诉的决定书面通知投诉人、被投诉人以及负责该工程招投标监督的招投标管理机构。

6. 工程造价管理机构受理投诉后，应立即对招标控制价进行复查，组织投诉人、被投诉人或其委托的招标控制价编制人等单位人员对投诉问题逐一核对。

7. 工程造价管理机构应当在受理投诉的10天内完成复查，并作出书面结论通知投诉人、被投诉人及负责该工程招投标监督的招投标管理机构。

8. 当招标控制价复查结论与原公布的招标控制价误差>±3%的，应当责成招标人改正。

9. 招标人根据招标控制价复查结论需要重新公布招标控制价的，其最终公布的时间至招标文件要求提交投标文件截止时间不足15天的，应相应延长投标文件的截止时间。

1Z103073 投标价的编制方法

一、投标报价的概念

指在工程招标发包过程中，由投标人或受其委托具有相应资质的工程造价咨询人按照招标文件的要求以及有关计价规定，依据发包人提供的工程量清单、施工设计图纸，结合工程项目特点、施工现场情况及企业自身的施工技术、装备和管理水平等，自主确定的工程造价。投标价不能高于招标人设定的招标控制价。作为投标计算必要条件，应预先确定施工方案和施工进度。投标计算还必须与采用的合同形式相一致。

二、投标价的编制原则

1. 投标报价由投标人自主确定，但必须执行《计价规范》的强制性规定。

2. 投标人的投标报价不得低于工程成本。评标委员会认定以低于成本报价竞标，其投标应作为废标处理。

3. 投标人必须按招标工程量清单填报价格。

4. 投标报价要以招标文件中设定的承发包双方责任划分，作为计算的基础。

5. 应该以施工方案、技术措施等作为投标报价计算的基本条件。

6. 报价计算方法要科学严谨，简明适用。

三、投标价的编制依据（与招标控制价计价依据进行对比，易掌握）

概念中提到的依据，特别注意3点：1. 企业定额，政府的计价定额；2. 投标时拟定的施工组织设计或施工方案；3. 市场价格信息或工程造价管理机构发布的工程造价信息。

四、投标价的编制与审核

在编制投标报价之前，需要先对清单工程量进行复核。

1. 综合单价

应包括招标文件中划分的应由投标人承担的风险范围及其费用，招标文件未明确，应请招标人明确。

2. 单价项目（提供工程量，可确定综合单价的项目）

分部分项工程和措施项目中的单价项目最主要的是确定综合单价，包括：

（1）工程量清单项目特征描述

单价项目综合单价的最重要依据之一是该清单项目的特征描述。在招投标过程中，若出现工程量清单特征描述与设计图纸不符，投标人应以招标工程量清单的项目特征描述为准；若施工中施工图纸或设计变更与招标工程量清单项目特征描述不一致，发承包双方应按实际施工的项目特征依据合同约定重新确定综合单价。

(2) 企业定额

企业定额是施工企业投标报价确定综合单价的依据之一。投标企业没有企业定额时可根据企业自身情况参照消耗量定额(政府计价定额)进行调整。

(3) 资源可获取价格

投标人拟投入的人、料、机等资源的可获取价格,它直接影响综合单价的高低。

(4) 企业管理费费率、利润率

企业管理费费率由投标人自行测定,也可参照当地造价管理部门发布的平均参考值。利润率由投标人根据本企业当前盈利情况、施工水平、拟投标工程的竞争情况以及企业当前经营策略自主确定。

(5) 风险费用

招标文件中要求投标人承担的风险费用,投标人应在综合单价中给予考虑。在施工过程中,当出现的风险内容及其范围(幅度)在招标文件规定的范围(幅度)内时,综合单价不得变动,工程款不作调整。

(6) 材料暂估价

招标文件中提供了暂估单价的材料,按暂估的单价计入综合单价。

3. 总价项目(清单不提供工程量,以总价报价)

措施项目中的总价项目报价应包括除规费、税金外的全部费用。投标人可根据自身编制的投标施工组织设计或施工方案调整和确定措施项目,但应通过评标委员会的评审。

4. 其他项目费

(1) 暂列金额应按照招标工程量清单中列出的金额填写,不得变动。

(2) 暂估价不得变动和更改。暂估价中的材料、工程设备必须按照暂估单价计入综合单价;专业工程暂估价必须按照招标工程量清单中列出的金额填写。

(3) 计日工应按照招标工程量清单列出的项目和估算的数量,自主确定各项综合单价并计算费用。

(4) 总承包服务费应根据招标工程量列出内容的需要自主确定。

5. 规费和税金报价(按规定的标准计算,不得作为竞争性费用)

6. 投标总价

投标总价应与分部分项工程费、措施项目费、其他项目费和规费、税金的合计金额相一致,即投标人不能进行投标总价优惠(或降价、让利),投标人对投标报价的任何优惠(或降价、让利)均应反映在相应清单项目的综合单价中。

1Z103074 合同价款的约定

一、工程合同类型的选择

建设工程施工合同根据合同计价方式的不同,一般可以划分为总价合同、单价合同和成本加酬金合同三种类型。《计价规范》中规定,**实行工程量清单计价的工程,应采用单价合同;建设规模较小,技术难度较低,工期较短,且施工图设计已审查批准的建设工程可以采用总价合同(总价包干或总价不变的合同);紧急抢险、救灾以及施工技术特别复杂的建设工程可以采用成本加酬金合同。**

单价合同和总价合同均可采用工程量清单计价，区别仅在于工程量清单中所填写的工程量的合同约束力。采用单价合同形式时，工程量清单是合同文件必不可少的组成内容，其中的工程量一般不具备合同约束力(量可调，结算时按实际工程量)。而对总价合同形式，工程量清单中的工程量具备合同约束力(量不可调)，工程量以合同图纸的标示内容为准。

采用单价合同符合工程量清单计价模式的基本要求，并且在合同管理中具有便于处理工程变更及索赔的特点。最常用的是固定单价合同，即综合单价在约定条件内是固定的、不予调整，工程量允许调整。

二、工程合同价款的约定

合同价款的约定是建设工程合同的主要内容。合同约定不得违背招、投标文件中关于工期、造价、质量等方面的实质性内容。招标文件与中标人投标文件不一致的地方应以投标文件为准。承发包双方应在合同条款中，对下列事项进行约定(**不必强记，记住与计价相关的内容都有约定就行**)：

1. 预付工程款的数额、支付时间及抵扣方式
2. 安全文明施工费
3. 工程计量与支付工程进度款的方式、数额及时间
4. 工程价款的调整因素、方法、程序、支付及时间
5. 施工索赔与现场签证的程序、金额确定与支付时间
6. 承担计价风险的内容、范围以及超出约定内容、范围的调整办法
7. 工程竣工价款结算的编制与核对、支付及时间
8. 工程质量保证金的数额、预留方式及时间
9. 与履行合同、支付价款有关的其他事项
10. 违约责任以及发生工程价款争议的解决方法及时间

☞ 典型考题

(一) 单选题

1. 对于施工过程中必须发生，但是在投标时很难具体分项预测，又无法单独列出项目内容的措施项目，如夜间施工费、二次搬运费等，其计价方法可以采取(　　)。

   A. 分包计价法　　B. 实物量计价法　　C. 参数计价法　　D. 综合单价法

2. 采用工程量清单计价法，分部分项工程量清单中项目的工程量是以完成后的净值计算的，对于由施工方案引起的工程费用的增加折算计入(　　)。

   A. 工程索赔款　　B. 综合单价　　C. 零星工作费　　D. 预留金

3. 在招投标过程中，若出现招标文件中分部分项工程量清单特征描述与设计图纸不符，投标人确定投标报价的综合单价应该以(　　)为准。

   A. 设计文件　　B. 项目特征的描述　　C. 企业定额　　D. 消耗量定额

4. 投标人对招标人提供的措施项目清单所列项目，按规定(　　)。

   A. 根据自身拥有的施工装备、技术水平和采用的施工方法对招标所列的措施项目进行

调整

B. 根据《计价规范》规定，不得进行变更增减

C. 措施项目不得变动，按自身条件自主报价

D. 若要变更增减，应事先征得工程师同意

5. 投标人可根据工程项目实际情况以及施工组织设计或施工方案，自主对措施项目进行报价，但其中除外的是（　　）。

A. 安全文明施工费　　B. 夜间施工增加费

C. 二次搬运费　　D. 脚手架工程费

6. 下面（　　）不是投标企业在编制分部分项工程综合单价时的依据。

A. 工程量清单项目特征　　B. 企业管理费率

C. 材料暂估价　　D. 专业工程暂估价

7. 招标工程量清单中的工程量具备合同约束力的合同类型是（　　）。

A. 总价合同　　B. 固定单价合同

C. 可变单价合同　　D. 成本加酬金合同

(二) 多选题

8. 对于采用单价合同的工程，招标工程量清单标明的工程量，下列说法正确的是（　　）。

A. 该工程量是按施工图图示尺寸和《计量规范》工程量计算规则计算得到的工程净量

B. 该工程量应作为发承包双方进行工程竣工结算时的工程量

C. 该工程量不能作为承包人在履行合同义务中应予完成的准确的工程量

D. 该工程量不能作为承包人在履行合同义务中应予完成的实际的工程量

E. 该工程量是招标人编制招标控制价和投标人投标报价的共同基础

9. 综合单价法适用于可计量的措施项目，如（　　）。

A. 二次搬运　　B. 大型机械进出场

C. 夜间施工　　D. 脚手架

E. 垂直运输

10. 编制招标控制价时，应该注意的问题包括（　　）。

A. 采用的材料价格应通过市场调查确定

B. 工程计量与支付工程进度款的方式、数额及时间

C. 对于竞争性措施费用编制，应先编制施工组织设计或施工方案，合理地确定费用

D. 规费、税金的计算均属于强制性条款

E. 工程质量保证(保修)金的数额、预扣方式及时间

11. 下列关于投标价编制原则的说法，正确的是（　　）。

A. 投标报价由投标人自主确定，但必须执行《计价规范》的强制性规定

B. 投标报价不得低于投标人的工程成本

C. 按招标工程量清单填报价格

D. 只能按国家或省级、行业建设主管部门颁发的计价定额

E. 应以施工方案、技术措施等作为投标报价计算的基本条件

12. 下面关于投标价编制说法正确的是（　　）。

A. 投标人可以考虑对投标总价作适当优惠

B. 规费和税金不得作为竞争性费用

C. 专业工程暂估价可自主报价

D. 投标人可根据自身编制的投标施工组织设计或施工方案调整和确定措施项目

E. 投标企业没有企业定额时可根据企业自身情况参照消耗量定额进行调整

☞ 参考答案

1. C； 2. B； 3. B； 4. A； 5. A； 6. D； 7. A； 8. ACDE； 9. DE； 10. CD； 11. ABCE； 12. BDE

1Z103080 计量与支付

☞ 考点精要

1Z103081 工程计量

无论采用何种计价方式，其工程量必须按照《计量规范》规定的工程量计算规则计算。

一、工程计量的原则

1. 按合同文件中约定的方法进行计量；

2. 按承包人在履行合同义务过程中实际完成的工程量计算；

3. 不符合合同文件要求的工程，承包人超出施工图纸范围或承包人原因返工的工程量，不予计量；

4. 若发现清单中出现漏项、工程量计算偏差，以及工程变更引起工程量的增减，应据实调整。

二、工程计量的依据

计量依据一般有质量合格证书、《计量规范》与技术规范中的"计量支付"条款、设计图纸。

三、单价合同的计量

施工中进行工程量计量时，应按承包人在履行合同义务中完成的工程量计量。

1. 计量程序

按照《计价规范》的规定，单价合同工程计量的一般程序如下：

(1) 承包人应按合同约定的计量周期和时间向发包人提交当期已完工程量报告。发包人未在约定时间内核实的，则承包人提交的工程量应视为承包人实际完成的工程量。

(2) 发包人认为需要现场计量核实时,应在计量前24小时通知承包人。承包人收到通知后不派人参加计量,视为认可发包人的计量核实结果。发包人不按约定时间通知承包人,致使其未派人参加计量,计量核实结果无效。

(3) 当承包人认为发包人核实后的计量结果有误时,可接到核实结果通知后的7天内书面要求发包人核实。承包人对复核计量结果仍有异议的,按照合同约定的争议解决办法处理。

(4) 承包人完成已标价工程量清单中每个项目的工程量并经发包人核实无误后,双方对历次计量报表进行汇总并签字确认,以核实最终结算工程量。

2. 工程计量的方法

监理工程师一般只对以下工程项目进行计量:(1)工程量清单中的全部项目;(2)合同文件中规定的项目;(3)工程变更项目。计量方法见表3.12。

表3.12

有哪些方法	方法含义	适用项目
1. 均摊法	对清单中某些项目的合同价款,按合同工期平均计量支付	为监理工程师提供宿舍,保养测量设备,保养气象记录设备,维护工地清洁和整洁
2. 凭据法	按承包人提供的凭据进行计量支付	建筑工程险保险费、第三方责任险保费、履约保证金
3. 估价法	按合同文件的规定,根据监理工程师估算的已完工程价值支付	如为监理工程师提供办公设施和生活设施、提供用车、提供测量设备等各种设备,当承包人对于某一项清单项目中规定购买的仪器设备不能一次购进时,则采用估价法进行计量支付,当然,估价的款额与最终支付的款额无关,最终支付的款额总是合同清单中的款额
4. 断面法	在开工前承包人测绘出原地形的断面,经监理工程师检查,作为计量的依据	主要用于取土坑或填筑路堤土方的计量
5. 图纸法	在工程量清单中许多项目都采取按照设计图纸所示的尺寸进行计量	混凝土构筑物的体积,钻孔桩的桩长
6. 分解计量法	将一个项目根据工序或部位分解为若干子项,对完成的各子项进行计量支付	适用于解决一些包干项目或较大的工程项目的支付时间过长,影响承包人的资金流动等问题

四、总价合同的计量

采用工程量清单方式招标形成的总价合同,其工程量的计算应按照单价合同的计量规定计算。**除按照工程变更规定的工程量增减外,总价合同各项目的工程量应为承包人用于结算的最终工程量。**项目计量应以合同工程经审定批准的施工图纸为依据,按在合同中约定工程计量的形象目标或事件节点进行计量。

1Z103082 合同价款调整

一、合同价款应当调整的事项及调整程序

1. 合同价款应当调整的事项

考试用书列了15项,主要是各种变化、偏差、工程变更、计日工、暂估价、暂列金额、不可抗力、索赔、现场签证等事项,发承包双方应当按照合同约定调整合同价款:

2. 合同价款调整的程序

【注意：只要记住时间均为14天内，14天内对方未确认也未有异议，均认为对方认可。】

(1) 出现合同价款调增事项(不含工程量偏差、计日工、现场签证、索赔)后的14天内，承包人应向发包人提交合同价款调增报告附资料；在14天内未提交，视为承包人对该事项无调整价款请求。

(2) 出现合同价款调减事项(不含工程量偏差、施工索赔)后的14天内，发包人应向承包人提交合同价款调减报告附资料；在14天内未提交，应视为发包人对该事项无调整价款请求。

(3) 上述报告均要求对方14天内核实并确认，有疑问应向对方提出协商意见。14天内未确认也未提协商意见的，应视为接收意见方认可。对方在收到本方协商意见后的14天内核实并书面确认，14天内未确认也未提出不同意见的，应视为本方提出的意见已被对方认可。

如果双方对合同价款调整的意见不能达成一致，只要对双方履约不产生实质影响，双方应继续履行合同义务，直到其按照合同约定的争议解决方式得到处理。

二、法律法规变化

招标工程以投标截止日前28天，非招标工程以合同签订前28天为基准日，其后因法规、政策发生变化引起造价增减，双方应当按照省级或行业建设主管部门或其授权的工程造价管理机构发布的规定调整合同价款。但因承包人原因导致工期延误的，调整时间在原定竣工时间之后，调减不调增。

三、项目特征不符

按《计价规范》规定：发包人在招标工程量清单中对项目特征描述，应被认为是准确的和全面的，并且与实际施工要求相符合。承包人应按其实施合同工程，直到项目被改变为止。若在合同履行期间出现设计图纸(含设计变更)与招标工程量清单任一项目的特征描述不符，且引起该项目造价增减，应按照实际施工的项目特征，重新确定该项目综合单价，并调整合同价款。如，某现浇混凝土构件项目特征描述中强度等级为C25，但施工图纸标明的强度等级为C30，就需要调整价款。

四、工程量清单缺项

导致工程量清单缺项原因，一是设计变更，二是施工条件变化，三是工程量清单编制错误。

五、工程量偏差

《计价规范》规定，合同履行期间，当予以计算的实际工程量与招标工程量清单出现偏差，且符合下述两条规定的，双方应调整合同价款：

1. 任一清单项目，如果工程量偏差超过15%时，可进行调整。当工程量增加15%以上时，增加工程量(超过15%部分)的综合单价应予调低；当工程量减少15%以上时，减少后剩余部分的工程量的综合单价应予调高。

2. 如果工程量出现超过15%的变化，且该变化引起相关措施项目发生变化时，按系数或单一总价方式计价的，工程量增加的措施项目费调增，工程量减少的措施项目费调减。

【**例 3.11**】（引自考试用书例 1Z103082-1）某独立土方工程，招标文件中估计工程量为 100 万 m^3，合同中规定：土方工程单价为 5 元/m^3，当实际工程量超过估计工程量 15%时，调整单价，单价调为 4 元/m^3。工程结束时实际完成土方工程量为 130 万 m^3，则土方工程款为多少万元？

【**解析**】合同约定范围内工程量（15%以内）为 100×(1+15%)=115（万 m^3）

超过 15%之后部分工程量为 130−115=15（万 m^3）

则土方工程款=115×5+15×4=635（万元）

考试用书中，本节还有更为复杂的调价例题，预计考的概率较低，建议以放弃处理。不愿意放弃的读者可参见本科目考试用书例 1Z103082-2。

六、计日工

计日工按合同中约定的综合单价计价（已标价工程量清单中的计日工单价）。发包人通知承包人以计日工方式实施的零星工作，承包人应予执行。采用计日工计价的任何一项变更工作，在该项变更的实施过程中，承包人应按合同约定提交相关报表（含工作名称及人、料、机种类与数量）和有关凭证送发包人复核。《计价规范》规定：承包人应在该项工作实施结束后的 24 小时内向发包人提交有计日工记录汇总的现场签证报告。发包人在收到现场签证报告后的 2 天内予以确认。发包人逾期未确认也未提出修改意见的，应视为现场签证报告已被发包人认可。每个支付期末，承包人应向发包人提交本期间所有计日工记录的签证汇总表，说明本期间计日工金额，调整合同价款，列入进度款支付。

七、物价变化

为解决由于市场价格波动引起合同履行的风险问题，《建设工程施工合同（示范文本）》GF−2013−0201 中引入了适度风险适度调价的制度，亦称之为合理调价制度。

合同履行期间，因人工、材料、工程设备、机械台班价格波动影响合同价款时，应根据合同约定的方法计算调整合同价款。应在合同中约定主要材料、工程设备价格变化的范围或幅度；当没有约定，且材料、工程设备单价变化超过 5%时，超过部分的价格应按照价格指数调整法或造价信息差额调整法计算调整材料、工程设备费。

应用上述两种方法，如果发生合同工程工期延误的，应按照下列规定确定合同履行期应予调整的价格：

因非承包人原因导致工期延误的，计划进度日期后续工程的价格，应采用计划进度日期与实际进度日期两者的较高者（**承包人是“受害者”，所以调整要对其有利**）。

因承包人原因导致工期延误的，计划进度日期后续工程的价格，应采用计划进度日期与实际进度日期两者的较低者（**承包人是“害别人”，所以调整要对其不利**）。

1. 采用价格指数进行价格调整

因人工、材料和工程设备、机械台班等价格波动影响合同价格时，根据投标函附录中的价格指数和权重表约定的数据，按公式计算差额并调整合同价款。价格指数应优先采用工程造价管理机构发布的指数，缺乏价格指数时，可采用工程造价管理机构提供的价格代替。

【**例 3.12**】某工程合同总价为 1 000 万元，其中：不可调值部分、人工费和材料费分别占工程价款的比例为 15%、30%、35%。投标函附录中约定的人工费和材料费物价指数分别为 100、90，合同签订日的相应物价指数为 110、100，现行物价指数（**指约定的付款证书相关周期最后一天的前 42 天的各可调因子的价格指数**）分别为 120、110，其他费用物价指数不变。则工程结算价为（　　）。

A. 1 287　　　B. 1 067　　　C. 1 203　　　D. 1 138

【**解析**】不可调值部分是指管理费、利润等。其他费用比例为 1－15%－30%－35%＝20%。

工程结算价为 $1\,000 \times \left(15\% + 30\% \times \frac{120}{100} + 35\% \times \frac{110}{90} + 20\%\right) = 1\,138$（万元）

考试中变化：有可能要求计算调整额（差额），即为 1 138－1 000＝138（万元）。

2. 采用造价信息进行价格调整

（1）人、机按照省级以上政府、行业部门或其授权的工程造价管理机构发布的人工成本信息、机械台班单价或系数进行调整。

【**例 3.13**】（引自考试用书例 1Z103082-3）××工程在施工期间，省工程造价管理机构发布了人工费调整 10% 的文件，适用时间为××年×月×日，该工程本期完成合同价款 1 576 893.50 元，其中人工费 283 840.83 元，与定额人工费持平，本期人工费应否调整，调增多少？

【**解析**】因为人工费与定额人工费持平，则低于发布价格，应予调增：

$$283\,840.83 \times 10\% = 28\,384.08（元）$$

（2）材料、工程设备价格变化的价款调整按照发包人提供的主要材料和工程设备一览表，由合同约定的风险范围按相关规定调整合同价款。考试用书根据《施工合同（示范文本）》列出不同情况价格调整规则，但显得较为复杂。理解规则要先了解几个价格含义：基准单价是指由发包人在招标文件或专用合同条款中给定的材料、工程设备的价格（该价格原则上应当按照省级或行业建设主管部门或其授权的工程造价管理机构发布的信息价编制）；投标单价是承包人在投标文件已标价工程量清单中载明的材料单价；发包人确认单价是发包人确认用于调整合同价格的材料单价。

掌握上述规则的关键是确定以风险幅度的计算基础，是基准单价还是投标单价？一个简单方法：**当施工期间材料价格上涨时，以两者中高的为基础；当材料价格下跌时，以两者中低的为基础；两者相等时，无论涨、跌，均以基准价为基础。**计算的风险幅度超过合同约定风险幅度时，超过部分在投标单价基础上调整合同价格，作为发包人确认单价。如不需调整，发包人确认单价均为投标单价。结合例 3.13 和例 3.14 理解上述方法，并掌握计算。

另要注意，**承包人应在采购材料前将采购数量和新的材料单价报发包人核对，发包人应确认采购材料的数量和单价**。发包人在 3 个工作日内不予答复的视为已经认可。**如果承包人未报，在自行采购后再报，如发包人不同意，则不作调整**。

【**例 3.14**】（引自考试用书例 1Z103082-5）某工程采用预拌混凝土由承包人提供，所需品种见表，在施工期间，在采购预拌混凝土时，其单价分别为 C20：327 元/m^3，C25：335 元/m^3，C30：345 元/m^3，合同约定的材料单价如何调整？发包人确认单价是多少？

承包人提供材料和工程设备一览表

序号	名称、规格、型号	单位	数量	风险系数(%)	基准单价(元)	投标单价(元)	发包人确认单价
1	预拌混凝土 C20	m^3	25	≤5	310	308	
2	预拌混凝土 C25	m^3	560	≤5	323	325	
3	预拌混凝土 C30	m^3	3120	≤5	340	340	

【解析】 均属于施工期间价格上涨的情况

(1) C20:投标单价低于基准价,按基准价算。

327÷310－1＝5.45%,已超过约定的风险系数,应予调整。

308＋310×0.45%＝308＋1.395＝309.40(元),发包人确认单价为 309.40 元。

(2) C25:投标单价高于基准价,按投标价算。

335÷325－1＝3.08%,未超过约定的风险系数,不予调整。发包人确认单价为 325 元。

(3) C30:投标单价等于基准价,按基准价算。

345÷340－1＝1.47%,未超过约定的风险系数,不予调整。发包人确认单价为 340 元。

【例 3.15】 假设例 3.14 中施工期间价格下跌,C20 单价为 290 元/m^3,C25 单价为 310 元/m^3,则

(1) C20:按投标单价为基础,计算幅度为 290÷308－1＝－5.84%,已超过约定的风险系数,应予调整,调整单价为 308－308×0.84%＝305.4(元),发包人确认单价为 305.4 元。

(2) C25:以基准单价为基础,计算幅度为 310÷323－1＝－4.02%,未超过约定的风险系数,不予调整。发包人确认单价为 325 元。

八、暂估价

暂估价的材料、工程设备属于依法必须招标的,由双方以招标的方式选择供应商确定价格,以此取代暂估价,调整合同价款;不属于依法必须招标的,应由承包人按照合同约定采购,经发包人确认单价后取代暂估价,调整合同价款。

暂估价的专业工程,依法必须招标的,由双方依法组织招标选择专业分包人,并以专业工程发包中标价取代专业工程暂估价,调整合同价款;不属于依法必须招标的,应按照工程变更价款的确定方法确定专业工程价款,以此取代专业工程暂估价,调整合同价款。

暂估材料或工程设备的单价确定后,在综合单价中只应取代原暂估单价,不应再在综合单价中涉及企业管理费或利润等其他费的变动。

九、不可抗力

因不可抗力事件导致的人员伤亡、财产损失及其费用增加,发承包双方应按以下原则分别承担并调整合同价款和工期(**可概括为一句话:承包商的人、机由自己承担,其他全由发包人承担**):

1. 合同工程本身的损害、因工程损害导致第三方人员伤亡和财产损失以及运至施工场地用于施工的材料和待安装的设备的损害,由发包人承担;

2. 发包人、承包人人员伤亡由其所在单位负责,并应承担相应费用;

3. 承包人的施工机械设备损坏及停工损失，应由承包人承担；

4. 停工期间，承包人应发包人要求留在施工场地的必要的管理人员及保卫人员的费用，应由发包人承担；

5. 工程所需清理、修复费用，应由发包人承担。

不可抗力解除后复工的，若不能按期竣工，应合理延长工期。发包人要求赶工的，赶工费用应由发包人承担。

【例 3.16】（引自考试用书）某工程在施工过程中，因不可抗力造成损失。承包人及时向项目监理机构提出了索赔申请，并附有相关证明材料，要求补偿的经济损失如下：

(1) 在建工程损失 26 万元。(2)承包人受伤人员医药费、补偿金 4.5 万元。(3)施工机具损坏损失 12 万元。(4)施工机具闲置、施工人员窝工损失 5.6 万元。(5)工程清理、修复费用 3.5 万元。

逐项分析上述的经济损失是否补偿给承包人，项目监理机构应批准的补偿金额为多少元？

【解析】(1)在建工程损失 26 万元的经济损失应补偿给承包人(发包人承担)。

(2) 承包人受伤人员医药费、补偿费 4.5 万元的经济损失不应补偿给承包人(人员费用各自承担)。

(3) 施工机具损坏损失 12 万元的经济损失不应补偿给承包人(承包人承担)。

(4) 施工机具闲置、施工人员窝工损失 5.6 万元的经济损失不应补偿给承包人(承包人承担)。

(5) 工程清理、修复费用 3.5 万元的经济损失应补偿给承包人(发包人承担)。

监理机构应批准的补偿金额 26＋3.5＝29.5(万元)(考试中的计算题，一般只要求算出该数字)。

十、提前竣工(赶工补偿)

《计价规范》规定：

1. 招标人应当依据工期定额计算工期，压缩天数不得超过定额工期 20%。超过者，应在招标文件中明示增加赶工费用。

2. 工程实施中发包人要求提前竣工的，应征得承包人同意并修订合同进度计划。发包人应承担提前竣工(赶工补偿)费用。

3. 双方应在合同中约定提前竣工每日历天应补偿额度，此项费用应作为增加合同价款列入竣工结算文件中，应与结算款一并支付。

赶工费用主要包括：因赶工而造成的人、料、机费用的增加(因投入过大的不经济使用，或增加损耗，或应急而需提高的价格)。

十一、暂列金额

合同价中的暂列金额由发包人掌握使用。发包人按照合同的规定作出支付后，如有剩余，则暂列金额余额归发包人所有。

1Z103083 工程变更价款的确定

工程变更包括工程量变更、工程项目的变更(如发包人提出增加或者删减原项目内容)、进度计划的变更、施工条件的变更等。

一、《建设工程施工合同(示范文本)》条件下的工程变更

1. 发包人对原设计进行变更。应提前 14 天以书面形式向承包人发出变更通知。承包人对于发包人的变更通知没有拒绝的权利。承包人按照监理工程师发出的变更通知及有关要求变更。

2. 承包人对原设计进行变更。不得为了施工方便而要求对原工程设计变更。承包人合理化建议涉及对设计更改、施工组织设计更改或对原材料、设备更换,须经监理工程师同意。监理工程师同意变更后,也须经原规划管理部门等审查批准,并由原设计单位提供变更图纸和说明。未经监理工程师同意擅自更改或换用,承包人应承担相应费用和损失,延误工期不顺延。监理工程师同意采用合理化建议,所发生费用分担和获得收益的分享,由发承包双方另行约定。

3. 其他变更。除设计变更外,其他导致合同内容变更的都属于其他变更。这些变更应当由一方提出,与对方协商一致后,方可进行变更。

二、工程变更价款的确定方法

1. 已标价工程量清单项目或其工程数量发生变化的调整办法

《计价规范》规定,因工程变更引起已标价清单项目或其工程量发生变化,按规定调整:

(1) 已标价清单中有适用于变更工程项目的,应采用该项目的单价;但当工程变更导致该清单项目的工程数量发生变化,且工程量偏差超过 15%,按 1Z103082 中调整价款方法调整。

(2) 已标价清单中没有适用但有类似于变更工程项目的,可在合理范围内参照类似项目的单价。

(3) 已标价清单中没有适用也没有类似项目的,由承包人根据变更资料、计量规则和计价办法、信息价和承包人报价浮动率提出变更工程项目的单价,报发包人确认后调整。

$$\text{承包人报价浮动率}\ L=(1-\text{中标价}/\text{招标控制价})\times 100\%$$

(4) 已标价工程量清单中没有适用也没有类似的,也无信息价的,应由承包人取得有合法依据的市场价格提出变更工程一项目的单价,并应报发包人确认后调整。

【例 3.17】(引自考试用书)某工程招标控制价为 8 413 949 元,中标人的投标报价为 7 972 282元,承包人报价浮动率为多少?施工中屋面防水改用 PE 高分子防水卷材(1.5 mm),清单项目中无类似项目,工程造价管理机构发布的信息价有该卷材单价为18 元/m^2,则该项目综合单价如何确定?

【解析】 承包人报价浮动率 $L=(1-7\,972\,282/8\,413\,949)\times 100\%$

$=(1-0.9475)\times 100\%=5.25\%$

查得该项目定额人工费为 3.78 元,除卷材外的其他材料费为 0.65 元,管理费和利润为 1.13元。

该项目综合单价$=(3.78+18+0.65+1.13)\times(1-5.25\%)$

$=23.56\times 94.75\%=22.32$(元)

发承包双方协调可按 22.32 元作为该项目综合单价。

2. 措施项目费的调整

工程变更引起施工方案改变并使措施项目发生变化时，承包人事先将拟实施的方案提交发包人确认，并应按照下列规定调整措施项目费：

(1) 安全文明施工费应按照实际发生变化的措施项目调整，不得浮动。

(2) 采用单价计算的措施项目费，应按照前述已标价清单项目的规定确定单价。

(3) 按总价(或系数)计算的措施项目费，应考虑承包人报价浮动因素计算。

【注意：如果承包人未事先提交方案确认，则视为工程变更不引起措施项目费调整或承包人放弃调整权利。】

3. 工程变更价款调整方法的应用

(1) 直接采用适用的项目单价的前提是其采用的材料、施工工艺和方法相同，不增加关键线路上工程的施工时间。

(2) 采用适用的项目单价的前提是其采用的材料、施工工艺和方法基本类似，不增加关键线路上工程的施工时间，可仅就其变更后的差异部分，参考类似的项目单价由双方协商新的单价。(例如，某工程现浇混凝土梁为 C25，施工过程中设计调整为 C30，此时，可仅将 C30 混凝土价格替换 C25 混凝土价格，其余不变(管理费与利润不调整)，组成新的综合单价。)

(3) 无法找到适用和类似的项目单价时，应采用招投标时的基础资料和信息价，按成本加利润的原则由双方协商新的综合单价(见例 3.15)。

1Z103084 施工索赔与现场签证

一、施工索赔

1. 索赔的成立条件

索赔事件成立必须满足三要素：正当的索赔理由；有效的索赔证据；在合同约定的时间内提出。

索赔证据应满足以下基本要求：真实性；全面性；关联性；及时性并具有法律证明效力。

2. 承包人索赔(概括一句话：时间都是 28 天，过期不认账)

(1) 承包人提出索赔的程序

① 承包人在索赔事件发生后 28 天内，向发包人提交索赔意向通知书(说明发生索赔事件的事由)。

② 承包人在发出意向通知书后 28 天内，正式提交索赔通知书(说明理由和要求，附证据)。

③ 索赔事件具有连续影响的，承包人应继续提交延续索赔通知(说明连续影响，附证据)。

④ 索赔事件影响结束后 28 天内，提交最终索赔通知书(说明最终索赔要求，附证据)。

(2) 承包人索赔的处理程序

发包人在收到索赔通知书后 28 天内，将处理结果答复承包人，如逾期未答复，视为索赔要求已被发包人认可。索赔款项应作为增加合同价款，在当期进度款中进行支付。

(3) 承包人索赔的赔偿方式

承包人要求赔偿时，可以选择以下一项或几项方式获得赔偿：

①延长工期;②支付额外费用;③付合理的预期利润;④支付违约金。

在按合同约定办理了竣工结算后,应被认为承包人已无权再提出竣工结算前所发生的任何索赔。承包人在提交最终结清申请中,只限于对竣工结算后的索赔。

3. 发包人索赔

(1) 发包人提出索赔的程序

应在确认索赔事件发生后 28 天内向承包人发出索赔通知,否则承包人免除该索赔的全部责任。承包人在收到报告后 28 天内未作出答复,视为该项索赔报告已被认可。

(2) 发包人索赔的赔偿方式

发包人要求赔偿时,可以选择以下一项或几项方式获得赔偿:

①延长质量缺陷修复期限;②要求支付的额外费用;③要求支付违约金。

承包人应付给发包人的索赔金额可从拟支付的合同价款中扣除,或由承包人以其他方式支付。

4. 索赔的计算方法

(1) 索赔费用的组成(哪些情况下索赔? 各索赔如何计算?)

① 分部分项工程量清单费用

a. 人工费。包括增加工作内容的人工费、停工损失费和工作效率降低的损失费等累计,其中增加工作内容的人工费应按照计日工费计算,而停工损失费和工作效率降低的损失费按窝工费计算。

b. 设备费。可采用机械台班费、机械折旧费、设备租赁费等几种形式。当工作内容增加引起设备费索赔时,按照机械台班费计算。因窝工引起的设备费索赔,当施工机械属于施工企业自有时,按照机械折旧费计算;当施工机械是施工企业从外部租赁时,按照设备租赁费计算。

c. 材料费。包括索赔事件引起的材料用量增加、材料价格大幅度上涨、非承包人原因造成的工期延误而引起的材料价格上涨和材料超期存储费用。

d. 管理费。此项又可分为现场管理费和企业管理费两部分。

e. 利润。对工程范围、工作内容变更等引起的索赔,承包人可按原报价单中的利润百分率计算利润。

f. 迟延付款利息。发包人未按约定时间进行付款的,应按约定利率支付迟延付款的利息。

② 措施项目费用

因分部分项工程量清单漏项或非承包人原因变更,引起施工组织设计或施工方案变更,造成措施费变化时,已有的措施项目,按原有措施费的组价方法调整;没有的措施项目,承包人提出适当的措施费变更,经发包人确认后调整。

③ 规费与税金

只有工程内容的变更或增加,承包人可以列入相应增加的规费与税金。其他情况一般不能索赔。

(2) 索赔费用的计算方法

索赔费用的计算方法主要有:实际费用法、总费用法和修正总费用法。

二、现场签证

现场签证是指发承包双方现场代表(或其委托人)就施工过程中涉及的责任事件所作的签认证明。

1. 现场签证的范围

(1) 适用于施工合同范围以外零星工程的确认;

(2) 在工程施工过程中发生变更后需要现场确认的工程量;

(3) 非承包人原因导致的人工、设备窝工及有关损失;

(4) 符合施工合同规定的非承包人原因引起的工程量或费用增减;

(5) 确认修改施工方案引起的工程量或费用增减;

(6) 工程变更导致的工程施工措施费增减等。

2. 现场签证的程序

承包人应发包人要求完成合同以外的零星工作或非承包人责任事件发生时,承包人应按合同约定及时向发包人提出现场签证。发承包双方确认的现场签证费用与工程进度款同期支付。

3. 现场签证费用的计算

现场签证费用的计价方式包括两种:第一种是完成合同以外的零星工作时,按计日工单价计算。第二种是完成其他非承包人责任引起的事件,应按合同中的约定计算。进行现场签证时,关注几个问题:(1)时效性问题;(2)重复计量问题;(3)要掌握标书中对计日工的规定。

例如,某工程的承包人就某项合同外零星工作申请计日工签证时,对零星工作使用机械既申请了台班使用费又申请了机械司机的人工费和机械的油料费,监理工程师就不能批准后两项签证。为什么?回忆或查看一下有关机械台班使用费的构成。

1Z103085 合同价款期中支付

一、工程预付款

1. 工程预付款的支付

工程预付款是发包人向承包人提前支付的一笔款项,用于承包人为合同工程施工购置材料、机械设备、修建临时设施以及施工队伍进场等。工程是否实行预付款,取决于工程性质、承包工程量的大小及发包人在招标文件中的规定。

2. 工程预付款的抵扣

支付的预付款应以抵扣的方式从工程进度款中予以陆续扣回。常用的扣回方式有以下几种:

(1) 在承包人完成金额累计达到合同总价一定比例(双方合同约定)后,采用等比率或等额扣款的方式分期抵扣。

(2) 从未完施工工程尚需的主要材料及构件的价值相当于工程预付款数额时起扣,从每次中间结算工程款中按材料及构件比重抵扣工程预付款,至竣工之前全部扣清。起扣点计算公式为:

$$起扣点 = 合同总额 - \frac{预付款额}{主要材料及构件所占比重}$$

【例 3.18】(2011)某包工包料工程合同总金额为 1000 万元，工程预付款的比例为 20%，主要材料、构件所占比重为 50%，按起扣点基本计算公式，则工程累计完成至(　　)万元时应开始扣工程预付款。

A. 600　　B. 200　　C. 400　　D. 800

【解析】可用公式计算，但实际可不用记公式，根据方法的含义用解应用题方法。

预付款为 $1\ 000 \times 20\% = 200$，

设起扣点为 T 万元，

$(1\ 000 - T) \times 50\% = 200$（此式含义是起扣点未完工程中材料及构件价值等于预付款）

即可解得，$T=600$（万元）。

这样，起扣点之后付进度款时，每次把其中的 50%材料及构件款项扣除，竣工前正好全部扣清预付款。

二、安全文明施工费

发包人应在工程开工后的 28 天内预付不低于当年施工进度计划的安全文明施工费总额的 60%，其余部分应按提前安排原则进行分解，与进度款同期支付。在付款期满后 7 天内仍未支付的，若发生安全事故，发包人应承担相应责任。承包人对安全文明施工费应专款专用，在财务账目中单独列项备查。

三、进度款

合同价款的履行顺序主要通过“阶段小结、最终结清”来实现。发承包双方应按照合同约定的时间、程序和方法，支付进度款。进度款支付周期，应与工程计量周期一致。其中，工程量的正确计量是发包人向承包人支付进度款的前提和依据。计量和付款周期采用：

(1) 按月结算与支付。即实行按月支付进度款，竣工后结算的办法。

(2) 分段结算与支付。即当年开工但不能竣工工程按照形象进度，划分不同阶段支付工程进度款。

《计价规范》规定：发包人提供的甲供材料金额，应按照发包人签约提供的单价和数量从进度款支付中扣除。进度款的支付比例按照合同约定，按期中结算价款总额计，不低于 60%，不高于 90%。

1. 承包人支付申请的内容

承包人应在每个计量周期到期后的 7 天内向发包人提交已完工程进度款支付申请。支付申请包括：

(1) 累计已完成的合同价款；

(2) 累计已实际支付的合同价款；

(3) 本周期合计完成的合同价款，包括单价项目、总价项目、计日工、安全文明施工费、应增加的金额(索赔、签证等)；

(4) 本周期合计应扣减的金额(预付款、甲供材)；

(5) 本周期实际应支付的合同价款。

2. 发包人支付进度款(都是 14 天，逾期视为认可)

发包人在收到承包人支付申请后14天内予以核实，确认后向承包人出具进度款支付证书。发包人应在签发进度款支付证书后的14天内，按照支付证书列明的金额向承包人支付进度款。若逾期未签发进度款支付证书，则视为承包人提交的进度款支付申请已被发包人认可。发包人未按规定支付进度款的，承包人可催告并有权获得延迟支付的利息；发包人在付款期满后的7天内仍未支付的，承包人可在付款期满后的第8天起暂停施工。发包人应承担由此增加的费用、延误的工期和承包人合理利润，并承担违约责任。

考试用书中有关进度款计算的例题比较复杂，本科目考试不会那样出题，一般考其中某一点，如例3.18的计算起扣点。若要求计算某个支付周期的进度款，一般会给出若干费用项的数据，主要考查考生是否掌握哪些是应该支付的费用项、哪些是应该扣除的费用项的概念。

【例3.19】(2015)某工程项目预付款120万元，合同约定每月进度款按结算价的80%支付；每月支付安全文明施工费20万元；预付款从开工的第4个月起分3个月等额扣回，开工后前6个月结算价如下表，则第5个月应支付的款项为(　　)万元。

月份	1	2	3	4	5	6
结算价(万元)	200	210	220	220	220	240

A. 136　　B. 160　　C. 156　　D. 152

【解析】预付款第4、5、6个月等额扣回，每月扣 $120/3=40$ (万元)。所以，第5个月应支付的款项为 $220\times80\%+20-40=156$ (万元)。

1Z103086 竣工结算与支付

竣工结算是指建设工程项目完工并经验收合格后，对所完成的项目进行的全面工程结算。工程竣工结算应由承包人或受其委托具有相应资质的工程造价咨询人编制，并应由发包人或受其委托具有相应资质的工程造价咨询人核对。

一、竣工结算的程序

1. 承包人递交竣工结算书

承包人应在合同约定时间内编制完成竣工结算书，并在提交竣工验收报告的同时递交给发包人。

2. 发包人进行结算审核

发包人或受其委托的工程造价咨询人收到承包人递交的竣工结算书后，在合同约定时间内，不核对竣工结算或未提出核对意见的，视为承包人递交的竣工结算书已经认可。承包人在接到发包人提出的核对意见后，在合同约定时间内，不确认也未提出异议的，视为发包人提出的核对意见已经认可。

竣工结算书作为工程竣工验收备案、交付使用的必备文件。同一工程竣工结算核对完成，发、承包双方签字确认后，禁止发包人又要求承包人与另一个或多个工程造价咨询人重复核对竣工结算。

3. 工程竣工结算价款的支付

二、竣工结算的依据

无重要考点。

三、竣工结算的编制

1. 竣工结算的编制方法

（1）采用总价合同的，应在合同价基础上对设计变更、工程洽商以及工程索赔等合同约定可以调整的内容进行调整。

（2）采用单价合同的，应计算或核定竣工图或施工图以内的各个分部分项工程量，依据合同约定的方式确定分部分项工程项目价格，并对设计变更、工程洽商、施工措施以及工程索赔等内容进行调整。

2. 竣工结算的编制内容

分部分项、措施、其他项目，再加索赔等。

3. 竣工结算的计算方法

工程量清单计价法通常采用单价合同的合同计价方式，竣工结算的编制是采取合同价加变更签证的方式进行。《计价规范》规定：

（1）分部分项工程和措施项目中的单价项目应依据双方确认的工程量与已标价工程量清单的综合单价计算；发生调整的，应以发承包双方确认调整的综合单价计算。

（2）措施项目中的总价项目应依据已标价工程量清单的项目和金额计算；发生调整的，应以发承包双方确认调整的金额计算，其中安全文明施工费应按国家或省级、行业建设主管部门的规定计算。

（3）其他项目应按下列规定计价：

① 计日工应按发包人实际签证确认的事项计算；

② 暂估价应按计价规范相关规定计算；

③ 总承包服务费应依据已标价工程量清单的金额计算；

④ 索赔费用应依据发承包双方确认的索赔事项和金额计算；

⑤ 现场签证费用应依据发承包双方签证资料确认的金额计算；

⑥ 暂列金额应减去合同价款调整（包括索赔、现场签证）金额计算，如有余额归发包人。

（4）规费和税金按规定计算。其中的工程排污费应按工程所在地环保部门规定标准缴纳后按实列入。

（5）发承包双方在合同工程实施过程中已经确认的工程计量结果和合同价款，直接进入竣工结算。

四、竣工结算的审查

除非已有约定，竣工结算应采用全面审查的方法，严禁采用抽样审查、重点审查、分析对比审查和经验审查的方法，避免审查疏漏现象发生。

五、竣工结算款支付

1. 承包人提交竣工结算款支付申请

承包人应根据办理的竣工结算文件向发包人提交竣工结算款支付申请。申请应包括下列内容：(1)竣工结算合同价款总额；(2)累计已实际支付的合同价款；(3)应预留的质量保证金；(4)实际应支付的竣工结算款金额。

2. 发包人签发竣工结算支付证书与支付结算款

发包人应在收到竣工结算款支付申请后 7 天内予以核实，向承包人签发竣工结算支付证书，并在签发竣工结算支付证书后 14 天内，向承包人支付结算款。在收到承包人提交的竣工结算款支付申请后 7 天内不予核实，也未签发竣工结算支付证书的，视为竣工结算款支付申请已被发包人认可。发包人未按照上述规定支付竣工结算款的，承包人可催告并有权获得延迟支付的利息。

六、质量保证金

发包人应按照合同约定的质量保证金比例从结算款中预留质量保证金。承包人未按照合同约定履行属于自身责任的工程缺陷修复义务的，发包人有权从质量保证金中扣除用于缺陷修复的各项支出。工程缺陷属于发包人原因造成的，应由发包人承担查验和缺陷修复的费用。在合同约定的缺陷责任期终止后，发包人将剩余的质量保证金返还给承包人。

七、最终结清

缺陷责任期终止后，承包人应向发包人提交最终结清支付申请。发包人在收到最终结清支付申请后 14 天内予以核实，并应向承包人签发最终结清支付证书。发包人应在签发最终结清支付证书后的 14 天内，向承包人支付最终结清款。如果发包人未在约定的时间内核实，又未提出具体意见的，应视为最终结清支付申请已被发包人认可。发包人未按期最终结清支付的，承包人可催告发包人支付，并有权获得延迟支付的利息。最终结清时，如果质量保证金不足以抵减发包人工程缺陷修复费用的，承包人承担不足部分的补偿责任。

1Z103087 合同解除的价款结算与支付

一、因不可抗力解除合同

由于不可抗力致使合同无法履行解除合同的，发包人应向承包人支付合同解除之日前已完成工程但尚未支付的合同价款，此外，还应支付下列金额：

1. 《计价规范》中提前竣工相关条款中规定的应由发包人承担的费用；
2. 已实施或部分实施的措施项目应付价款；
3. 承包人为合同工程合理订购且已交付的材料和工程设备货款；
4. 承包人撤离现场所需的合理费用，包括员工遣送费和临时工程拆除、施工设备运离现场的费用；
5. 承包人为完成合同工程而预期开支的任何合理费用，且该项费用未包括在本款其他各项支付之内；发承包双方办理结算合同价款时，应扣除合同解除之日前发包人应向承包人收回的价款。

二、因承包人违约解除合同

1. 发包人应暂停向承包人支付任何价款。

2. 发包人应在合同解除后 28 天内核实合同解除时承包人已完成的全部合同价款以及已运至现场的材料和工程设备货款，核算承包人应支付的违约金以及造成损失的索赔金额，并将结果通知承包人。

3. 发承包双方应在 28 天内予以确认或提出意见，并办理结算合同价款。如果发包人应扣除的金额超过了应支付的金额，则承包人应在合同解除后的 56 天内将其差额退还给发包人。

三、因发包人违约解除合同

发包人除应按照由于不可抗力解除合同的规定向承包人支付各项价款外，还应按合同约定核算发包人应支付的违约金以及给承包人造成损失或损害的索赔金额费用。该笔费用由承包人提出，发包人核实后与承包人协商确定后的 7 天内向承包人签发支付证书。

☞ 典型考题

(一) 单选题

1. 监理工程师拟对承包人已完成的一分项工程计量结果进行核实，下列(　　)不能作为计量依据。

A. 该分项工程的质量合格证书　　B.《计量规范》和技术规范

C. 设计图纸　　D. 招标工程量清单

2. 下列(　　)不适用均摊法进行工程计量。

A. 为监理工程量提供宿舍　　B. 为监理提供测量仪器

C. 维持工地清洁和整洁　　D. 保养气象记录设备

3. 某工程施工合同约定采用造价信息进行价格调整，有关材料价格调整说法正确的是(　　)。

A. 投标材料单价高于基准价时，施工期材料单价上涨，以基准单价为基础计算风险幅度值

B. 投标材料单价低于基准价时，施工期材料单价下跌，以基准单价为基础计算风险幅度值

C. 投标材料单价高于基准价时，施工期材料单价下跌，以基准单价为基础计算风险幅度值未超过合同约定的风险幅度值，发包人确认的材料单价为投标材料单价

D. 对于承包人自行采购的材料，即使承包人在采购材料前未将采购数量和新的材料单价报发包人核对，事后发包人也应根据《计价规范》规定，经市场调查核实后，只要材料涨幅超过风险幅度，也应调整合同价款。

4. 合同一方向另一方提出索赔时，应有正当的索赔理由和有效证据，并应符合合同的相关约定。任何索赔事件成立必须满足的三要素不包括(　　)。

A. 正当的索赔理由　　B. 及时的索赔申请

C. 有效的索赔证据　　D. 在合同约定的时间时限内提出

5. 若发包人认为由于承包人的原因造成额外损失，发包人应在确认引起索赔的事件后，按合

同约定向承包人发出索赔通知。承包人在收到发包人索赔通知后并在合同约定时间内，未向发包人作出答复，则(　　)。

A. 发包人应给予提醒　　B. 视为索赔报告已经认可

C. 承包人可申请延期答复　　D. 视为该项索赔已经认可

6. 索赔费用的组成中的人工费，包括增加工作内容的人工费、停工损失费和工作效率降低的损失费等累计，其中增加工作内容的人工费计算应按照(　　)。

A. 计日工费　　B. 平均日工费　　C. 窝工费　　D. 平均窝工费

7. 工程完工后，发、承包双方应在合同约定时间内办理工程竣工结算。下列关于工程竣工结算的编制的说法，错误的是(　　)。

A. 由承包人编制

B. 由发包人或受其委托具有相应资质的工程造价咨询人核对

C. 发包人编制

D. 受承包人委托具有相应资质的工程造价咨询人编制

8. 竣工结算的编制应区分合同类型，采用相应的编制方法。如果在合同价基础上对设计变更、工程洽商以及工程索赔等合同约定可以调整的内容进行调整，其合同类型应该是(　　)。

A. 单价合同　　B. 固定总价合同

C. 总价合同　　D. 成本加酬金合同

9. 竣工结算时，工程施工中发生的索赔、签证费用计在(　　)中。

A. 其他项目　　B. 措施项目

C. 分部分项工程项目　　D. 暂估价项目

10. 某工程承包合同因不可抗力导致无法履行需要解除，下面的做法中(　　)不符合《计价规范》的规定。

A. 发包人向承包人支付合同解除之日前已完工程但尚未支付的合同价款

B. 发包人向承包人支付提前竣工相关条款中规定的应由发包人承担的费用

C. 发包人应从双方结算合同款中扣除合同解除之日前发包人应向承包人收回的价款

D. 发包人不承担承包人施工设备运离现场所需的费用

(二) 多选题

11. 监理工程一般只对以下的(　　)进行计量。

A. 暂定金额项目　　B. 计日工项目

C. 措施项目　　D. 分部分项工程项目

E. 承包人未提交当期已完工程量的项目

12. 工程量的正确计量是发包人向承包人支付工程进度款的前提和依据。工程计量的原则主要包括(　　)。

A. 按合同文件中约定的方法进行计量

B. 应该以施工方案、技术措施等作为工程计量的基本条件

C. 按承包人在履行合同义务过程中实际完成的工程量计算

D. 对于不符合合同文件要求的工程，承包人超出施工图纸范围或因承包人原因造成返工的工程量，不予计量

E. 若发现工程量清单中出现漏项、工程量计算偏差，以及工程变更引起工程量的增减变化应据实调整，正确计量

13. 现场签证是指发、承包双方现场代表(或其委托人)就施工过程中涉及的责任事件所作的签认证明。现场签证的范围一般包括(　　)。

A. 施工合同范围以外零星工程的确认

B. 施工单位原因导致的人工、设备窝工及有关损失

C. 在工程施工过程中发生变更后需要现场确认的工程量

D. 符合施工合同规定的施工单位原因引起的工程量或费用增减

E. 确认修改施工方案引起的工程量或费用增减，以及工程变更导致的工程施工措施费增减

14. 按《计价规范》，因非承包人原因的工程变更，造成增加新的工程量清单项目，其对应的综合单价确定方法包括(　　)。

A. 当清单项目工程量的变化幅度在15%以内时，其综合单价不作调整

B. 已标价工程量清单已有适用于变更项目的单价，应采用该项目单位

C. 已标价工程清单中没有适用但有类似于变更项目的单价，在合理范围内参照类似项目单价

D. 已标价工程量清单中没有适用或类似项目的，但有造价管理机构的信息价，由承包人根据相关规定提出单价，报发包人确认

E. 已标价工程量清单中无适用及类似项目，也无造价管理机构公布的信息价，则由监理工程师确定单价

☞ 参考答案

1. D； 2. B； 3. C； 4. B； 5. B； 6. A； 7. C； 8. C； 9. A； 10. D； 11. ABCD； 12. ACDE； 13. ACE； 14. BCDE

1Z103090 国际工程投标报价

☞ 考点精要

本章分值很少，而考试用书中篇幅较多，很多知识点可参照国内的做法答题即可。本书主要列一些与国内做法上有差异的知识点。

1Z103091 国际工程投标报价的程序

一、组织投标报价班子

无重要考点。

二、研究招标文件

投标人应从以下几个主要方面研究招标文件。

1. 关于合同条件方面；
2. 关于承包商责任范围和报价要求方面；
3. 技术规范和图纸方面。

三、进行各项调查研究

1. 市场、政治、经济环境调查
2. 施工现场自然条件调查
3. 现场施工条件调查
4. 劳务规定、税费标准和进出口限额调查
5. 工程项目业主的调查
6. 竞争对手的调查

四、标前会议与现场勘察

1. 标前会议

参加标前会议应注意以下几点。

(1) 对工程内容范围不清的问题应当提请说明，但不要表示或提出任何修改设计方案的要求。

(2) 对招标文件中图纸与技术说明互相矛盾之处，请求说明应以何者为准，但不要提出修改技术要求。

(3) 对含糊不清、易歧义理解的合同条件，可以请求给予澄清、解释，但不要提出改变合同条件要求。

2. 现场勘察

现场勘察一般是标前会议的一部分，招标人会组织所有投标人进行现场参观和说明。投标人应准备好现场勘察提纲并积极参加这一活动。除一般性调查外，还应结合工程专业特点有重点地进行勘察。

五、工程量复核

当发现遗漏或相差较大时，投标人不能随便改动工程量，仍应按招标文件的要求填报自己的报价，但可另在投标函中适当予以说明。

六、生产要素与分包工程询价

生产要素询价包括：

1. 主要建筑材料的采购渠道、质量、价格、供应方式。
2. 施工机械的采购与租赁渠道、型号、性能、价格以及零配件的供应情况。
3. 当地劳务的技术水平、工作态度与工作效率、雇用价格与手续。
4. 当地的生活费用指数、食品及生活用品的价格、供应情况。

1Z103092 国际工程投标报价的组成

一、国际工程投标报价的组成

国际工程投标报价如表 3.13 所示。与国内建筑安装工程费用构成不同，其现场管理费、

临时工程设施费、保险费、税金等是在工程量清单中没有单独列项的费用项目，需作为待摊费用分摊到工程量清单的各个报价分项中去。

国际工程投标报价的组成有着不同的划分，主要有两种：一是开办费单列的投标报价，如表 3.13；二是开办费未单列的投标报价，则开办费应列入待摊费用之中。国际工程投标报价要准确划分报价项目和待摊费用项目。报价项目就是工程量清单上所列的项目。待摊费用项目不在工程量清单上出现，而是作为报价项目的价格组成因素隐含在每项综合单价之内。

表 3.13(引自考试用书表 1Z103092)

<table>
<tr><td rowspan="26">国际工程投标总报价组成</td><td colspan="3">人工费</td></tr>
<tr><td colspan="3">材料费</td></tr>
<tr><td colspan="3">施工机具使用费</td></tr>
<tr><td rowspan="20">待摊费</td><td rowspan="5">现场管理费</td><td>工作人员费</td></tr>
<tr><td>办公费</td></tr>
<tr><td>差旅交通费</td></tr>
<tr><td>文体宣教费</td></tr>
<tr><td>固定资产使用费</td></tr>
<tr><td rowspan="15">其他待摊费</td><td>国外生活设施使用费</td></tr>
<tr><td>工具用具使用费</td></tr>
<tr><td>劳动保护费</td></tr>
<tr><td>检验试验费</td></tr>
<tr><td>其他费用</td></tr>
<tr><td>临时设施工程费</td></tr>
<tr><td>保险费</td></tr>
<tr><td>税金</td></tr>
<tr><td>保函手续费</td></tr>
<tr><td>经营业务费</td></tr>
<tr><td>工程辅助费</td></tr>
<tr><td>贷款利息</td></tr>
<tr><td>总部管理费</td></tr>
<tr><td>利润</td></tr>
<tr><td>风险费</td></tr>
<tr><td colspan="3">开办费</td></tr>
<tr><td rowspan="2">分包工程费</td><td colspan="2">分包报价</td></tr>
<tr><td colspan="2">总包管理费和利润</td></tr>
<tr><td></td><td colspan="3">暂定金额(招标人备用金)</td></tr>
</table>

二、人工、材料和施工机械基础单价计算

1. 工日基价的计算

工日基价是指国内派出的工人和在工程所在国招募的工人，每个工作日的平均工资。一般来说，在分别计算这两类工人的工资单价后，再考虑功效和其他一些有关因素以及人数，加权平均即可算出工日工资基价。注意，国内派出工人的工资与国内的人工工资构成有较大差异，除了国内人工工资构成之外，还有派出企业的管理费、出国差旅费、国外零用费、置装费和卧具费等。当地雇工工资中还包含工人招募和解雇费用、上下班交通费等。

2. 材料、半成品和设备预算价格的计算

应按当地采购、国内供应和从第三国采购分别确定。

在工程所在国当地采购的材料设备，其预算价格应为施工现场交货价格。通常按下式计算：

预算价格＝市场价＋运输费＋采购保管损耗

国内供应和第三国采购的材料和设备类同1Z103010中的进口设备抵岸价。

3. 施工机械使用费的计算

施工机械使用费与国内基本一样。

三、待摊费

1. 现场管理费

现场管理费是指由于组织施工与管理工作而发生的各种费用，与国内建安工程费用价构成中企业管理费用大部分相同，差异主要是多一项——国外生活设施使用费。

2. 其他待摊费用

(1) 临时设施工程费(国内作为措施费)；

(2) 保险费；

(3) 税金(区别国内的税金的分开设置)；

(4) 保函手续费；

(5) 经营业务费(国内列在企业管理费中)；

(6) 工程辅助费(包括成品的保护费、竣工清理费及工程维修费等)；

(7) 贷款利息(国内列在企业管理费中)；

(8) 总部管理费(国际上区别现场管理与企业行政管理，国内统列入企业管理费中)；

(9) 利润；

(10) 风险费。

风险费是指工程承包过程中由于各种不可预见的风险因素发生而增加的费用。

四、开办费

有些招标项目的报价单中单列有开办费(或称初期费用)一项，指正式工程开始之前的各项现场准备工作所需的费用。如果招标文件没有规定单列，则所有开办费都应与其他待摊费用一起摊入到工程量表的各计价分项价格中。一般可能包括以下内容。

1. 现场勘察费；
2. 现场清理费；
3. 进场临时道路费；
4. 业主代表和现场工程师设施费；
5. 现场试验设施费；
6. 施工用水电费(国内直接作为材料费)；
7. 脚手架及小型工具费；
8. 承包商临时设施费；
9. 现场保卫设施和安装费用。

五、暂定金额

基本等同于国内的暂列金额,亦称待定金额或备用金。每个承包商在投标报价时均应将此暂定金额数计入工程总报价,但承包商无权做主使用此金额,这些项目费用将按照业主工程师的指示与决定,全部或部分使用。

1Z103093 单价分析和标价汇总的方法

一、分项工程的单价分析

1. 计算分项工程的单位工程量人、料、机费用

分项工程人、料、机费用(A)＝分项工程的单位工程量人、料、机费用×分项工程量

分项工程人、料、机费用常用的估算方法(**哪些方法、适用情况**)：

(1) 定额估价法。一般拥有较可靠定额标准的企业,定额估价法应用较为广泛。

(2) 作业估价法。应用定额估价法是以定额消耗标准为依据,并不考虑作业的持续时间,因此当机械设备所占比重较大,适用均衡性较差,机械设备搁置时间过长而使其费用增大,这时就应采用作业估价法进行计算更为合适。

(3) 匡算估价法。指估价师根据以往经验或有关资料,直接估算出分项工程中人工、材料的消耗量,从而估算出分项工程的直接费单价。往往适用于工程量不大,所占费用比例较小的那部分分项工程。

2. 求整个工程项目的人、料、机总费用,即 $\sum A$

3. 求整个工程项目的待摊费用之和,即 $\sum B$

4. 计算分摊系数 $\beta=\dfrac{\sum B}{\sum A}\times 100\%$

5. 计算分项工程单价 U

$$U=\text{本分项工程的单位工程量人、料、机费用}\times(1+\text{分摊系数}\ \beta)$$

二、标价汇总

总标价＝分项工程合价＋分包工程总价＋暂定金额

1Z103094 国际工程投标报价的分析方法(哪些方法、判断是什么方法)

一、国际工程投标报价的对比分析

标价的对比分析是依据在长期的工程实践中积累的大量的经验数据,用类比的方法。

二、国际工程投标报价的动态分析

主要考虑工期延误、物价和工资上涨以及其他可变因素(如汇率、贷款利率的变化、政策法规的变化等)影响。

1Z103095 国际工程投标报价的技巧

一、根据招标项目的不同特点采用不同报价(两类对比看,很好记)

1. 报价可高一些的工程

(1)施工条件差的工程;

(2)专业要求高的技术密集型工程,而本公司在这方面有专长,声望也较高;

(3)总价低的小型工程以及自己不愿做、又不方便不投标的工程;

(4)特殊的工程,如港口码头、地下开挖工程等;

(5)工期要求急的工程;

(6)竞争对手少的工程;

(7)支付条件不理想的工程。

2. 报价可低一些的工程

(1)施工条件好的工程;

(2)工作简单、工程量大而一般公司都可以做的工程;

(3)本公司目前急于打入某一市场、某一地区,或在该地区面临工程结束,机械设备等无工地转移时;

(4)本公司在附近有工程,而本项目又可利用该工地的设备、劳务,或有条件短期内突击完成的工程;

(5)竞争对手多,竞争激烈的工程;

(6)非急需工程;

(7)支付条件好的工程。

二、适当运用不平衡报价法

一般可以在以下几个方面考虑采用不平衡报价法。

1. 能够早日结账收款的项目(如开办费、土石方工程、基础工程等)可以报得高一些,以利资金周转,后期工程项目(如机电设备安装工程,装饰工程等)可适当降低。

2. 经过工程量核算,预计今后工程量会增加的项目,单价适当提高,这样在最终结算时可获得超额利润,而将工程量可能减少的项目单价降低,工程结算时损失不大。

3. 设计图纸不明确,估计修改后工程量要增加的,可以提高单价,而工程内容说明不清的,则可降低一些单价。

三、注意计日工的报价

如果是单纯对计日工报价，可以报高一些，以便在日后业主用工或使用机械时可以多盈利。但如果招标文件中有一个假定的“名义工程量”时，则需要具体分析是否报高价，以免提高总报价。

四、适当运用多方案报价法

五、适当运用“建议方案”报价

六、适当运用突然降价法

七、适当运用先亏后盈法

八、注意暂定工程量的报价

九、合理运用无利润算标法

缺乏竞争优势的承包商，只好在投标中根本不考虑利润去夺标。这种办法一般是处于以下条件时采用：

1. 有可能在得标后，将大部分工程分包给索价较低的一些分包商；

2. 对于分期建设的项目，先以低价获得首期工程，尔后赢得机会创造第二期工程中的竞争优势，并在以后的实施中赚得利润；

3. 较长时期内，承包商没有在建的工程项目，如果再不得标，就难以维持生存。因此，虽然本工程无利可图，只要能有一定的管理费维持公司的日常运转，就可设法度过暂时的困难，以图将来东山再起。

1Z103096 国际工程投标报价决策的影响因素

一、国际工程投标报价决策的影响因素

影响国际工程投标报价决策的因素主要有成本估算的准确性、期望利润、市场条件、竞争程度、公司的实力与规模。此外，在投标报价决策时，还应考虑风险偏好的影响。

二、国际工程投标报价的策略

1. 生存策略；2. 补偿策略；3. 开发策略；4. 竞争策略；5. 盈利策略。

☞ 典型考题

(一) 单选题

1. 在国际工程投标报价中，当机械设备所占比重较大、使用的均衡性较差、搁置时间过长而使其费用增大时，机械使用费一般宜采用(　　)进行计算。

A. 定额估价法　　B. 匡算估价法　　C. 作业估价法　　D. 概算指标法

2. 某国际工程投标过程中，投标人员在复核工程量时发现土方部分的工程量计算存在较大误差，其应采取的正确做法是(　　)

A. 按自己核算的正确的工程量计算报价，并在投标函中予以说明

B. 按是否有利的原则选择招标文件的工程量或自己核算的工程量报价

C. 按招标文件的工程量填报自己的报价，并在投标函中予以说明

D. 按招标文件的工程量和自己核算的工程量分别报价并加以说明

3. 国际工程投标报价时，在工程所在国当地采购的材料设备的预算价格应按(　　)计算。

A. 材料设备出厂价格　　B. 投标人所在国预算价格

C. 当地市场价格　　D. 施工现场交货价格

4. 为了保证在投标报价中不错报、不漏报，投标人应认真核对工程量清单与投标人须知、技术规范、图纸等，还包括(　　)。

A. 同类工程　　B. 当地在建工程

C. 合同条件　　D. 代理人提供的关于标底的情报

5. 图纸分析要注意平面图、立面图、剖面图之间尺寸、位置的一致性，结构图与设备安装图之间的一致性，当发现矛盾之处时，应及时提醒有关人员澄清并修正，有关人员指的是(　　)。

A. 招标人　　B. 投标人　　C. 设计者　　D. 管理者

6. 现场勘查一般是标前会议的一部分，投标人应积极参加并做好相应的准备，包括(　　)。

A. 施工方案　　B. 工程地质资料　　C. 相关技术文件　　D. 现场勘察提纲

7. 在确定完分包工作内容后，承包商要发出分包询价单。分包询价单的要求与某个文件基本一致，这个文件是(　　)。

A. 工程投标文件　　B. 工程招标文件　　C. 工程施工方案　　D. 工程设计文件

8. 国际工程投标报价中，待摊费用项目不在工程量清单上出现，而是作为报价项目的价格组成因素隐含在(　　)。

A. 每项综合单价　　B. 工程总价　　C. 间接费　　D. 直接费

9. 国际工程投标总报价中，分包工程费包括分包价和(　　)。

A. 风险费　　B. 现场管理费　　C. 总包管理费和利润　　D. 总部管理费

10. 国际工程报价中，工日基价是指国内派出的工人和工程所在国招募的工人每个工作日的(　　)。

A. 最高工资　　B. 最低工资　　C. 基本工资　　D. 平均工资

11. 风险费的确定通常由投标人通过分析具体工程项目的风险因素后，确定一个比较合理的费用项目的百分数作为风险费率，这个费用项目是(　　)。

A. 工程总价　　B. 直接费　　C. 待摊费　　D. 间接费

(二) 多选题

12. 在国际工程投标报价组成中，待摊费用包括(　　)。

A. 现场管理费　　B. 临时设施工程费　　C. 经营业务费　　D. 总部管理费

E. 暂定金额

13. 为了搞好投标报价，投标人认真研究招标文件，具体方面包括(　　)。

A. 关于合同条件　　B. 资格审查条件

C. 承包商的责任范围和报价要求　　D. 招标机构及评标专家的组成

E. 技术规范和图纸

14. 作为成功投标报价的基础，在标价计算之前要开展各项调查研究，除了对所在国市场情况、政治形势、经济状况，施工现场自然条件和现场施工条件的调查，还需要进行的几项调查是(　　)。

A. 劳务规定、税费标准和进出口限额　　B. 竞争对手

C. 当地出口结构　　D. 招标条件

E. 工程项目业主

15. 下列关于工程量复核目的的说法，正确的是(　　)。

A. 为了便于准确计算投标价格

B. 为实施过程中测量每项工程量提供依据

C. 为现场勘察提供依据

D. 为选定施工方案提供依据

E. 为安排施工进度计划提供依据

16. 分项工程人、料、机常用的估算方法主要有(　　)。

A. 直接估价法　　B. 定额估价法

C. 作业估价法　　D. 间接估价法

E. 匡算估价法

17. 将工程量清单中所有分项工程的合价汇总，即可算出工程的总标价，总标价等于若干费用项目之和，这些费用项目分别是(　　)。

A. 开办费　　B. 分项工程合价

C. 分包工程总价　　D. 暂定金额

E. 利润

18. 国际工程投标报价时，既要考虑自身的优势和劣势，也要分析招标项目的特点。可根据招标项目的不同特点采用不同的报价。报价可适当低一些的工程特点是(　　)。

A. 施工条件好　　B. 工期要求急

C. 竞争对手多　　D. 特殊工程

E. 工作简单、工程量大

☞ 参考答案

1. C；2. C；3. D；4. C；5. A；6. D；7. B；8. A；9. C；10. D；11. A；12. ABCD；13. ACE；14. ABE；15. ABDE；16. BCE；17. BCD；18. ACE

2016年一级建造师“建设工程经济”科目模拟试题(一)(附参考答案)

一、单项选择题(共60题，每题1分。每题的备选项中，只有1个最符合题意)

1. 某建筑企业向银行申请了一笔1 000万元的为期6个月的短期借款，月利率1%，按月计息并支付利息，则该企业为这笔贷款共支付了(　　)万元利息。

A. 60　　B. 61.25　　C. 63.41　　D. 120

2. 甲、乙、丙、丁四家企业各出资1 000万元投资一个新项目，各方占项目股份25%，并商定在建设期第1、第2年各年出资计划分别为甲方1 000万元、0元；乙方700万元、300万元；丙方500万元、500万元；丁方0元、1 000万元。这一出资安排对(　　)方最为不利。

A. 甲　　B. 乙　　C. 丙　　D. 丁

3. 衡量资金时间价值的绝对尺度是(　　)。

A. 财务净现值　　B. 有效利率　　C. 利息　　D. 本利和

4. 技术方案经济效果评价内容包括盈利能力分析、偿债能力分析和财务生存能力分析。对于非经营性方案，经济效果评价应主要分析(　　)。

A. 盈利能力　　B. 偿债能力　　C. 财务生存能力　　D. 抗风险能力

5. 方案经济效果评价程序中，在收集、整理和计算基础数据资料与参数之后，后一步要做的工作是(　　)。

A. 对基础数据进行统计分析　　B. 编制基本财务报表
C. 计算评价指标　　D. 对方案进行经济效果评价

6. 下图为某方案静态投资回收期示意图(累计净现金流量图)，可以判断该方案的静态投资回收期(　　)。

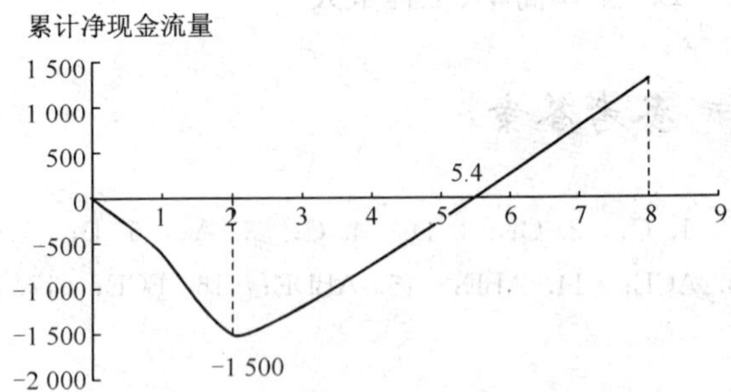

A. 1年
B. 2年
C. 5～6年之间
D. 6～8年之间

7. 某工业项目建设投资额8 870万元(含建设期贷款利息)，全部流动资金700万元，项目投产后正常年份的利润总额400万元，年利息100万元，则该项目的总投资收益率为(　　)。

A. 5.22%　　B. 5.67%　　C. 5.64%　　D. 6.67%

8. 根据财政部《企业产品成本核算制度(试行)》，建筑企业为签订A工程的承包合同，发生差旅费1万元、投标费用2万元，则这两项费用在工程成本核算时处理是(　　)。

A. 前者计入企业管理费、后者计入工程成本中的间接费

B. 两者都计入工程成本中的间接费

C. 两者都计入工程成本中的其他直接费用

D. 两者都计入企业的期间费用

9. 某建设项目，建设期为两年，其向银行贷款 1 000 万元，贷款时间和额度为第一年 400 万元，第二年 600 万元，贷款年利率 10%，按年计息，建设期不支付利息，则建设期第 2 年利息为(　　)万元。

A. 20　　B. 72　　C. 60　　D. 104

10. 施工图预算审查时，将分部分项工程的单位建筑面积指标总结归纳为工程量、价格、用工三个单方基本指标，然后利用这些基本指标对拟建项目分部分项工程预算进行审查的方法称为(　　)。

A. 筛选审查法　　B. 对比审查法

C. 分组计算审查法　　D. 逐项审查法

11. 施工企业为职工缴纳的工伤保险费在建筑安装费用构成中属于(　　)。

A. 企业管理费中的劳动保险费　　B. 规费中的社会保险费

C. 工程建设其他费用中的工程保险费　　D. 人工费

12. 根据《建设工程工程量清单计价规范》，招标工程量清单中分部分项工程量以形成工程实体为准，按(　　)计算。

A. 根据施工方案计算出来的施工量　　B. 实际完成的全部工程量

C. 工程完成后的净值　　D. 工程实体量与耗损量之和

13. 某施工企业购入一台施工机械，原价 60 000 元，预计残值率 3%，使用年限 8 年，按平均年限法计提折旧，该设备每年应计提的折旧额为(　　)元。

A. 5 820　　B. 7 275　　C. 6 000　　D. 7 500

14. 现场签证费用的计价方式中，对于完成合同以外的零星工作时，按(　　)计价。

A. 计日工单价　　B. 合同中的约定方式计算

C. 计日工单价调整　　D. 类似的综合单价

15. 某工程合同总价 2 000 万元，工程预付款 240 万元，主要材料和构件所占比重为 60%，工程预付款起扣点为(　　)万元。

A. 240　　B. 1 200　　C. 800　　D. 1 600

16. 某工程中使用的 A 工程设备，招标文件专用条款中给定的价格为 2 000 元/台，中标施工企业的投标价格为 1 900 元/台，施工期间该设备市场价格为 2 200 元/台，施工合同中约定材料、工程设备价格在 5%范围波动风险由承包人承担。承包人在采购前将采购量和新的价格报发包人核对，发包人确认的 A 设备价格为(　　)元/台。

A. 1 900　　B. 1 995　　C. 2 000　　D. 2 105

17. 在传统计价模式的定额工、料、机消耗量是相关部门综合测定的，定额水平尺度是(　　)。

A. 典型施工企业水平　　B. 社会先进水平

C. 社会平均水平　　D. 行业平均先进水平

18. 某化工建设项目设计年生产能力 5 万吨，预计年固定总成本为 800 万元，产品销售价格

1 500 元/吨，产品销售税金及附加为销售收入的10%，产品变动成本 1 150 元/吨，则该项目用生产能力利用率表示的盈亏平衡点是(　　)。

A. 100%　　B. 80%　　C. 55%　　D. 40%

19. 根据《企业会计准则第 15 号——建造合同》，施工企业发生的工程点交费在会计核算时应计入(　　)。

A. 工程成本的直接费用

B. 工程成本的间接费用

C. 企业期间费用

D. 向建设单位另外收取，计入企业营业收入

20. 财务报表是反映企业某一特定日期财务状况和某一会计期间经营成果、(　　)的书面文件。

A. 所有者权益　　B. 资产　　C. 负债　　D. 现金流量

21. 在财务评价中，下列(　　)应计入经营成本。

A. 固定资产折旧费　　B. 固定资产修理费

C 建设投资贷款利息　　D. 流动资金贷款利息

22. 施工企业从建设单位取得工程预付款，属于企业筹资方式中的(　　)筹资。

A. 融资租赁　　B. 短期借款　　C. 长期借款　　D. 商业信用

23. 某工程竣工结算时，按合同约定计算出分部分项工程费 9 000 万元(不含不计税的工程设备费)、措施费为 500 万元、其他项目费 300 万元、规费 200 万元、不计税的工程设备费为 1 000万元，利润率 10%，规定的综合税率 3. 41%，则该工程竣工结算总价为(　　)万元。

A. 11 307　　B. 11 341　　C. 11 375　　D. 11 324

24. 某建设项目投资规模较大，土建部分工程量较小，从国外引进的图纸不全、难以核算，该项目概算进行审查最适合的方法是(　　)。

A. 联合会审法　　B. 查询核实法

C. 分组计算审查法　　D. 对比分析法

25. 产品的寿命周期成本由产品生产成本和(　　)组成。

A. 使用及维护成本　　B. 使用成本

C. 生产前准备成本　　D. 资金成本

26. 某工程采用工程清单计价模式，采用单价合同计价方式，竣工结算的编制采取(　　)的方式进行。

A. 招标控制价加变更签证　　B. 合同价加变更签证

C. 投标价加变更签证　　D. 合同价加索赔费用

27. 施工定额研究的对象是(　　)。

A. 工序　　B. 整个建筑物

C. 扩大的分部分项工程　　D. 分部分项工程

28. 某单位建筑工程初步设计已达到一定深度，建筑结构明确，能够计算出概算工程量，则编制该单位建筑工程概算最适合的方法是(　　)。

A. 类似工程预算法　　B. 概算指标法

C. 扩大单价法　　D. 预算单价法

29. 根据《建设工程工程量清单计价规范》，工程量清单应由（　　）编制。

A. 招投标管理部门认可的代理机构　　B. 具有相应资质的工程造价咨询人

C. 具有招标代理资质的中介机构　　D. 项目管理公司合同管理机构

30. 采用工程量清单计价的工程，竣工结算时，现场签证费用应纳入（　　）中计算。

A. 分部分项工程的综合单价调整　　B. 采用综合单价计价的措施项目费中调整

C. 采用以总价计价的措施项目费中调整　　D. 其他项目费用

31. 某施工企业买入一块土地的使用权，准备建设自用办公大楼，施工企业支付给土地使用权转让方的1 000万元土地款应作为企业的（　　）。

A. 其他资产　　B. 流动资产　　C. 固定资产　　D. 无形资产

32. 设备经济寿命是指设备从投入使用开始，到（　　）而被更新所经历的时间。

A. 加工精度下降导致产品质量不合格　　B. 运行经济效益开始下降

C. 继续使用在经济上不合理　　D. 因磨损严重而无法正常运行

33. 在建筑安装工程费用构成中，支付给从事建筑安装工程施工的生产工人的劳动竞赛奖计在（　　）中。

A. 职工福利费　　B. 劳动保险费　　C. 工会经费　　D. 人工费

34. 招标工程量清单作为招标文件的组成部分，其完整性和准确性应由（　　）负责。

A. 招标代理机构　　B. 招标人

C. 招投标管理部门　　D. 有资质的工程造价咨询人

35. 采用工程量清单招标方式，施工企业在投标报价时，（　　）不得变动和更改并计入分部分项工程费用中的综合单价中。

A. 工程设备暂估价　　B. 专业工程暂估价

C. 计日工单价　　D. 暂列金额

36. 项目竣工验收前，施工企业对已完工程进行保护发生的费用应计入（　　）。

A. 措施项目费　　B. 总承包服务费

C. 分部分项工程费　　D. 企业管理费

37. 设计概算是设计单位编制和确定的建设工程项目从筹建至（　　）所需全部费用的文件。

A. 竣工交付使用　　B. 办理完竣工决算

C. 项目报废　　D. 施工保修期满

38. 反映企业一定经营期间经营成果的会计等式是（　　）。

A. 资产＝收入＋所有者权益　　B. 收入－费用＝利润

C. 资产＝负债＋所有者权益　　D. 收入－负债＝利润

39. 应作为价值工程优先改进对象的是（　　）。

	甲	乙	丙	丁
现实成本(元)	1 100	2 350	9 000	3 040
目标成本(元)	1 000	2 000	9 800	2 800
功能价值	0.909	0.831	1.089	0.921

A. 丙　　B. 丁　　C. 甲　　D. 乙

40. 在《计量规范》规定编制招标工程量清单时，项目特征描述是很重要的，它直接关系到投标人的投标报价。项目特征准确描述要包括项目自身特征、项目工艺特征和(　　)。

A. 施工工序特征　　B. 施工方法可能产生影响的特征

C. 施工机械特征　　D. 施工现场气候条件特征

41. 适合采用融资租赁方案的设备类型是(　　)。

A. 技术过时风险大的设备　　B. 临时使用的仪器

C. 长期使用的大型贵重设备　　D. 保养维护复杂的设备

42. 项目财务计划现金流量表主要用于分析项目的(　　)。

A. 偿债能力　　B. 财务生存能力

C. 财务盈利能力　　D. 不确定性

43. 某施工企业 2015 年利润总额 5 000 万元，企业适用的所得税税率 25%，年初资产总额 20 000万元、负债 8 000 万元；年末资产总额 25 000 万元、负债 10 000 万元，则当年该企业的净资产收益率为(　　)。

A. 17.65%　　B. 27.78%　　C. 23.08%　　D. 26.67%

44. 某建设项目设备及工器具购置费为 600 万元，建筑安装工程费为 1 200 万元，工程建设其他费为 100 万元，建设期两年，建设期内预计年平均价格总水平上涨率为 5%，则该项目的涨价预备费的计算基数应为(　　)万元。

A. 1 900　　B. 1 200　　C. 700　　D. 1 800

45. 下列建设投资费用中，属于项目静态投资的是(　　)。

A. 基本预备费　　B. 建设期间新增税费

C. 涨价预备费　　D. 建设期利息

46. 某斗容量 1 立方米正铲挖土机的机械台班产量为 4.96(定额单位 100 立方米)，小组成员两人，则挖 100 立方米的人工时间定额为(　　)工日。

A. 0.40　　B. 4.96　　C. 2.48　　D. 0.20

47. 国际工程投标报价中，如投标企业发现招标文件有关工程内容范围不清，正确的做法是(　　)。

A. 报价时自行明确技术要求或修改设计方案，并报价

B. 在参加标前会议时提请说明，并要求业主修改设计

C. 可提出修改设计的方案，提请业主批准后进行报价

D. 在参加标前会议时提请说明，但不要表示或提出任何修改设计方案的要求

48. 企业存货的总成本是存货的取得成本、储存成本和(　　)之和。

A. 购置成本　　B. 存货保险税费

C. 订货成本　　D. 缺货成本

49. 技术方案经济效果评价中，根据投资现金流量表可计算的指标包括财务内部收益率、财务净现值和(　　)。

A. 投资各方内部收益率　　B. 静态投资回收期

C. 资本金内部收益率　　D. 累计盈余资金

50. 企业的流动资产包括存货、库存现金、应收账款和(　　)等。

A. 短期投资　　B. 预收账款　　C. 应付账款　　D. 预付账款

51. 对于合同结果不能可靠地估计,合同成本能够收回的施工合同,其合同收入应按照(　　)确认。

A. 合同初始收入　　B. 实际合同成本+合理利润

C. 已经发生的全部成本　　D. 得到确认的实际合同成本

52. 某施工企业在计算当期应纳税所得额时,准予扣除的支出项目是(　　)。

A. 赞助某残疾人艺术团公开演出活动经费支出

B. 以经营租赁方式租入的固定资产折旧

C. 已建成竣工验收合格但尚未搬入使用的办公楼折旧

D. 向企业股东支付的红利

53. 施工企业成本核算或投标报价时,周转性材料消耗量指标应根据(　　)来确定。

A. 第二次使用时需要的补充量　　B. 摊销量

C. 最终回收量　　D. 一次使用量

54. 企业收到某机构的捐赠款 50 万元,该捐赠款应计入企业的(　　)。

A. 任意盈余公积　　B. 营业外收入

C. 资本公积　　D. 留存收益

55. 承包人应按合同约定的计量周期和时间向发包人提交当期已完工程量报告,发包人未在约定时间内核实的,则承包人提交的工程量应视为(　　)。

A. 承包人暂定的完成工程量　　B. 承包人实际完成的工程量

C. 签证工程量　　D. 承包人完成暂列金额中的工程量

56. 某工艺设备原方案的投资额为 10 万元,经营成本为 4.5 万元,新方案的投资额为 14 万元,经营成本为 3 万元,则增量投资收益率为(　　)。

A. 26.1%　　B. 26.7%　　C. 37.5%　　D. 23.6%

57. 规划是不可竞争费用,所以在招标控制价、施工企业投标报价和竣工结算价中该项费用(　　)。

A. 金额相等　　B. 在投标报价中金额最低

C. 在竣工结算价中金额最高　　D. 上述三种情况都有可能

58. 应收账款是企业流动资产中的一个重要项目,是(　　)的直接产物。

A. 商业信用　　B. 银行信用　　C. 短期投资　　D. 企业借贷

59. 某国际工程投标报价中,有几项分项工程采用的新型材料、工程量不大、所占费用的比例很小,投标人可采用(　　)估算其人、料、机费用。

A. 匡算估价法　　B. 定额估价法　　C. 作业估价法　　D. 分包法

60. 根据现行《计价规范》,采用工程量清单计价的某招标工程,工程量清单中挖土方的工程量为 2 600 立方米,某投标人根据其施工方案估算的挖土方施工工程量为 4 400 立方米,人、料、机费用为 76 000 元,管理费为 18 000 元,利润为 8 000 元,规费 2 000 元、税金 2 000 元,不考虑风险因素,则该投标人填报的综合单价应为(　　)元/立方米。

A. 36.15　　B. 29.23　　C. 39.23　　D. 23.18

二、多项选择题(共20题,每题2分。每题的备选项中,有2个或2个以上符合题意,至少有1个错项。错选,本题不得分;少选,所选的每个选项得0.5分)

61. 建设项目财务盈利能力分析中,动态分析指标有(　　)。

A. 财务内部收益率
B. 财务净现值
C. 财务净现值率
D. 动态投资回收期
E. 投资收益率

62. 建设项目敏感性分析中,确定敏感因素可以通过计算(　　)来判断。

A. 盈亏平衡点
B. 评价指标变动率
C. 部确定因素变动率
D. 临界点
E. 敏感度系数

63. 绘制现金流量图需要把握的现金流量的要素有(　　)。

A. 现金流量的大小
B. 绘制比例
C. 时间单位
D. 现金流入或流出
E. 发生的时点

64. 对于常规技术方案,若技术方案的 $FNPV(18\%)=0$,则必有(　　)。

A. $FNPV(16\%)>0$
B. $FIRR=18\%$
C. $FNPV(20\%)>0$
D. 若基准收益率为15%,方案在经济上可接受
E. 若基准收益率为19%,方案在经济上接受

65. 某工程在施工过程中,因不可抗力造成损失,应用发包人承担的费用有(　　)。

A. 在建工程损失100万元
B. 承包人受伤人员医药费、补偿金5万元
C. 施工机具损坏损失20万元
D. 施工机具闲置、施工人员窝工损失8万元
E. 工程清理、修复费用6万元

66. 估算设备工器具购置费时,国产标准设备运杂费的构成包括(　　)。

A. 交货地点至工地仓库的运费和装卸费
B. 设备出厂价格中未包含的包装材料费
C. 供销部门手续费
D. 采购与仓库保管费
E. 设备运输受损修理费

67. 下面关于工程计量结果确认的规定正确的说法是(　　)。

A. 如果承包人收到通知后不参加计量核对,则由发包人核实的计量应认为是工程量的正确计量
B. 如发包人未在规定的核对时间内进行计量核对,承包人提交的工程计量视为发包人已经认可
C. 如发包人未在规定的核对时间内通知承包人,致使承包人未能参加计量核对的,则由发包人所做的计量核实结果无效
D. 对于承包人超出施工图纸范围或因承包人原因造成的返工的工程量,承包人与发包人

协商后，可予部分计量

E. 如承包人不同意发包人核实的计量结果，承包人可在收到核实结果后在规定的时间内提请相关部门调解

68. 编制人工定额时，工人工作必须消耗的时间包括（　　）。

A. 由于材料供应不及时引起的停工时间

B. 工人擅自离开工作岗位造成的时间损失

C. 准备工作时间

D. 由于施工工艺特点引起的工作中断所必需的时间

E. 工人下班前清洗整理工具的时间

69. 反映企业财务状况的会计要素有（　　）。

A. 收入　　B. 所有者权益　　C. 资产　　D. 费用

E. 负债

70. 关于企业净资产收益率指标的说法，正确的有（　　）。

A. 该指标反映了企业偿付到期债务的能力

B. 指标值越高，说明企业盈利能力越好

C. 指标值越高，表明资产的利用效率越高

D. 该指标是企业本期利润总额和净资产的比率

E. 该指标反映企业全部资产运用的总成果

71. 单位设备安装工程概算的常用编制方法有（　　）。

A. 投资估算指标法　　B. 预算单价法

C. 扩大单价法　　D. 概算指标法

E. 类似工程预算法

72. 施工企业发生的下列费用，应当计入财务费用的有（　　）。

A. 财会人员的工资　　B. 短期借款的利息

C. 财务部门的办公费　　D. 应付票据的利息

E. 汇兑损失

73. 工程量清单是（　　）的依据。

A. 进行工程索赔　　B. 编制项目投资估算

C. 编制招标控制价　　D. 支付工程进度款

E. 办理竣工结算

74. 建设项目投资组成中，建设管理费包括（　　）。

A. 工程勘察费

B. 工程监理费

C. 工程设计费

D. 建设管理采用工程总承包方式的总包管理费

E. 建设单位管理费

75. 设备经营租赁方案与设备购置方案相比，在现金流出构成项目上的差异有（　　）。

A. 经营成本　　B. 租赁费用

C. 营业税及附加　　D. 设备购置费

E. 贷款利息

76. 按现行建筑安装工程费用构成的规定，材料费内容包括(　　)。

A. 材料原价　　B. 材料运杂费

C. 采购与保管费　　D. 材料检验试验费

E. 运输损耗费

77. 某施工企业拟对某应用面广、能源消耗高、工程质量难于保证的施工方案用价值工程方法进行改进，提高施工方案价值的途径有(　　)。

A. 双向型　　B. 改进型　　C. 节约型　　D. 投资型

E. 使用型

78. 按现行《计价规范》进行投标报价时，其他项目清单中的(　　)等项目，只能按招标文件中招标人估算金额列入投标总价中，不得变动。

A. 暂列金额　　B. 总承包服务费

C. 工程设备暂估价　　D. 专业工程暂估价

E. 材料暂估价

79. 根据现行建筑安装工程费用项目组成规定，人工费、材料费、施工机具使用费、企业管理费、利润均包含工程的(　　)费用中。

A. 分部分项工程　　B. 措施项目

C. 其他项目　　D. 规费项目

E. 税金项目

80. 施工企业其他业务收入包括(　　)。

A. 产品销售收入　　B. 建造合同收入

C. 材料销售收入　　D. 固定资产盘盈收入

E. 机械作业收入

☞ 参考答案

一、单项选择题

1. A；　2. A；　3. C；　4. C；　5. B；　6. C；　7. A；　8. C；　9. B；　10. A；　11. B；　12. C；　13. B；　14. A；　15. D；　16. C；　17. C；　18. B；　19. A；　20. D；　21. B；　22. D；　23. B；　24. B；　25. A；　26. B；　27. A；　28. C；　29. B；　30. D；　31. D；　32. C；　33. D；　34. B；　35. A；　36. A；　37. A；　38. B；　39. D；　40. B；　41. C；　42. B；　43. B；　44. D；　45. A；　46. A；　47. D；　48. D；　49. B；　50. A；　51. D；　52. C；　53. B；　54. C；　55. B；　56. C；　57. D；　58. A；　59. A；　60. C

二、多项选择题

61. ABCD；　62. DE；　63. ADE；　64. ABD；　65. AE；　66. ABCD；　67. ABC；　68. CDE；　69. BCE；　70. BC；　71. BCD；　72. BDE；　73. ACDE；　74. BCDE；　75. BDE；　76. ABCE；　77. ABCD；　78. AD；　79. ABC；　80. ACE

2016 年一级建造师“建设工程经济”科目模拟试题(二)(附参考答案)

(说明:据 2013 年该科目真题调整)

一、单项选择题(共 60 题,每题 1 分。每题的备选项中,只有 1 个最符合题意)

1. 某施工企业向银行借款 250 万元,期限 2 年,年利率 6%,半年复利利息一次。第二年末还本付息,则到期企业需支付给银行的利息为(　　)万元。

A. 30.00　B. 30.45　C. 30.90　D. 31.38

2. 某施工企业投资 200 万元购入一台施工机械,计划从购买日起的未来 6 年等额收回投资并获取收益。若基准收益率为 10%,复利计息,则每年末应获得的净现金流入为(　　)万元。

A. $200\times(A/P, 10\%, 6)$　B. $200\times(F/P, 10\%, 6)$

C. $200\times(A/P, 10\%, 7)$　D. $200\times(A/F, 10\%, 7)$

3. 某垃圾处理项目得到政府 300 万元的财政补贴,则这 300 万元应计入财务计划现金流量表中的(　　)。

A. 经营活动净现金流量　B. 投资活动净现金流量

C. 筹资活动净现金流量　D. 营业收入

4. 某设备 5 年前的原始成本是 10 万元,现账面价值是 3 万元,市场价值是 2 万元,则该设备的沉没成本为(　　)万元。

A. 1　B. 3　C. 7　D. 8

5. 某设备在不同使用年限(1 至 7 年)时的平均年度资产消耗成本和平均年度运行成本如下表所示。则该设备在静态模式下的经济寿命为(　　)年。

设备在不同使用年限时的年成本

使用年限(年)	1	2	3	4	5	6	7
平均年度资产消耗成本(万元)	140	110	90	75	65	60	58
平均年度运行成本(万元)	15	20	30	40	55	70	85

A. 3　B. 4　C. 5　D. 6

6. 关于设备租赁的说法,错误的是(　　)。

A. 融资租赁通常适用于长期使用的贵重设备

B. 临时使用的设备适宜采用经营租赁方式

C. 经营租赁的任一方可以以一定方式在通知对方后的规定期限内取消租约

D. 租赁期内，融资租赁凭承担人拥有租赁设备的所有权

7. 某工程合同总额300万元，工程预付款为合同总额的20%，主要材料、构件占合同总额的50%，则工程预付款的起扣点为(　　)万元。

A. 200　　B. 150　　C. 180　　D. 140

8. 根据《建设工程工程量清单计价规范》(GB 50500—2013)，关于工程量清单编制的说法，正确的是(　　)。

A. 同一招标工程的项目编码不能重复

B. 措施项目都应该以“项”为计量单位

C. 所有清单项目的工程量都应以实际施工的工程量为准

D. 暂估价是用于施工中可能发生工程变更时的工程价款调整的费用

9. 当初步设计有详细设备清单时，编制设备及安装工程概算宜采用的编制方法是(　　)。

A. 扩大单价法　　B. 概算指标法

C. 预算单价法　　D. 类似工程预算法

10. 某项目设计年产量为6万件，每件售价为1 000元，单位产品可变成本为350元，单位产品营业税金及附加为150元，年固定成本为360万元，则用生产能力利用率表示的项目盈亏平衡点为(　　)。

A. 30%　　B. 12%　　C. 15%　　D. 9%

11. 根据《建设工程工程量清单计价规范》(GB 50500—2013)，应列入规费清单的费用是(　　)。

A. 上级单位管理费　　B. 大型机械进出场及安拆费

C. 住房公积金　　D. 危险作业意外伤害保险费

12. 根据现行《建筑安装工程费用项目组成》(建标〔2013〕44号)，施工现场按规定缴纳的工程排污费应计入建筑安装工程(　　)。

A. 风险费用　　B. 规费　　C. 措施费　　D. 企业管理费

13. 下列财务指标中，数值越高，表明企业资产的盈利能力越强的指标是(　　)。

A. 总资产报酬率　　B. 营业增长率

C. 速动比率　　D. 总资产周转率

14. 某企业从银行借入一笔长期贷款2 000万元，手续费率为0.2%，年利率7%，期限为5年，每年结息一次，年末付息。到期一次还本，企业适用所得税税率为25%，则该项借款资金成本率为(　　)。

A. 7.297%　　B. 7.01%　　C. 5.25%　　D. 5.45%

15. 编制预算定额人工消耗量时，人工幅度差用工是指人工定额中未包括的，而在一般正常施工情况下又不可避免的一些(　　)。

A. 返工用工　　B. 低效率用工　　C. 用工浪费　　D. 零星用工

16. 下列工程经济效果评价指标中，属于盈利能力分析动态指标的是(　　)。

A. 财务净现值　　B. 投资收益率　　C. 借款偿还率　　D. 流动比率

17. 根据《建设工程工程量清单计价规范》(GB 50500—2013)，因不可抗力事件导致的损害及其费用增加，应由承包人承担的是(　　)。

A. 工程本省的损害

B. 承包人的施工机械损坏

C. 发包方现场的人员伤亡

D. 工程所需的修复费用

18. 关于工程量清单招标中计日工报价技巧的说法，正确的是(　　)。

A. 单纯对计日工报价应报低价

B. 招标文件中有名义工程量的计日工应报高价

C. 单纯对计日工报价应报高价

D. 招标文件中有名义工程量的计日工应报低价

19. 根据《建设工程工程量清单计价规范》(GB 50500—2013)，招标人委托工程造价咨询人编制的招标工程量清单，其封面应有招标人和(　　)盖章确认。

A. 编制清单的造价人员

B. 造价咨询人的造价工程师

C. 工程造价咨询人的法人代表

D. 工程造价咨询人

20. 根据现行《企业会计准则》，下列交易事项中，应计入当期利润的是(　　)。

A. 收到上期出售产品的货款

B. 上期购买的货物，但是本期才支付的货款

C. 上期已经进行的销售宣传，但是本期才支付的宣传费

D. 当期已经出售的产品，但是货款还没有收到

21. 某工程钢筋加工有现场制作和外包加工两个方案，现场制作方案的固定费用 12 万元，每吨加工费用 150 万元，外包加工每吨加工费用 250 元，则仅从经济上考虑时，现场制作方案的试用范围是钢筋总加工量在(　　)。

A. 1 200 吨以上

B. 480 吨以上

C. 480～800 吨之间

D. 800～1 200 吨之间

22. 对采用通用图纸的多个工程施工图预算进行审查时，为节省时间，宜采用的审查方法是(　　)。

A. 全面审查法

B. 筛选审查法

C. 对比审查法

D. 标准预算审查法

23. 根据现行《建筑安装工程费用项目组成》(建标〔2013〕44 号)，企业按规定为职工缴纳的基本养老保险属于(　　)。

A. 规费　　B. 企业管理费　　C. 措施费　　D. 人工费

24. 设计概算的“三级概算”是指(　　)。

A. 建筑工程概算、安装工程概算、设备及工器具购置费概算

B. 建设投资概算、建设期利息概算、铺底流动资金概算

C. 主要工程项目概算、辅助和服务性工程项目概算、室内外工程项目概算

D. 单位工程概算、单项工程综合概算、建设工程项目总概算

25. 某工程已有详细的设计图纸，建筑结构非常明确，采用的技术很成熟，则编制该单位建筑工程概算精度最高的方法是(　　)。

A. 概算指标法

B. 类似工程预算法

C. 修正的概算指标法

D. 概算定额法

26. 某施工企业 2012 年度工程结算收入为 1 000 万元，营业成本和营业税金及附加为 300 万

元，管理费用为 200 万元，财务费用为 100 万元，其他业务收入为 200 万元，投资收益为 150 万元，营业外收入为 100 万元，营业外支出为 80 万元，所得税为 100 万元，则企业当年营业利润为(　　)万元。

A. 500　　B. 520　　C. 750　　D. 670

27. 某跨年度项目的合同价为 10 000 万元，预计合同总成本 8 500 万元，资产负债表日以前会计年度累计已确认的收入为 6 000 万元，该工程已完成工程进度的 80%，则当期应确认的合同收入为(　　)万元。

A. 1 500　　B. 2 000　　C. 2 500　　D. 4 000

28. 编制某工程项目投资估算时，项目建设期 2 年，第一年贷款 800 万元，第二年贷款 600 万元，贷款利率 10%，则该项目建设期利息总和为(　　)万元。

A. 154　　B. 114　　C. 140　　D. 144

29. 根据现行《建筑安装工程费用项目组成》(建标〔2013〕44 号)，职工的劳动保险费应计入(　　)。

A. 规费　　B. 企业管理费　　C. 措施费　　D. 人工费

30. 租赁公司购买一台设备用于出租，设备的价格为 128 万元，可以租赁 6 年，每年年末支付租金，折现率为 10%，附加率为 4%，租赁保证金和设备费的时间价值忽略不计，则按附加率法计算的年租金为(　　)万元。

A. 34.99　　B. 28.59　　C. 24.32　　D. 39.25

31. 某机械台班产量为 4 m^3，与之配合的工人小组由 5 人组成，则单位产品的人工时间定额为(　　)工日。

A. 0.50　　B. 0.80　　C. 120　　D. 1.25

32. 根据《建设工程工程量清单计价规范》(GB 50500—2013)，招标工程量清单的准确性和完整性应由(　　)负责。

A. 招标人　　B. 招标人指定的招标代理机构

C. 招标人的上级部门　　D. 招标人

33. 根据《建设工程工程量清单计价规范》(GB 50500—2013)，采用工程量清单招标的工程，投标人在投标报价时不得作为竞争性费用的是(　　)。

A. 工程定位复测费　　B. 税金

C. 冬雨季施工增加费　　D. 总承包服务费

34. 根据现行《企业会计准则》，对于资产负债表日起一年内到期的负债，企业预计不能自主地将清偿义务展期，但在资产负债表日后，财务报告批准报出日前签订了重新安排清偿计划协议，则该项负债应归类为(　　)。

A. 非流动负债　　B. 流动负债　　C. 应付票据　　D. 长期应付款

35. 关于企业定额作用的说法，不正确的是(　　)。

A. 企业定额是编制施工组织设计的依据

B. 企业定额能反映在不同项目上的最高管理水平

C. 依据企业定额可以计算出施工企业完成投标工程的实际成本

D. 企业定额不能直接反映本企业的施工技术水平

36. 根据现行《企业会计准则》,下列资产中属于现金流量表中现金等价物的是(　　)。

A. 应收账款　　B. 存贷

C. 银行承兑汇票　　D. 可流通的股票

37. 对于待定的投资方案,若基准收益率增大,则投资方案评价指标的变化规律是(　　)。

A. 财务净现值与内部收益率均减小　　B. 财务净现值与内部收益率均增大

C. 财务净现值减小,内部收益率不变　　D. 财务净现值增大,内部收益率减小

38. 下列经济活动产生的现金中,不属于筹资活动产生的现金流量是(　　)。

A. 处置子公司收到的现金净额　　B. 取得借款收到的现金

C. 分配股利支付的现金　　D. 偿还债务支付的现金

39. 某工程建设单位 2012 年 10 月审核了竣工结算书,按合同建设单位应于 2012 年 11 月支付结算款项,实际上施工企业于 2013 年 1 月收到该笔款项,根据现行《企业会计准则》,施工企业应将该款项计入(　　)的收入。

A. 2012 年 10 月　　B. 2012 年 12 月　　C. 2012 年 11 月　　D. 2013 年 1 月

40. 根据《建设工程工程量清单计价规范》(GB 50500—2013),关于工程计量的说法,正确的是(　　)。

A. 发包人应在收到承包人已完成工程量报告后 14 天核实

B. 总价合同的工程量必须以原始的施工图纸为依据计量

C. 所有工程内容必须按月计量

D. 单价合同的工程量必须以承包人完成合同工程应予计量的工程量确定

41. 关于用成本分析模式确定企业现金持有量的说法,正确的是(　　)。

A. 企业持有现金的成本有机会成本、管理成本和短缺成本

B. 管理成本与现金持有量呈正比例关系

C. 现金的短缺成本随现金持有量的增加而增加

D. 运用成本分析模式确定现金量最佳持有量的目的是加速现金周转速度

42. 建设工程施工定额的研究对象是(　　)。

A. 分部分项工程　　B. 工序

C. 扩大的分部分项工程　　D. 整个建筑物

43. 某技术方案投资现金流量的数据如下表所示,用该技术方案的静态投资回收期为(　　)年。

技术方案投资现金流量表

计算期(年)	0	1	2	3	4	5	6	7	8
现金流入(万元)	—	—	—	800	1 200	1 200	1 200	1 200	1 200
现金流入(万元)	—	600	900	500	700	700	700	700	700

A. 5.0　　B. 5.2　　C. 5.4　　D. 6.0

44. 根据《建设工程工程量清单计价规范》(GB 50500—2013),实行工程量清单计价的工程,应采用合同类型是(　　)。

A. 总结合同　　B. 单价合同

C. 固定总结合同　　D. 成本加酬金合同

45. 按照《建设工程工程量清单计价规范》(GB 50500—2013)投标的工程，完全不能竞争的部分是(　　)。

A. 分部分项工程费　　B. 措施项目费

C. 其他项目费　　D. 规费

46. 价值工程的核心是对产品进行(　　)。

A. 成本分析　　B. 信息搜集　　C. 方案创新　　D. 功能分析

47. 根据《建设工程工程量清单计价规范》(GB 50500—2013)，若合同未约定，当工程量清单项目的工程量偏差在(　　)以内时，其综合单价不作调整。

A. 15%　　B. 5%　　C. 10%　　D. 20%

48. 某工程施工有两个技术方案可供选择，甲方案需投资 180 万元，年生产成本为 45 万元；乙方案需投资 220 万元，年生产成本为 40 万元。设基准投资收益率为 12%，若采用增量投资收益率评价两方案，则(　　)。

A. 甲方案优于乙方案　　B. 甲乙两个方案的效果相同

C. 乙方案优于甲方案　　D. 甲乙两个方案的折算费用相同

49. 根据《标准施工招标文件》，在施工过程中遭遇不可抗力，承包人可以要求合理补偿(　　)。

A. 费用　　B. 利润　　C. 成本　　D. 工期

50. 某建设项目实施到第 2 年时，由于规范变化导致某分项目工程量增加，因为增加的费用应从建设投资中的(　　)支出。

A. 基本预备费　　B. 涨价预备费

C. 建设期利息　　D. 工程建设其他费用

51. 根据现行《建筑安装工程费用的组成》(建标〔2013〕44 号)，下列费用中，应计入分部分项工程费的是(　　)。

A. 安全文明施工费　　B. 二次搬运费

C. 施工机械使用费　　D. 大型机械设备进出场及安拆费

52. 施工企业所需的某种材料，年度采购总量为 2 000 吨，材料价格为 6 000 元/吨，一次订货成本为 4 000 元，每吨材料的年平均储存成本为 200 元。根据经济批量原理，该种材料的经济采购批量为(　　)吨。

A. 280.00　　B. 282.80　　C. 284.60　　D. 286.40

53. 施工企业销售自行加工的商品混凝土的收入属于(　　)收入。

A. 产品销售　　B. 施工合同　　C. 材料销售　　D. 提供劳务

54. 某施工企业按 2/10、n/30 的条件购入钢材 50 万元，企业在第 20 天支付了全部货款 50 万元，那么该企业放弃现金折扣的成本为(　　)。

A. 36.72%　　B. 2.00%　　C. 2.04%　　D. 11.11%

55. 某装饰企业施工的 M 项目于 2012 年 10 月工程完工时只发生材料费 30 万元，项目管理人员工资 8 万元，企业行政管理部门发生水电费 2 万元。根据现行《企业会计准则》，应计入工程成本的费用为(　　)万元。

A. 30　　B. 38　　C. 32　　D. 40

56. 某项目采用净现值指标进行敏感性分析，有关数据见下表。则各因素的敏感程度由大到小的顺序是(　　)。

因素变化幅度	－10%	0	10%
建设投资(万元)	623	564	505
营业收入(万元)	393	564	735
经营成本(万元)	612	564	516

A. 建设投资—营业收入—经营成本　　B. 营业收入—经营成本—建设投资
C. 经营成本—营业收入—建设投资　　D. 营业收入—建设投资—经营成本

57. 国际工程项目招标中，如果业主规定了暂定工程量的分项内容和暂定总价款，且规定所有投标人都必须在总报价中加入这笔固定金额，则投标人对该暂定工程的报价策略是(　　)。
A. 单价可适当降低　　B. 总价应适当降低
C. 单价可适当提高　　D. 总价可适当提高

58. 某工程项目合同实施过程中发生了变更事件，已标价清单中没有适用也没有类似单价，且工程造价管理机构发布的信息价格也缺价，承包人根据变更资料、计量规则、计价办法和有合法依据的市场价格计算出变更分项工程的价格为 5 万元，已知该项目招标控制价为 1 000万元，中标价为 900 万元，则该变更分项工程确认的变更价格为(　　)万元。
A. 4.50　　B. 4.49　　C. 5.00　　D. 4.90

59. 某工程于 2013 年 8 月经过招投标过程签订了施工合同，合同约定物价变动幅度 5%范围内的风险由承包人承担，招标文件中给定的 A 材料价格为 3 000 元/m^2，承包人投标文件已标价工程量清单中载明的价格 2 900 元/m^2。2014 年 3 月，A 材料的市场价格为 3 100 元/m^2，承包人在采购前将采购量和新的价格报发包人核对，发包人确认 A 材料的价格为(　　)元/m^2。
A. 2 900　　B. 3 000　　C. 2 996.67　　D. 3 100

60. 下列财务指标中，可以反映企业资产管理效率的指标是(　　)。
A. 净资产收益率　　B. 存货周转率
C. 流动比率　　D. 资本积累率

二、多项选择题(共 20 题，每题 2 分。每题的备选项中，有 2 个或 2 个以上符合题意，至少有 1 个错误。错选，本题不得分；少选，所选的每个选项得 0.5 分)

61. 影响国际工程投标报价决策的因素主要有(　　)。
A. 评标人员组成　　B. 成本估算的准确性
C. 竞争程度　　D. 市场条件
E. 风险偏好

62. 根据现行《企业会计准则》，应计入管理费用的有(　　)。
A. 印花税　　B. 管理人员劳动保护费
C. 应付债券利息　　D. 固定资产使用费

E. 法律顾问费

63. 下列关于工程计量方法表述中,错误的是(　　)。

A. 凭据法是按承包人提供的凭据进行计量支付,适用于建筑工程险保费、第三方责任险保费、履约保证金等

B. 将一个项目根据工序或部位分解为若干子项,对完成的各子项进行计量支付的方法叫断面法。

C. 当承包人对于某一项清单项目中规定购买的仪器设备不能一次购进时,则采用均摊法计量支付。

D. 估价法适用于为监理工程师保养测量设备、保养气象记录设备及维护工地清洁和整洁等。

E. 为解决决一些包干项目或较大的工程项目的支付时间过长,影响承包人的资金流动等问题,可采用分解计量法。

64. 资本金现金流量表中,作为现金流出的项目有(　　)。

A. 借款本金偿还　　B. 回收固定资产余值

C. 回收流动资金　　D. 借款利息支付

E. 经营成本

65. 关于现金流量绘图规则的说法,正确的有(　　)。

A. 箭线长短要能适当体现各时点现金流量数值大小的差异

B. 箭线与时间轴的交点表示现金流量发生的时点

C. 横轴是时间轴,向右延伸表示时间的延续

D. 现金流量的性质对不同的人而言是相同的

E. 时间轴上的点通常表示该时间单位的起始时点

66. 评价技术方案偿债能力时,可用于偿还借款的资金来源包括(　　)。

A. 固定资产修理费　　B. 固定资产折旧费

C. 无形资产摊销费　　D. 应交营业税

E. 净利润

67. 根据现行《企业会计准则》,应列入流动负债的有(　　)。

A. 应交税金　　B. 应收账款　　C. 应付工资　　D. 长期借款

E. 短期投资

68. 项目盈亏平衡分析中,若其债务条件不变,可以降低盈亏平衡点产量的有(　　)。

A. 提高设计生产能力　　B. 降低固定成本

C. 降低产品售价　　D. 降低单位产品变动成本

E. 提高营业税金及附加率

69. 下列工程建设投资中,属于与未来生产经营有关的其他费用的有(　　)。

A. 联合试运转费　　B. 建设单位管理费

C. 办公家具购置费　　D. 生产家具购置费

E. 生产职工培训费

70. 关于定额单价法编制施工图预算的说法,正确的有(　　)。

A. 当分项工程的名称、规格、计量单位与定额单价中所列内容完全一致时，可直接套用定额单价

B. 当分项工程的主要材料的品种与定额单价中规定材料不一致时，应该实际使用材料价格换算定额单价

C. 当分项工程施工工艺条件与定额单价表不一致造成人工、机械数量增减时，应调价不换量

D. 当本地区的定额单价表中没有与本项目分项工程相应的内容时，可套用临近地区的单价估算表

E. 当分项工程不能直接套用定额、不能换算和调整时，应编制补充单位股价表

71. 下来资金成本中，属于资金占用费的有（　　）。

A. 借款手续费　　B. 发行债券支付的印刷费

C. 筹资过程中支付的广告费　　D. 债券信息

E. 贷款信息

72. 某建筑企业与甲公司签订了一项总造价为 1 000 万元的造价合同，建设期为 2 年。第 1 年实际发生工程成本 400 万元，双方均履行了合同规定义务，但在第 1 年末由于建筑企业对该项工程的完工进度无法可靠的估计，所以与甲公司只办理了工程款结算 360 万元，随后甲公司陷入经济危机而面临破产清算，导致其余款可能无法收回。则关于该合同收入与费用确认的说法正确的有（　　）。

A. 合同收入确认方法应采用完工百分比法　　B. 1 000 万元可确认为合同收入

C. 360 万元确认为当年的收入　　D. 400 万元应确认为当年费用

E. 1 000 万元可确认为合同费用

73. 根据《建设工程工程量清单计价规范》(GB 50500-2013)，关于招标控制价的说法，正确的是（　　）。

A. 招标控制价是对招标工程项目规定的最高工程造价

B. 招标控制价超过批准的概算时，招标人应将其报原概算审批部门审核

C. 国有或非国有资金投资的建设工程招标，招标人必须编制招标控制价

D. 招标控制价应在招标文件中发布，在招标过程中不应上调，但可适当下浮

E. 投标人的投标报价高于招标控制价时，其投标应按废标处理

74. 编制机械台班使用定额时，机械工作必需消耗的时间包括（　　）。

A. 不可避免的中断时间　　B. 不可避免的无负荷工作时间

C. 有效工作时间　　D. 低负荷下工作时间

E. 由于劳动组织不当引起的中断时间

75. 下列资产在财务管理上可作为现金管理的有（　　）。

A. 应收账款　　B. 库存现金　　C. 银行存款　　D. 银行本票

E. 无形资产

76. 根据现行《建设工程价款结算暂行办法》，发包人未在合同约定的时间内向承包人支付工程竣工结算价款时，承包人可以采取的措施有（　　）。

A. 向发包人催促按约定支付工程结算价款

B. 将该工程留置不予交付

C. 向发包人要求按银行同期贷款利率支付拖欠工程款的利息

D. 向发包人协商将该工程折价抵款

E. 向人民法院申请将该工程依法拍卖

77. 根据《建设工程工程量清单计价规范》(GB 50500—2013),应计入社会保险费的有(　　)。

A. 财产保险费　　B. 失业保险费　　C. 医疗保险费　　D. 劳动保险费

E. 工伤保险费

78. 施工图预算的编制依据包括(　　)。

A. 批准的设计概算　　B. 相应预算定额或地区单位估价表

C. 地方政府发布的区域发展规划　　D. 批准的施工图纸

E. 项目技术复杂程度

79. 下列投资方案经济效果评价指标中,可用于偿债能力分析的有(　　)。

A. 利息备付率　　B. 投资收益率　　C. 流动比率　　D. 借款偿还期

E. 投资回收期

80. 关于设备寿命的说法,正确的是(　　)。

A. 设备经济寿命是从经济观点确定的设备更新的最佳时间

B. 设备的使用年限越长,设备的经济性越好

C. 设备的合理维修和保养可以避免设备的无形磨损

D. 设备的技术寿命主要是由设备的无形磨损决定的

E. 设备的自然寿命是由设备的综合磨损决定的

☞ 参考答案

一、单项选择题

1. D;　2. A;　3. A;　4. A;　5. B;　6. D;　7. C;　8. A;　9. C;　10. B;　11. C;　12. B;　13. A;　14. C;　15. D;　16. A;　17. B;　18. C;　19. D;　20. D;　21. A;　22. D;　23. A;　24. D;　25. D;　26. C;　27. B;　28. A;　29. B;　30. D;　31. D;　32. D;　33. B;　34. B;　35. D;　36. C;　37. C;　38. A;　39. A;　40. D;　41. A;　42. B;　43. C;　44. B;　45. D;　46. D;　47. A;　48. C;　49. B;　50. A;　51. C;　52. B;　53. A;　54. A;　55. B;　56. D;　57. C;　58. C;　59. A;　60. B

二、多项选择题

61. BCDE;　62. ABDE;　63. BCD;　64. ADE;　65. ABC;　66. BC;　67. AC;　68. BD;　69. ACDE;　70. ABE;　71. DE;　72. CD;　73. ABE;　74. ABC;　75. BCD;　76. ACDE;　77. BCE;　78. ABDE;　79. ACD;　80. AD

2015 年一级建造师“建设工程经济”科目考试真题(附参考答案)

一、单项选择题(共 60 题,每题 1 分。每题的备选项中,只有 1 个最符合题意)

1. 某项目建筑安装工程费,设备及工器具购置费合计为 7 000 万元,建设期 2 年分别投入 4 000万元和 3 000 万元。建设期内预计年平均价格总水平上涨率为 5%,建设期贷款利息为 735 万元。工程建设其他费用为 400 万元;基本预备费率为 10%,流动资金为 800 万元。则该项目的静态投资为(　　)万元。

   A. 8 948.5　　B. 8 140　　C. 8 940　　D. 9 748.5

2. 根据《建设工程工程量清单计价规范》(GB50500—2013),工程变更引起施工方案改变并使措施项目发生变化时,承包人提出调整措施项目费用的,应事先将(　　)提交发包人确认。

   A. 拟实施的施工方案　　B. 索赔意向通知
   C. 拟申请增加的费用明细　　D. 工程变更的内容

3. 某施工企业生产所需甲材料,年度采购总量为 200 吨,每吨单价为 1 000 元,一次订货成本为 100 元,每吨材料的年平均储备成本为 400 元。则该材料的经济采购批量为(　　)吨。

   A. 6.32　　B. 7.07　　C. 10.00　　D. 100.00

4. 根据《建设工程工程量清单计价规范》(GB50500—2013),施工过程中发生的计日工,应按照(　　)计价。

   A. 已标价工程量清单中的计日工单价
   B. 计日工发生时承包人提出的综合单价
   C. 计日工发生当月市场人工工资单价
   D. 计日工发生当月造价管理部门发布的人工指导价

5. 可据以计算累计盈余资金,分析技术方案财务生存能力的现金流量表是(　　)

   A. 财务计划现金流量表　　B. 投资各方现金流量表
   C. 资本金现金流量表　　D. 投资现金流量表

6. 某新建项目建筑面积 5 000 m^2,按概算指标和地区材料预算单价等算出一般土建工程单位造价为 1 200 元(其中,人、材、机费用 1 000 元,综合费率 20%)。但新建项目的设计资料与概算指标相比,其结构中有部分变更:设计资料中外墙 1 砖厚,预算单价 200 元/m^3,而概算指标中外墙 1 砖厚,预算单价 182 元/m^2,设计资料中每 100 m^2 建筑面积含外墙 62 m^3,而概算指标中含 47 m^3。其余条件均不考虑,则调整后的一般土建工程概算单价为(　　)元/m^2。

   A. 1 152.72　　B. 1 203.60　　C. 1 487.28　　D. 1 247.28

7. 某项目各年净现金流量如下表,设基准收益率为 10%,则该项目的财务净现值和静态投资回收期分别为(　　)。

年份	0	1	2	3	4	5
净现金流量(万元)	−160	50	50	50	50	50

A. 29.54 万元,3.2 年　　B. 29.54 万元,4.2 年

C. 32.02 万元,4.2 年　　D. 32.02 万元,3.2 年

8. 某常规技术方案的净现值函数曲线如图所示,则该方案的内部收益率为(　　)。

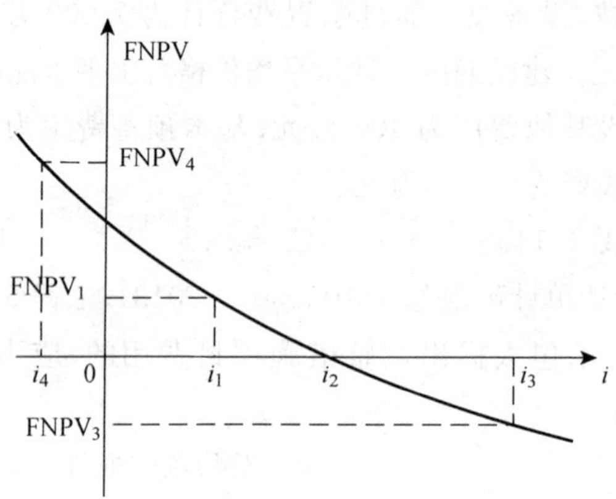

A. i_4　　B. i_3　　C. i_2　　D. i_1

9. 四个互斥性施工方案的功能系数和成本系数如下表。从价值工程角度最优的方案是(　　)。

方案	甲	乙	丙	丁
功能系数	1.20	1.25	1.05	1.15
成本系数	1.15	1.01	1.05	1.20

A. 甲　　B. 乙　　C. 丙　　D. 丁

10. 招标人编制工程量清单时,对各专业工程现行《计量规范》中未包括的项目应作补充,则关于该补充项目及其编码的说法,正确的是(　　)。

A. 该项目编码应由对应《计量规范》的代码和三位阿拉伯数字组成

B. 清单编制人应将补充项目报省级或行业工程造价管理机构备案

C. 清单编制人在最后一个清单项目后面自行补充该项目,不需编码

D. 该项目按《计量规范》中相近或相似的清单项目编码

11. 下列机械工作时间消耗中,属于机械台班使用定额中不可避免的无负荷工作的是(　　)。

A. 汽车在运送土方时没有装满导致的延长时间

B. 筑路机在工作区末端掉头的时间

C. 未及时供给机械燃料而导致的停工时间

D. 暴雨时压路机被迫停工时间

12. 根据《建筑安装工程费用项目组成》(建标〔2013〕44 号)，工程施工中所使用的仪器仪表的维修费用应计入(　　)。

A. 施工机具使用费　　B. 工具用具使用费

C. 固定资产使用费　　D. 企业管理费

13. 根据《建设工程施工合同(建设工程施工合同示范文本)》(GF－2013－0201)承包人采购材料和工程设备的，应在合同中约定主要材料、工程设备价格变化的范围或幅度；当没有约定，且材料、工程设备单价变化超过(　　)时，超过部分的价格应按价格指数调整法或造价信息差额调整法调整材料、工程设备费。

A. 10%　　B. 5%　　C. 4%　　D. 3%

14. 根据《建设工程工程量清单计价规范》(GB30500—2013)已标价工程量清单中没有适用也没有类似变更工程项目的变更工程项目单价应由(　　)提出。

A. 承包人　　B. 监理人　　C. 发包人　　D. 设计人

15. 设计概算审查时，对图纸不全的复杂建筑安装工程投资，通过向同类工程的建设施工企业征求意见判断其合理性。这种审查方法属于(　　)。

A. 对比分析法　　B. 专家意见法　　C. 查询核实法　　D. 联合会审法

16. 某企业进行设备租赁和购买方案比选。甲方案为租赁设备，租赁费每年 50 万，租期 5 年；乙方案为购买设备，购置费 200 万元，全部来源银行借款，借款单利计息，年利率 10%，借款期限 5 年，设备可使用年限 5 年，预计净残值为 0。企业所得税率 25%。其他条件不考虑，关于方案的比选，正确的是(　　)。

A. 考虑税收影响时，甲方案优于乙方案

B. 考虑税收影响时，甲、乙方案税后成本相同

C. 考虑税收影响时，乙方案优于甲方案

D. 设备方案比选不应考虑税收的影响

17. 某项目设计年生产能力为 50 万件，年固定成本为 300 万元，单位产品可变成本为 80 元，单位产品营业税金及附加为 5 元。则以单位产品价格表示的盈亏平衡点是(　　)元。

A. 91.00　　B. 86.00　　C. 95.00　　D. 85.00

18. 关于敏感度系数 SAF 的说法，正确的是(　　)。

A. SAF 越大，表示评价指标 A 对于不确定因素 F 越敏感

B. SAF>0 表示评价指标 A 与不确定因素 F 同方向变化

C. SAF 表示不确定因素 F 的变化额与评价指标 A 的变化额之间的比例

D. SAF 可以直接显示不确定因素 F 化后评价指标 A 的值

19. 某跨年度建设项目合同总造价 50 000 万元，预计总成本 40 000 万元，2013 年资产负债表日累计确认收入 30 000 万元，2014 年资产负债表日工程已完成总进度的 90%，则 2014 年应确认的合同收入为(　　)万元。

A. 6 000　　B. 15 000　　C. 27 000　　D. 45 000

20. 对于设计方案比较特殊，无同类工程可比，且审查精度要求高的施工图预算，适宜采用的审查方法是(　　)。

A. 全面审查法　　B. 标准预算审查法

C. 对比审查法　　D. 重点审查法

21. 某企业第1年年初和第1年年末分别向银行借款30万元，年利率均为10%，复利计息，第3～5年年末等额本息偿还全部借款。则每年年末应偿还金额为(　　)。

A. 20.94　　B. 23.03　　C. 27.87　　D. 31.57

22. 某灌注桩计量支付条款约定工程量以米计量，若设计长度为20米的灌注桩，承包人做了21米，监理工程师未对施工质量表示异议，则发包人应该按(　　)米支付价款。

A. 19　　B. 20　　C. 21　　D. 22

23. 某施工机械预算价格为200万元，预计可使用10年，每年平均工作250个台班，预计净残值40万元。按工作量法计算折旧，则该机械台班折旧费为(　　)万元。

A. 0.064　　B. 0.08　　C. 0.64　　D. 0.8

24. 某施工企业投标报价时确定企业管理费率以人工费为基础计算，据统计资料，该施工企业生产工人年平均管理费为1.2万元，年有效施工天数为240天，人工单价为300元/天，人工费占分部分项工程费的比例为75%，则该企业的企业管理费费率应为(　　)。

A. 12.15%　　B. 12.50%　　C. 16.67%　　D. 22.22%

25. 杜邦财务分析体系揭示的是(　　)对净资产收益率的影响。

A. 总资产净利率及资产总额　　B. 企业获利能力及权益乘数

C. 资本积累率及销售收入　　D. 营业增长率及资本积累

26. 实物量法编制施工图预算所用的材料单价应采用(　　)。

A. 网上咨询厂家的报价　　B. 编制预算定额时采用的单价

C. 当时当地的实际价格　　D. 预算定额中采用的单价加上运杂费

27. 《企业会计准则第15号——建造合同》中推行的确认合同收入和结转成本费用的方法是(　　)。

A. 完工百分比法　　B. 竣工结算法

C. 分段结算法　　D. 按月结算法

28. 某建设项目工程费用6 800万元，其他费用1 200万元，预备费500万元，建设期贷款利息370万元，铺底流动资金710万元。预计在建设中原房屋拆除变现收入100万元，试车收入大于支出金额150万元，则该项目总概算为(　　)万元。

A. 9 580　　B. 9 330　　C. 9 680　　D. 9 430

29. 根据现行《企业会计准则》，关于会计核算基础的说法，正确的是(　　)。

A. 企业已经实现的收入，计入款项实际收到日的当期利润表

B. 企业应当承担的费用，计入款项实际支出日的当期利润表

C. 企业应当以收付实现制和持续经营为前提进行会计核算

D. 企业应当以权责发生制为基础进行会计地确认、计量和报告

30. 建设单位针对某项目建设投资向银行借款，贷款期限5年，项目建设期2年，建成后即投入运行，借款合同约定在借款期限5年内每年年末等额偿还本息，则该建设单位在第3至5年所偿还的建设投资借款利息应计入各年的(　　)。

A. 经营成本　　B. 管理费用　　C. 建设期利息　　D. 财务费用

31. 某工程项目土方工程采用人挖土方、人工运输和机械运输，招标工程量清单中挖土方数量

为 2 000 m^3，投标人计算的施工挖土方数量为 3 800m^3，取土外运，投标人计算的人工挖土费用为 42 000 元，人工运土费用为 15 000 元，机械运土费用为 38 000 元，管理费用为人材机之和的 14%，利润取人料机和管理费之和的 8%，根据《建设工程工程量清单计价规范》，不考虑其他因素，投标人报价的挖土方综合单价为(　　)元/m^3.

A. 33.41　　B. 58.48　　C. 61.56　　D. 73.10

32. 某工程项目预付款 120 万元，合同约定每月进度款按结算价的 80%支付；每月支付安全文明施工费 20 万元；预付款从开工的第 4 个月起分 3 个月等额扣回，开工后前 6 个月结算价如下表，则第 5 个月应支付的款项为(　　)万元。

月份	1	2	3	4	5	6
结算价(万元)	200	210	220	220	220	240

A. 136　　B. 160　　C. 156　　D. 152

33. 关于工程量清单招标方式下投标人报价的说法，正确的是(　　)

A. 专业工程暂估价中的专业工程应由投标人自主确定价格并计入报价

B. 暂估价中的材料应按暂估单价计入综合单价

C. 措施项目中的总价项目应包括规费和税金

D. 投标人投标报价可以给予一定幅度的总价优惠

34. 某企业现金管理有四个方案可供选择，其最佳现金持有量方案为(　　)方案

方案	甲	乙	丙	丁
现金持有量	50 000	70 000	80 000	100 000
机会成本	5 500	7 700	8 800	11 000
管理成本	8 000	8 000	8 000	8 000
短缺成本	6 000	4 500	1 000	0

A. 甲　　B. 乙　　C. 丙　　D. 丁

35. 对建设规模较小、技术难度较低、施工工期较短、施工图设计已经审查批准的工程，从有利于业主方控制投资的角度，适宜采用的合同类型是(　　)。

A. 固定单价合同　　B. 固定总价合同

C. 成本加酬金合同　　D. 可调单价合同

36. 关于国标工程投标报价的说法，错误的是(　　)。

A. 施工企业现场管理费应作为待摊费用分摊在各项综合单价中

B. 现场试验设施费作为开办费应依赖招标文件决定是否单列

C. 暂列金额由业主工程师决定是否全部或部分使用

D. 人工费工日基价应按在工程所在国招募工人的平均日工资单价计算

37. 关于国产设备运杂费估算的说法，正确的是(　　)。

A. 国产设备运杂费包括由设备制造厂交货地点运至工地仓库所发生的运费

B. 国产设备运至工地后发生的装卸费不应包括在运杂费中

C. 运杂费在计算时不区分沿海和内陆，统一按运输距离估算

D. 工程承包公司采购设备的相关费用不应计入运杂费

38. 施工现场设立的安全警示标志、现场围挡等所需的费用应计入(　　)费用。

A. 分部分项工程　B. 规费项目　C. 措施项目　D. 其他项目

39. 根据《建设工程工程量清单计价规范》(GB50500—2013)，签约合同中的暂估材料在确定单价以后，其相应项目综合单价的处理方式是(　　)

A. 在综合单价中用确定单价代替原暂估价，并调整企业管理费，不调整利润

B. 在综合单价中用确定单价代替原暂估价，并调整企业管理费和利润

C. 综合单价不做调整

D. 在综合单价中用确定单价代替原暂估价，不再调整企业管理费和利润

40. 下列筹资方式中，属于商业信用筹资方式的是(　　)。

A. 短期借款　B. 融资租赁　C. 预付账款　D. 预收账款

41. 某施工企业2014年度利润总额8 000万元。企业当年发生公益性捐赠支出1 000万元。捐赠支出准予扣除的最大金额是(　　)万元。

A. 1 000　B. 250　C. 960　D. 125

42. 施工企业拟向租赁公司承租一台设备，设备价格为120万元，租期为6年，年末支付租金，折现率为10%，附加率为4%。按照附加率法计算，应支付租金为(　　)万元。

A. 25.0　B. 27.5　C. 33.5　D. 36.8

43. 某借款年利率为8%，半年复利利息一次，则该借款年有效利率比名义利率高(　　)。

A. 0.16%　B. 1.25%　C. 4.16%　D. 0.64%

44. 某施工企业编制砌砖墙人工定额，该企业有近5年同类工程的施工工时消耗资料，则制定人工定额适合采用的方法是(　　)。

A. 技术测定法　B. 比较类推法　C. 统计分析法　D. 经验估计法

45. 根据现行规定，在审查概算的投资规模、生产能力等是否符合原批准的可行性研究报告或者立项批文时，若发现概算总投资超过原批准概算投资估算的(　　)以上，需要进一步审查超估算的原因。

A. 5%　B. 10%　C. 3%　D. 8%

46. 工程成本核算包括的环节有：①核算与分配各项生产费用；②确定成本核算对象，设置成本核算科目，开设成本明细账；③计算年度合同费用；④计算期末工程成本；⑤编制单位工程竣工成本决算，则正确的核算程序是(　　)。

A. ①②③④⑤　B. ①②④③⑤　C. ②①④③⑤　D. ②③①④⑤

47. 以信用方式筹集资金的特点在于(　　)，其动力在于利息和利率。

A. 强制性　B. 灵活性　C. 自愿性　D. 有偿性

48. 某项目拟从国外进口一套设备，重1 000吨，装运港船上交货价300万美元，国际运费标准每吨360美元，海上运输保险费率0.266%。美元银行外汇牌价6.1元人民币。则该套设备国外运输保险费为(　　)万元。

A. 4.868　B. 4.881　C. 5.452　D. 5.467

49. 采用定额单价法编制施工的预算时，如果分项工程的某一主要材料品种与定额单价中规定的材料品种不完全一致，该分项工程单价的确定方法是(　　)。

A. 按实际使用材料价格换算定额单价　B. 直接套用同类材料的定额单价

C. 调整工程量而不换算定额单价　D. 编制补充定额单价

50. 某企业通过长期借款和长期债券两种方式筹资，其中长期借贷款 3 000 万元，债券 2 000 万元，期限均为 3 年，每年结息一次，到期一次还本。贷款利率为 6%，手续费率 2%；长期债券年利率为 6.5%，手续费率 1.5%，企业所得税 25%。关于该企业资金成本的说法，错误的是(　　)。

A. 长期债券的资金成本率为 4.95%

B. 长期借款的资金成本 4.59%

C. 两种筹资成本均属于债务资金成本

D. 企业筹资的综合资金成本 4.77%

51. 某项目建设投资 3 000 万元，全部流动资金 450 万元，项目投产期息税前利润总额 500 万，运营期正常年份的年平均息税前利润总额 800 万，则该项目的总投资收益率为(　　)。

A. 18.84%　B. 26.67%　C. 23.19%　D. 25.52%

52. 根据《建设工程量清单计价规范》(GB50500—2013)，工程发包时，招标人要求索赔的工期天数超过定额工期(　　)时，应当在招标文件中明示增加赶工费用。

A. 5%　B. 10%　C. 15%　D. 20%

53. 某企业流动比率为 3.2，速动比率为 1.5，该行业平均的流动比率和速动比率分别为 3 和 2，关于该企业流动资产和偿债能力的说法，正确的是(　　)。

A. 该企业的偿债能力较强

B. 该企业流动资产存货比例过大

C. 该企业的应收票据，应收账款比例较大

D. 该企业流动资产中货币资金比例较大

54. 根据《建设工程工程量清单计价规范》(GB50500—2013)，建设工程投标报价中，不得作为竞争性费用的是(　　)。

A. 总承包服务费　B. 夜间施工增加费　C. 分部分项工程费　D. 规费

55. 根据《建设工程工程量清单计价规范》(GB50500—2013)，编制工程量清单时，计日工表中的人工应按(　　)列项。

A. 工种　B. 职称　C. 职务　D. 技术等级

56. 利润表中反映的内容不包括(　　)。

A. 营业利润的各项要素　B. 利润(或亏损)总额的各项要素

C. 净利润分配的各项要素　D. 主营业务利润的各项要素

57. 为预测和分析建设项目存在的职业危险、危害因素种类及危害程度，并提出合理应对措施而产生的费用属于(　　)。

A. 安全文明施工费　B. 建设单位管理费　C. 生产准备费　D. 劳动安全卫生评价费

58. 某生产性企业若对原工艺方案进行改造需要投资 100 万元，改造后年运行成本 50 万元；若采用全新工艺方案需要投资 200 万元，年运行成本 40 万元，设基准投资收益率为 12%。则

两方案相比较的增量投资收益率为(　　)。

A. 5%　　B. 10%　　C. 15%　　D. 20%

59. 根据《建设工程工程量清单计价规范》(GB 50500—2013)编制分部分项清单时,编制人员须确定项目名称、项目编码、计量单位、工程数量和(　　)。

A. 填表须知　　B. 项目特征　　C. 项目总说明　　D. 项目工程内容

60. 某单位建筑工程初步设计深度不够,不能准确地计算工程量,但工程采用的技术比较成熟而又有类似指标可以利用时,编制该工程设计概算宜采用的方法是(　　)。

A. 扩大单价法　　B. 类似工程换算法　C. 生产能力指数法　D. 概算指标法

二、多项选择题(共 20 题,每题 2 分。每题的备选项中,有 2 个或 2 个以上符合题意,至少有 1 个错项。错选,本题不得分;少选,所选的每个选项得 0.5 分)

61. 根据我国现行财税制度,可以用来偿还贷款的资金来源有(　　)。

A. 固定资产折旧费　　B. 无形资产摊销费

C. 其他资产摊销费　　D. 盈余公积金

E. 减免的营业税金

62. 关于利率高低影响因素的说法,正确的有(　　)。

A. 利率的高低首先取决于社会平均利润率的高低,并随之变动

B. 借出资本所承担的风险越大,利率越低

C. 资本借出期间的不可预见因素越多,利率越高

D. 社会平均利润率不变的情况下,借贷资本供过于求会导致利率上升

E. 借出资本期限越长,利率越高

63. 根据《建设工程工程量清单计价规范》(GB50500—2013)工程变更引起施工方案改变并使措施项目发生变化时,关于措施项目费调整的说法,正确的有(　　)。

A. 安全文明施工费按实际发生的措施项目,考虑承包人报价浮动因素进行调整

B. 安全文明施工费按实际发生变化的措施项目调整,不得浮动

C. 对单价计算的措施项目费,按实际发生变化的措施项目和已标价工程量清单项目确定单价

D. 对总价计算的措施项目费一般不能进行调整

E. 对总价计算的措施项目费,按实际发生变化的措施项目并考虑承包人报价浮动因素进行调整

64. 施工图预算的编制依据有(　　)。

A. 建设单位的资金到位情况　　B. 施工投标单位的资质等级

C. 施工投标单位的施工组织设计　　D. 批准的设计概算

E. 批准的施工图设计图纸

65. 根据现行《企业会计准则》,关于企业财务报表列报基本要求的说法,正确的有(　　)。

A. 企业应当以持续经营为基础编制财务报表

B. 重要项目应单独列报

C. 报表列示项目不应相互抵消

D. 当期报表列报项目与上期报表项目应当具有可比性

E. 企业至少应当按月编制财务报表

66. 适宜用参数法计价的措施项目费有(　　)。

A. 二次搬运费　　B. 混凝土模板费
C. 安全文明施工费　　D. 已完工程及设备保护费
E. 垂直运输费

67. 建筑安装工程费用项目组成中,暂列金额主要用于(　　)。

A. 施工合同签订时尚未确定的材料设备采购费用
B. 施工图纸以外的零星项目所需的费用
C. 隐藏工程二次检验的费用
D. 施工中可能发生的工程变更价款调整的费用
E. 项目施工现场签证确认的费用

68. 下列建设工程投资费用中,属于工程建设其他费用中的场地准备及临时设施费有(　　)。

A. 施工单位场地平整费　　B. 建设单位临时设施费
C. 环境影响评价费　　D. 遗留设施拆除清理费
E. 施工单位临时设施费

69. 对筹资方而言,短期负债筹资的特点有(　　)。

A. 筹资速度快　　B. 筹资风险高　　C. 筹资难度大　　D. 限制条件较多
E. 筹资成本较高

70. 价值工程分析阶段的工作有(　　)。

A. 对象选择　　B. 方案评价　　C. 功能定义　　D. 功能整理
E. 功能评价

71. 关于确定设备经济寿命的说法,正确的有(　　)。

A. 使设备在自然寿命期内一次性投资最小
B. 使设备的经济寿命与自然寿命、技术寿命尽可能保持一致
C. 使设备在经济寿命期平均每年净收益达到最大
D. 使设备在经济寿命期年平均使用成本最小
E. 使设备在可用寿命期内总收入达到最大

72. 在技术方案投资各方现金流量表中,应作为现金流出的有(　　)。

A. 技术方案资本金　　B. 实缴资本
C. 借款本金偿还　　D. 经营成本
E. 租赁资产支出

73. 根据《企业会计准则第 15 号—建造合同》,按累计实际发生的合同成本占合同预计总成本的比例确定合同完工进度时,累计实际发生的合同成本不包括(　　)。

A. 已订立采购合同但尚未运抵现场的材料成本
B. 已采购进场但施工中尚未安装的材料成本
C. 在分包工程的工作量完成之前预付给分包单位的款项
D. 已经完成并验收合格的设备安装工程的价款
E. 已经完成并验收合格的分包工程的合同价款

74. 编制人工定额时需拟定施工的正常条件，其内容包括拟定(　　)。

A. 施工作业内容
B. 施工作业方法
C. 施工企业技术水平
D. 施工作业地点组织
E. 施工作业人员组织

75. 施工合同履行过程中，导致工程量清单缺项并应调整合同价款的原因有(　　)。

A. 设计变更
B. 施工条件改变
C. 承包人投标漏项
D. 工程量清单编制错误
E. 施工技术进步

76. 企业财务比率分析中，反映盈利能力的指标有(　　)。

A. 总资产周转率
B. 总资产净利率
C. 净资产收益率
D. 存货周转率
E. 营业增长率

77. 根据《建设工程价款结算暂行办法》(财建〔2004〕369 号)，发承包双方在施工合同中约定的合同价款事项有(　　)。

A. 投标保证金的数额、支付方式及时间
B. 工程价款的调整因素、方法、程序、支付方式及时间
C. 承担计价风险的内容、范围以及超出约定内容、范围的调整方法
D. 工程竣工价款结算编制与核对、支付方式及时间
E. 违约责任以及发生合同价款争议的解决方法及时间

78. 根据《企业会计准则第 15 号—建造合同》，判断成本加成合同的结果能够可靠计量，至少需同时具备的条件有(　　)。

A. 与合同相关的经济利益很可能流入企业
B. 合同总收入能够可靠的计量
C. 为完成合同尚需发生的成本能够可靠地确定
D. 合同奖励金额能够可靠地计量
E. 实际发生的合同成本能够清楚地区分和可靠地计量

79. 建设项目总概算书的内容有编制说明和(　　)。

A. 单位工程概算表
B. 分部分项工程概算表
C. 单项工程综合概算表
D. 工程建设其他费用概算表
E. 总概算表

80. 关于工程量清单计价下施工企业投标报价原则的说法，正确的有(　　)。

A. 投标报价由投标人自主确定
B. 投标报价不得低于工程成本
C. 投标人应该以施工方案、技术措施等作为投标报价计算的基本条件
D. 确定投标报价时不需要考虑发承包模式
E. 投标报价要以招标文件中设定的发承包双方责任划分作为基础

☞ 参考答案

一、单项选择题

1. B； 2. A； 3. C； 4. A； 5. A； 6. D； 7. A； 8. C 9. C； 10. B； 11. B； 12. A； 13. B； 14. A； 15. C； 16. C； 17. A； 18. B； 19. B； 20. A； 21. C； 22. B； 23. A； 24. C； 25. B； 26. C； 27. A； 28. B； 29. D； 30. D； 31. B； 32. C； 33. B； 34. C； 35. B； 36. D； 37. A； 38. C； 39. D； 40. D； 41. C； 42. D； 43. A； 44. C； 45. B； 46. C； 47. C； 48. D； 49. A； 50. D； 51. C； 52. D； 53. B； 54. D； 55. A； 56. C； 57. D； 58. B； 59. B； 60. D

二、多项选择题

61. ABCE； 62. ACE； 63. BCE； 64. DE； 65. ABCD； 66. ACD； 67. ADE； 68. BD； 69. AB； 70. CDE； 71. CD； 72. BE； 73. ABC； 74. ABDE； 75. ABD； 76. BC； 77. BCDE； 78. AE； 79. ACDE； 80. BCE

2014 年一级建造师“建设工程经济”科目考试真题（附参考答案）

一、单项选择题（共 60 题，每题 1 分。每题的备选项中，只有 1 个最符合题意）

1. 施工图预算审核时，利用房屋建筑工程标准层建筑面积数对楼面找平层、天棚抹灰等工程量进行审查的方法，属于（　　）。

A. 分组计算审查法　B. 重点审查法　C. 筛选审查法　D. 对比审查法

2. 某项目建设期 2 年，建设期内第 1 年贷款 700 万元，第 2 年贷款 600 万元，年内均衡发放，且只计息不还款，年利率为 8%。则编制该项目的投资估算时，建设期利息总和为（　　）万元。

A. 104.00　B. 110.24　C. 114.94　D. 155.84

3. 为了进行项目盈亏平衡分析，需要将技术方案的运行成本划分为（　　）。

A. 历史成本和现时成本　B. 过去成本和现在成本

C. 预算成本和实际成本　D. 固定成本和可变成本

4. 根据《建设工程工程量清单计价规范》(GB 50500—2013)，关于工程量清单编制的说法，正确的是（　　）。

A. 综合单价包括应由招标人承担的全部风险费用

B. 招标文件提供了暂估单价的材料，其材料费用应计入其他项目清单费

C. 措施项目费包括规费、税金等在内

D. 规费和税金必须按有关部门的规定计算，不得作为竞争性费用

5. 根据《企业会计准则第 15 号——建造合同》，属于工程成本直接费用的是（　　）。

A. 管理费用　B. 销售费用　C. 财务费用　D. 人工费用

6. 某租赁设备买价 50 万元，租期 5 年，每年年末支付租金，折现率 10%，附加率 5%，则按附加率法计算每年的租金应为（　　）万元。

A. 20.0　B. 17.5　C. 15.0　D. 12.5

7. 甲公司从银行借入 100 万元，年利率为 8%，单利计息，借期 4 年，到期一次还本付息，则该公司第四年末一次偿还的本利和为（　　）万元。

A. 1 360　B. 1 324　C. 1 320　D. 1 160

8. 根据《建设工程工程量清单计价规范》(GB 50500—2013)，分部分项工程清单综合单价应包含（　　）以及一定范围内的风险费用。

A. 人工费、材料和工程设备费、施工机具使用费、企业管理费、利润

B. 人工费、材料费、施工机具使用费、企业管理费、规费

C. 人工费、材料和工程设备费、施工机具使用费、规费、利润、税金

D. 材料费、工程设备费、施工机具使用费、规费、税金、企业管理费

9. 对于完全由企业自有资金投资的技术方案，自主测定其基准收益率的基础主要是（　　）。

A. 资金机会成本　　B. 资金成本

C. 投资风险　　D. 通货膨胀

10. 根据现行《企业会计准则》，下列支出中应列为当期费用的是（　　）。

A. 缴纳罚款　　B. 购买生产原料支出

C. 计提固定资产减值准备　　D. 股利分配支出

11. 关于国际工程投标报价中暂定金额的说法，错误的是（　　）。

A. 暂定金额是业主在招标文件中明确规定了数额的一笔资金

B. 承包商在投标报价时应将暂定金额计入工程总报价

C. 暂定金额等同于暂估价

D. 承包商无权做主使用暂定金额

12. 计算企业应纳税所得额时，不能从收入中扣除的支出是（　　）。

A. 销售成本　　B. 坏账损失　　C. 税收滞纳金　　D. 存货盘亏损失

13. 在资本金现金流量表中，列入现金流出项目的是（　　）。

A. 政府补贴　　B. 借款本金偿还

C. 回收固定资产余值　　D. 增值税销项税额

14. 关于设计概算的说法，错误的是（　　）。

A. 设计概算是确定和控制建设工程项目全部投资的文件

B. 编制设计概算不需考虑建设项目施工条件对投资的影响

C. 如果设计概算值超过投资建设额，必须修改设计或重新立项审批

D. 设计概算由项目设计单位负责编制，并对其编制质量负责

15. 某企业拟新建一项目，有两个备选方案技术均可行。甲方案投资 5 000 万元。计算期 15 年，财务净现值为 200 万元；乙方案投资 8 000 万元，计算期 20 年，财务净现值为 300 万元。则关于两方案比选的说法，正确的是（　　）。

A. 甲乙方案必须构造一个相同的分析期限才能比选

B. 甲方案投资少于乙方案，净现值大于零，故甲方按较优

C. 乙方案净现值大于甲方案，且都大于零，故乙方案较优

D. 甲方案计算期短，说明甲方案的投资回收速度快于乙方案

16. 技术方案经济效果评价的主要内容是分析论证技术方案的（　　）。

A. 技术先进性和经济合理性　　B. 技术可靠性和财务盈利性

C. 财务盈利性和抗风险能力　　D. 财务可行性和经济合理性

17. 根据《建设工程工程量清单计价规范》(GB 50500—2013)，投标企业可以根据拟建工程的具体施工方案进行列项的清单是（　　）。

A. 分部分项工程量清单　　B. 措施项目清单

C. 其他项目清单　　D. 规费项目清单

18. 根据《建设工程工程量清单计价规范》(GB 50500—2013)，关于投标报价的说法，错误的

是(　　)。

A. 暂列金额应按照招标工程量清单中列出的金额填写,不得变动

B. 专业工程暂估价必须按照招标工程量清单中列出的金额填写

C. 计日工应按照招标文件中的数量和单价计算总费用

D. 总承包服务费应按照招标人的要求和现场管理需要自主确定

19. 某施工材料采购原价为 190 元/吨,运杂费为 40 元/吨,运输损损耗率为 1%,采购保管费率为 3%,则该材料的单价为(　　)元/吨。

A. 234.28　　B. 237.66　　C. 239.20　　D. 239.27

20. 某施工企业按照 2/15、n/30 的信用条件购入货物 100 万元,该企业在第 28 天付款,则其放弃现金折扣的成本是(　　)。

A. 48.98%　　B. 56.51%　　C. 26.23%　　D. 8.33%

21. 采用清单计价的某分部分项工程,招标控制的综合单价为 320 元,投标报价的综合单价为 265 元,该工程投标报价下浮率为 5%,结算时,该分部分项工程工程量比清单量增加了 18%,且合同未确定综合单价调整方法,则综合单价的处理方式是(　　)。

A. 上浮 18%　　B. 下调 5%　　C. 调整为 292.5 元　　D. 可不调整

22. 完成某预算定额项目单位工程量的基本用工为 2.8 工日,辅助用工为 0.7 工日,超运距用工为 0.9 工日,人工幅度差系数为 10%,该定额的人工工日消耗量为(　　)工日。

A. 4.84　　B. 4.75　　C. 4.56　　D. 4.68

23. 因暴雨引发山体滑坡而实施的公路交通紧急抢修项目,其合同计价方式宜采用(　　)。

A. 固定总价合同　　B. 固定单价合同　　C. 可调单价合同　　D. 成本加酬金合同

24. 建造合同收入包括规定的初始收入和(　　)形成的收入。

A. 材料销售、机械作业　　B. 合同变更、索赔、奖励

C. 让渡资产使用权　　D. 合同变更、劳务作业

25. 下列现金收支管理措施中,能提高现金利用效率的是(　　)

A. 充分使用现金浮游量

B. 推迟应收账款收款时间

C. 争取使现金流入的时间晚一些,现金流出的时间早一些

D. 提前应付款的支付期

26. 预算定额作为一项综合性定额,是由组成(　　)的消耗量综合而成的。

A. 分部工程的各分项工程　　B. 单位工程的各分部工程

C. 分项工程的各工序　　D. 分项工程的各检验批

27. 关于融资租赁的说法,正确的是(　　)。

A. 融资租赁的出租人应将租赁资产列入其资产负债表

B. 承租人支付的租赁费中的利息不能在企业所得税前扣除

C. 融资租赁的承租人应当采用与自有固定资产一样的折旧政策计提租赁资产折旧

D. 融资租赁的承租人可随时退租

28. 实物量法编制施工图预算时,计算并复核工程量后紧接着进行的工作是(　　)。

A. 套定额单价,计算人料机费用　　B. 套消耗定额,计算人料机消耗量

C. 汇总人料机费用　　　　　　　　　　　　D. 计算管理费等其他各项费用

29. 关于联合试运转费的说法,正确的是(　　)。

A. 联合试运转费包括单机的调试费

B. 联合试运转费包括单机安装后试运转中因施工质量原因发生的处理费用

C. 联合试运转费应为联合试运转所发生的费用净支出

D. 联合试运转支出主要是材料费,不包含人工费

30. 采用工程量清单招标时,提供招标工程量清单并对其完整性和确定性负责的单位是(　　)。

A. 发布招标文件的招标人　　　　　　　　B. 发放招标文件的招标代理人

C. 编制工程量清单的工程造价咨询人　　　D. 招标人的上级管理单位

31. 关于施工企业确定工程成本核算对象的说法,正确的是(　　)。

A. 单项建造合同作为施工工程成本核算的对象

B. 工程成本核算对象宜在开工前确定,也可以开工后再确定

C. 不能按分立合同来确定工程成本核算对象

D. 不能按合并合同来确定工程成本核算对象

32. 某投资者 6 年内每年年末投资 500 万元。若基准收益率为 8%,复利利息,则 6 年末可一次性回收的本利和为(　　)万元。

A. $500\times\frac{(1+8\%)^6-1}{8\%\times(1+8\%)}$　　　　B. $500\times\frac{(1+8\%)^6-1}{8\%}$

C. $500\times\frac{8\%}{(1+8\%)^6-1}$　　　　D. $500\times\frac{8\%\times(1+8\%)}{(1+8\%)^6-1}$

33. 某企业利用借款购买的一台生产设备,每期按规定提取折旧费 15 万元,每期借款利息 3 万元,该企业营业税金及附加率为 5.5%,所得税税率为 25%,则企业购买该项设备带来的每期税收节约为(　　)万元。

A. 5.49　　　　B. 4.58　　　　C. 4.50　　　　D. 3.75

34. 关于财务内部收益率的说法,正确的是(　　)。

A. 财务内部收益率大于基准收益率时,技术方案在经济上可以接受

B. 财务内部收益率是一个事先确定的基准折现率

C. 财务内部收益率受项目外部参数的影响较大

D. 独立方案用财务内部收益率评价与财务净现值评价,结论通常不一致

35. 某技术方案的设计年产量为 8 万件,单位产品销售价格为 100 元/件,单位产品可变成本为 20 元/件,单位产品营业税金及附加为 5 元/件,按设计生产能力生产时,年利润为 200 万元,则该技术方案的盈亏平衡点产销量为(　　)万件。

A. 5.33　　　　B. 5.00　　　　C. 4.21　　　　D. 4.0

36. 关于单价合同中工程计量的说法,正确的是(　　)。

A. 单位合同应予计量的工程量是承包人实际施工的工程量

B. 承包人因自身原因造成返工的工程量应予计量

C. 工程计量应以设计图纸为依据

D. 承包人为保证工程质量超过图纸要求的工程量应予计量

37. 某施工机械购置费用为120万元，折旧年限为6年，年平均工作250个台班，预计净残值率为3%，按工作台班法提折旧，该机械台班折旧费为(　　)元

A. 800　　B. 776　　C. 638　　D. 548

38. 关于价值工程中功能的价值系数的说法，正确的是(　　)。

A. 价值系数越大越好

B. 价值系数大于1表示评价对象存在多余功能

C. 价值系数等于1表示评价对象的价值为最佳

D. 价值系数小于1表示现实成本较低，而功能要求较高

39. 施工企业按照规定标准对采购的建筑材料进行一般性鉴定、检查发生的费用应计入(　　)。

A. 材料费　　B. 企业管理费　　C. 人工费　　D. 措施项目费

40. 根据会计核算原则，在现值计量下，负债应按照预计期限内需要偿还的未来(　　)计量。

A. 净现金流入量的折现金额　　B. 净现金流出量的公允价值

C. 净现金流入量的可变现净值　　D. 净现金流出量的折现金额

41. 某现浇混凝土框架结构工程，施工现场的存货采用ABC分析法管理，应该实施严格控制的存货是(　　)。

A. 砂子　　B. 石子　　C. 钢筋　　D. 模板

42. 按照国际工程投标报价的程序，投标人在标前会议之前应该进行的工作是(　　)。

A. 分包工程询价　　B. 人工、材料、机械基础单价计算

C. 生产要素询价　　D. 进行各项调查研究

43. 在价值工程活动中，描述某一个产品零部件"是干什么用的?"，属于(　　)。

A. 产品功能分析　　B. 产品结构分析　　C. 对象选择　　D. 产品设计

44. 编制设备安装工程概算，当初步设计的设备清单不完备，可供采用的安装预算单价及扩大综合单价不全时，适宜采用的概算编制方法是(　　)。

A. 概算定额法　　B. 扩大单价法　　C. 类似工程预算法　　D. 概算指标法

45. 在机械工作时间消耗分类中，由于人工装料数量不足引起的机械不能满负荷工作的时间属于(　　)。

A. 有根据地降低负荷下的工作时间　　B. 机械的多余工作时间

C. 正常负荷下的有效工作时间　　D. 低负荷下的工作时间

46. 新技术应用方案的技术分析是通过对其技术特性和条件指标进行对比与分析完成的，下列指标中，属于反应方案技术特征的指标是(　　)。

A. 施工专业化写作　　B. 方案生产能力　　C. 构配件供应保证率　　D. 方案占地面积

47. 施工企业收取的下列款项中，不能计入企业收入的是(　　)。

A. 代扣职工个人的所得税　　B. 收到的工程价款

C. 转让施工技术取得的收入　　D. 售价材料价款收入

48. 根据《建设工程工程量清单计价规范》(CB 50500—2013)，当合同中没有约定时，对于任一招标工程量清单项目，如果因工程变更等原因导致工程量偏差超过(　　)时，合同单价应

进行调整。

A. 20%　　B. 15%　　C. 10%　　D. 5%

49. 下列费用中，属于建筑安装工程费中措施项目费的是(　　)。

A. 施工机具使用费　B. 暂列金额　C. 工程定位复测费　D. 工程排污费

50. 某造价合同总价为 6 000 万元，合同工期 3 年，若第一年完工进度为 20%，第二年完工进度为 60%，第三年工程全部完工交付使用。则第三年应确认的合同收入为(　　)万元。

A. 6 000　　B. 3 600　　C. 2 400　　D. 1 200

51. 可以采用大修理方式进行补偿的设备磨损是(　　)。

A. 不可消除性有形磨损　　B. 第一种无形磨损

C. 可消除性有型磨损　　D. 第二种无形磨损

52. 投标人经复核，认为招标人公布的招标控制价未按照《建设工程工程量清单计价规范》(GB 50500—2013)的规定进行编制的，应在招标控制价公布后(　　)天内向招投标监督机构和工程造价管理机构投诉。

A. 10　　B. 7　　C. 5　　D. 3

53. 某部分分项工程的清单编码为 010302004014，则该分部分项工程的清单项目顺序码为(　　)。

A. 01　　B. 014　　C. 03　　D. 004

54. 某技术方案总投资 1 500 万元，其中资本金 1 000 万元，运营期年平均利息 18 万元，年平均所得税 40.5 万元。若项目总投资收益率为 12%，则项目资本金净利润率为(　　)。

A. 16.20%　　B. 13.95%　　C. 12.15%　　D. 12.00%

55. 对于同类型产品规格多、工序复杂、工作量小的施工过程，若已有部分产品施工的人工定额，则其他同类型产品施工人工定额的制定适宜采用的方法是(　　)。

A. 比较类推法　B. 技术测定法　C. 统计分析法　D. 经验估计法

56. 某企业拟从银行取得一笔贷款 2 000 万元，期限 3 年，每年年末付息，到期一次还本。有四家银行提出的贷款条件见下表：

费率＼银行	甲	乙	丙	丁
手续费率	0.1%	0.2%	0.5%	0.2%
年利率	7%	8%	6%	7.5%

该企业所得税率为 25%，仅从资金成本的角度考虑，该企业应从(　　)银行贷款。

A.甲　　B. 乙　　C. 丙　　D. 丁

57. 财务会计的基本职能是(　　)。

A. 核算和预测　B. 预算和决算　C. 监督和决策　D. 核算和监督

58. 名义利率 12%，每季度付利息一次，则实际年利率为(　　)。

A. 12.68%　　B. 12.55%　　C. 12.49%　　D. 12.00%

59. 某工程承包合同总额为 9 000 万元，主要材料及构件所占比重为 60%，工程预付款为合同总额的 20%，则工程预付款起扣点为(　　)万元。

A. 1 800　　B. 3 600　　C. 5 400　　D. 6 000

60. 利润表是反映(　　)的财务报表。

A. 一定会计期间资产盈利能力　　B. 一定会计期间经营成果

C. 某一会计时点财务状况　　D. 一定会计期间财务状况

二、多项选择题(共20题,每题2分,每题的备选项中,有2个或2个以上符合答案,至少有1个错项。错选,本题不得分;少选,所选的每个选项得0.5分)

61. 根据现行《企业会计准则》,企业在财务报表显著位置至少应披露的项目有(　　)。

A. 编报企业名称

B. 资产负债表日或会计报表涵盖的会计期间

C. 人民币金额单位

D. 企业财务负责人姓名

E. 是否合并会计报表

62. 确定建造(施工)合同完工进度的方法有(　　)。

A. 根据实际合同收入与预计收入的比例确定

B. 根据累计实际发生的合同成本占合同预计总成本的比例确定

C. 根据已经完成的合同工作量占合同预计总工作量的比例确定

D. 根据已经完成合同工作的技术测量确定

E. 根据合同初始价格与工程预算价格的比例确定

63. 国际工程投标总报价组成中,应计入现场管理费的有(　　)。

A. 差旅交通费　　B. 临时设施工程费

C. 工程辅助费　　D. 劳动保护费

E. 检验试验费

64. 价值工程中,不符合用户要求的功能成为不必要功能,包括(　　)。

A. 辅助功能　　B. 多余功能　　C. 重复功能　　D. 次要功能

E. 过剩功能

65. 分析企业债务清偿能力时。可列入速动资产的有(　　)。

A. 货币资金　　B. 应收票据　　C. 应收账款　　D. 金融资产

E. 存货

66. 下列导致现有设备贬值的情形中,属于设备无形磨损的有(　　)。

A. 设备连续使用导致零部件磨损　　B. 设备长期闲置导致金属件锈蚀

C. 同类设备的再生产价值降低　　D. 性能更好耗费更低的替代设备出现

E. 设备使用期限过长引起橡胶件老化

67. 根据《标准施工招标文件》,下列事件中,承包人向发包人既可索赔工期又可索赔费用的有(　　)。

A. 发包人原因导致工程缺陷和损失　　B. 承包人遇到不利物质条件

C. 发包人要求向承包人提前交付工程设备　　D. 施工过程发现文物

E. 承包人遇到异常恶劣的气候条件

68. 如果计划在固定资产投入使用的前期提取较多的折旧，后期提取较少的折旧，适合采用的折旧方法有（　）。

A. 工作台班法　B. 行驶里程法　C. 双倍余额递减法　D. 平均年限法

E. 年数总和法

69. 关于年有效利率的说法，正确的有（　）。

A. 当每年计息周期数大于1时，名义利率大于年有效利率

B. 年有效利率比名义利率更能准确反映资金的时间价值

C. 名义利率一定，计息周期越短，年有效利率与名义利率差异越小

D. 名义率为 r，一年内计息 m 次，则计息周期利率为 $r-m$

E. 当每年计息周期数等于1时，年有效利率等于名义利率

70. 项目经济评价时，若以总成本费用为基础计算经营成本，应从总成本费用中扣除的费用项目有（　）。

A. 折旧费用　B. 销售费用　C. 摊销费　D. 管理费用

E. 利息支出

71. 根据《建筑安装工程项目费用组成》（建标〔2013〕44号），下列费用中，属于规费的有（　）。

A. 工程排污费　B. 安全施工费　C. 环境保护费　D. 住房公积金

E. 劳动保护费

72. 某技术方案经济评价指标对甲、乙、丙三个不确定因素的敏感度系数分别为－0.1、0.05、0.09，据此可以得出的结论有（　）。

A. 经济评价指标对于甲因素最敏感　B. 甲因素下降10%，方案达到盈亏平衡

C. 经济评价指标与丙因素反方向变化　D. 经济评价指标对于乙因素最不敏感

E. 丙因素上升9%，方案由可行转为不可行

73. 项目盈亏平衡分析中，若其他条件不变，可以降低盈亏平衡点产量的途径有（　）。

A. 提高设计生产能力　B. 降低产品售价

C. 提高营业税金及附加率　D. 降低固定成本

E. 降低单位产品变动成本

74. 根据《建筑工程工程量清单计价规范》（GB 50500—2013），工程量清单计价计算公式正确的有（　）。

A. 措施项目费 $=\sum$ 措施项目工程量 $\times$ 措施项目综合单价

B. 分部分项工程费 $=\sum$ 分部分项工程量 $\times$ 分部分项工程综合单价

C. 单项工程造价 $=\sum$ 单位工程造价

D. 单位工程造价 $=\sum$ 分部分项工程费

E. 建设项目总造价 $=\sum$ 单项工程造价 $+$ 工程建设其他费用 $+$ 建设期利息

75. 下列工程建设其他费用中，属于建设单位管理费的有（　）。

A. 工程招标费　B. 可行性研究费　C. 工程监理费　D. 竣工验收费

E. 零星固定资产购置费

76. 编制预算定额人工消费指标时，下列人工消耗量属于人工幅度差用工的有（   ）。

A. 施工过程中水电维修用工
B. 隐蔽工程验收影响的操作时间
C. 现场材料水平搬运用工
D. 现场材料加工用工
E. 现场筛砂子增加的用工量

77. 企业短期筹资时，贷款的实际利率高于名义利率的利息支付方法有（   ）。

A. 收款法
B. 贴现法
C. 固定利率法
D. 浮动利率法
E. 加息法

78. 反映企业某一时点财务状况的会计要素有（   ）。

A. 资产
B. 负债
C. 所有者权益
D. 利润
E. 费用

79. 建筑安装工程施工图预算的编制依据（   ）。

A. 中标通知书
B. 现场签证
C. 工程地质勘察资料
D. 建设项目施工组织设计
E. 批准的设计概算

80. 下列经济效果评价指标中，属于盈利能力动态分析指标的有（   ）。

A. 总投资收益率
B. 财务净现值
C. 资本金净利润率
D. 财务内部收益率
E. 速度比率

☞ 参考答案

一、单项选择题

1. A； 2. B； 3. D； 4. D； 5. D； 6. B； 7. C； 8. A； 9. A； 10. B； 11. C； 12. C； 13. B； 14. B； 15. A； 16. D； 17. B； 18. C； 19. D； 20. A； 21. D； 22. A； 23. D； 24. B； 25. A； 26. C； 27. C； 28. B； 29. C； 30. A； 31. A； 32. B； 33. C； 34. A； 35. A； 36. C； 37. B； 38. C； 39. B； 40. D； 41. C； 42. D； 43. A； 44. D； 45. D； 46. B； 47. A； 48. B； 49. C； 50. C； 51. C； 52. C； 53. B； 54. C； 55. A； 56. C； 57. D； 58. B； 59. D； 60. B

二、多项选择题

61. ABCE； 62. BCD； 63. ADE； 64. BCE； 65. ABCD； 66. CD； 67. BD； 68. CE； 69. BDE； 70. ACE； 71. AD； 72. AD； 73. DE； 74. BC； 75. ADE； 76. AB； 77. BE； 78. ABC； 79. CDE； 80. BD

后记:备考注意事项

1. 复习中注意抓关键词,以理解为主。

2. 预测考题分布:“工程经济”与“工程财务”各占25%左右,“工程估价”占50%左右。根据自己专业知识背景和目前从事的专业,确定自己最熟悉、最简单、最好理解和最容易拿分的知识模块。在复习中,要将功夫和时间花在这些模块上,该拿的分一定要拿到。假如,您是工程专业背景,您对工程估价知识理解起来应该不难,如果能拿到50分中的40分,通过考试就很容易了。冲刺阶段,切忌钻研自己不太懂的知识点,可做适当放弃。此外,特别强化学习分值比例较高的章节,有 1Z101010、1Z101020、1Z102020、1Z102030、1Z103010、1Z103020、1Z103060～80等。

3. 本科目中绝大多数公式都不需要背下来,只要理解了,遇到题目都能做。下面五个公式理解有难度,以记忆为主。

(1) 有效利率与名义利率换算公式

$$i_{eff} = \left(1 + \frac{r}{m}\right)^m - 1$$

式中:i_{eff}——年有效利率;

r——年名义利率;

m——一年计息的次数。

(2) 在残值不变、劣化值相等的情况下,设备经济寿命计算公式

$$设备经济寿命 = \sqrt{\frac{2 \times (设备目前实际价值 - 残值)}{设备年低劣值}}$$

设备目前实际价值:新设备为购置费+安装费;旧设备为市场价值+继续使用追加投资。

(3) 设备租金计算的附加率法公式

$$R = \frac{P}{N} + P \times i + P \times r$$

式中:P——租赁设备的购置价格;

N——租赁期数,可按月、季、年等计;

i——与租赁期数相对应的利率;

r——附加率。

(4) 新技术应用方案经济分析的折算费用法计算公式

方案的折算费用=生产成本+投资额×基准收益率

(5) 存货决策中经济订货批量计算公式

$$经济订货批量=\sqrt{\frac{2\times 一次订货成本\times 年度采购总量}{每单位材料的年平均储备成本}}$$

4. 考试要带科学型(函数型)计算器,但一定要在复习中就开始使用,熟悉该计算器。

5. 考试中对于拿不定主意的题目,以第一印象答题。单选题要保证1分钟左右、多选题2分钟左右能完成,对于计算复杂的题目,可放到最后再做,以免耽误时间,使得后面会做的题没时间完成。

6. 最后,祝各位读者顺利通过本科目及其他所有科目考试!也请把考试通过的喜讯和您的考分告知编者(联系方式见前言),以分享您的喜悦!

编　者

2016年4月

参 考 文 献

1. 全国一级建造师执业资格考试用书编写委员会. 建设工程经济. 北京：中国建筑工业出版社，2014

2. 本书编委会. 建设工程经济复习题集. 北京：中国建筑工业出版社，2012

3. 国家住房和城乡建设部、国家质量监督检验检疫总局. 中华人民共和国国家标准——建设工程工程量清单计价规范(GB50500—2013). 2013

4. 国家住房和城乡建设部、国家质量监督检验检疫总局. 中华人民共和国国家标准——房屋建筑与装饰工程量计算规范(GB50854—2013). 2013